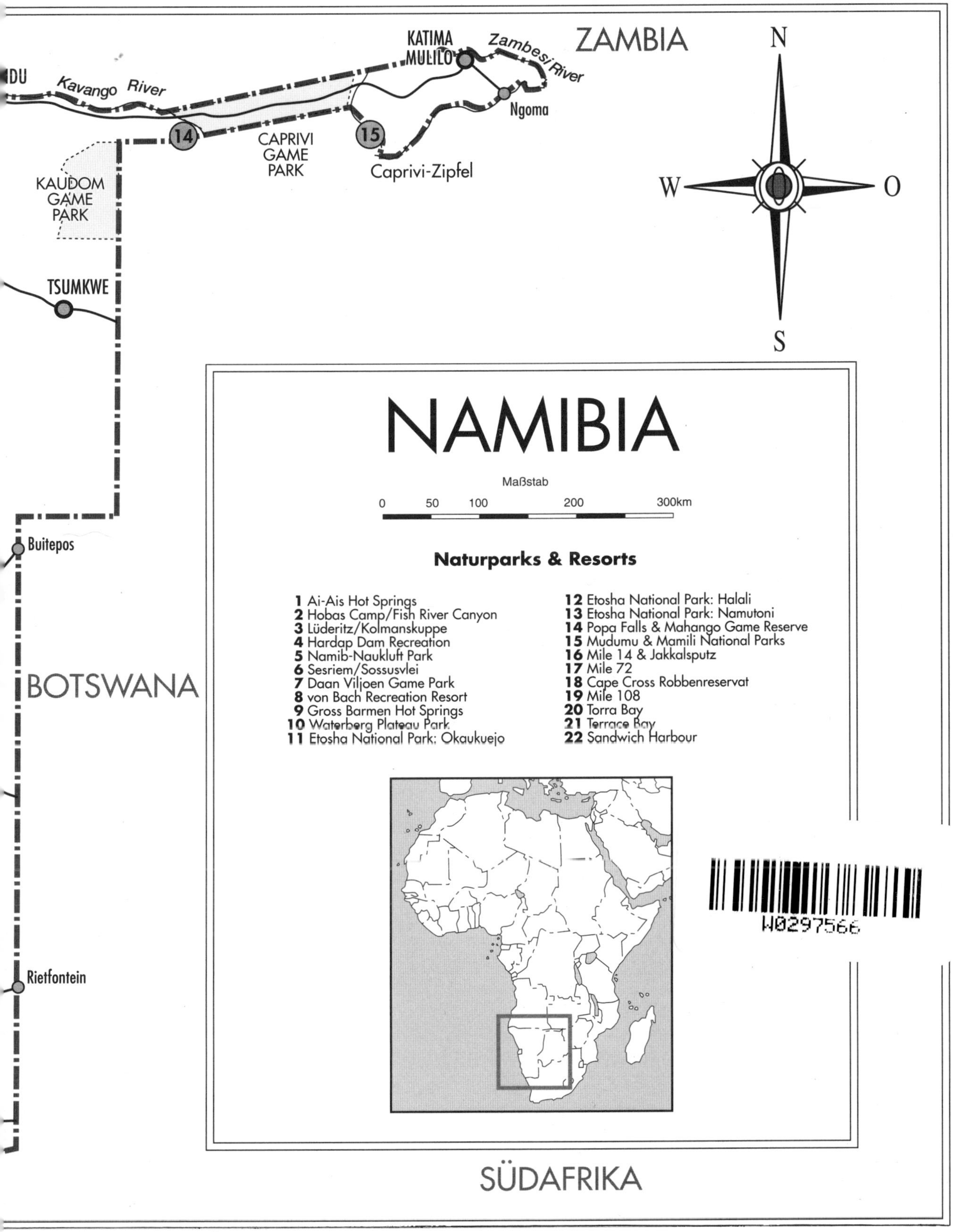
ZAMBIA
KATIMA MULILO
Zambesi River
Kavango River
Ngoma
14
15
CAPRIVI GAME PARK
Caprivi-Zipfel
KAUDOM GAME PARK
TSUMKWE
N
W
O
S
NAMIBIA
Maßstab
0 50 100 200 300km
Naturparks & Resorts
1 Ai-Ais Hot Springs
2 Hobas Camp/Fish River Canyon
3 Lüderitz/Kolmanskuppe
4 Hardap Dam Recreation
5 Namib-Naukluft Park
6 Sesriem/Sossusvlei
7 Daan Viljoen Game Park
8 von Bach Recreation Resort
9 Gross Barmen Hot Springs
10 Waterberg Plateau Park
11 Etosha National Park: Okaukuejo
12 Etosha National Park: Halali
13 Etosha National Park: Namutoni
14 Popa Falls & Mahango Game Reserve
15 Mudumu & Mamili National Parks
16 Mile 14 & Jakkalsputz
17 Mile 72
18 Cape Cross Robbenreservat
19 Mile 108
20 Torra Bay
21 Terrace Bay
22 Sandwich Harbour
Buitepos
BOTSWANA
Rietfontein
SÜDAFRIKA

Kreutzkamp

Straßen in die Einsamkeit

Dieter Kreutzkamp

Straßen in die Einsamkeit

Namibia

Die schönsten Routen zwischen Kalahari und Diamantenwüste

Mit Geländewagen, Camper, Kanu,
Motorrad und zu Fuß
durchs südwestliche Afrika
Extrateil: Unter Buschmännern

Frederking & Thaler

Bildnachweis:
Conservation Commission, Windhoek: S. 11, 29, 31, 139
H. Diel: 137, 142, 174
H. Kern: Umschlagfotos, S. 20/21, 36/37, 48, 49, 50, 53, 54, 75, 144, 162
Min. of Information and Broadcasting: S. 134
B. Nebe: S. 86/87
W. Schäfer: S. 96/97
I. Schatz: S. 56, 177
Spoddig: S. 38, 55, 68, 74, 102/103, 161
H. zur Strassen: 14
Archiv Kreutzkamp: S. 10, 15, 16, 32, 65, 71, 80, 88, 89, 90, 92, 104, 117, 129, 143, 170, 175, 179, 181, 183, 189

Alle übrigen Fotos (86) wurden von Dieter Kreutzkamp mit Leica M_6 und R_6 aufgenommen.

Das Zeichen [$] in den Informationsteilen (grau unterlegt) bedeutet, daß der angebotene Service bezahlt werden muß.

Das Zeichen [i] im Informationsteil weist auf eine Stelle hin, an der touristische Informationen erhältlich sind.

Erfreulicherweise ist es mir gelungen, Autoren zu gewinnen, die ergänzende und bereichernde Texte zu diesem Buch beigesteuert haben. Diese Beiträge sind im Inhaltsverzeichnis mit Namensangabe gekennzeichnet. Für ihre Mitarbeit danke ich diesen Autoren.

Die Deutsche Bibliothek – CIP-Einheitsaufnahme

Kreutzkamp, Dieter:
Namibia : die schönsten Routen zwischen Kalahari und Diamantenwüste ; mit Geländewagen, Camper, Kanu, Motorrad und zu Fuß durchs süd-westliche Afrika ; Extrateil: Unter Buschmännern / Dieter Kreutzkamp. – München : Frederking und Thaler, 1994
(Straßen in die Einsamkeit)
ISBN 3-89405-334-8
NE: HST

Umschlagfotos: H. Kern/Art Concept, München
Produktion: Martin Gawelzyk, München
Karten: Theiss Heidolph, Kottgeisering
Fotosatz: Uhl + Massopust, Aalen
Reproduktion: FotoLitho Longo, Frangarto
Druck und Bindung: Druckerei Uhl, Radolfzell

ISBN 3-89405-334-8

Printed in Germany

INHALT

INHALT

Auf einen Blick

Namibia ist ...

... mit 824 268 Quadratkilometern gut doppelt so groß wie die Bundesrepublik Deutschland. Seine mittlere Ausdehnung in Nord-Süd-Richtung beträgt 1280 Kilometer, in West-Ost-Richtung 560 Kilometer.

... ein Traumland für alle, die Weite und Ellenbogenfreiheit suchen. Von den fast 1,6 Millionen Namibiern teilen sich rein rechnerisch zwei Menschen einen Quadratkilometer Fläche. Zum Vergleich: in Deutschland sind es 240.

... ein Land mit 3,5 Prozent jährlichem Bevölkerungszuwachs.

... ein, was seine Bevölkerungsstruktur anbelangt, sehr junges Land: 41,9 Prozent sind zwischen 10 und 14, nur 16,5 Prozent sind 45 Jahre und älter.

... ein Land der Extreme. In der *Namib* fallen jährlich rund 20 Millimeter Regen, im *Caprivi* hingegen fast 1000 Millimeter.

... ein Land für Autoreisende. 27 Städte und Gemeinden verbindet ein 38 000 Kilometer langes Straßennetz. Davon: 4000 Kilometer Asphalt-, 25 000 Kilometer Schotter-, 200 Kilometer Salz- und 8800 Kilometer Erdstraße.

... von drei Seiten von Wasser umschlossen: *Kunene-* und *Kavango River* im Norden, dem Atlantik im Westen und dem *Orange River* im Süden.

... ein Diamantenland; jährlich werden 1,2 Millionen Karat gefördert.

... ein Land der sozialen Gegensätze. 1992 betrug das monatliche reale Pro-Kopf-Einkommen im Großraum Windhoek durchschnittlich 999 Rand, auf dem Land hingegen nur 300 Rand.

... ein Land, in dem es noch viel anzupacken gilt: 57 Prozent der Gesamtbevölkerung lebt am *Kunene River* auf nur acht Prozent des namibischen Grund und Bodens.

Der schnellste Jäger Afrikas, ein Gepard

Nahe der Skelettküste – Land des weiten Himmels und der bizarren Felsen

Naturwunder Namibia – Kleinod im Südwesten Afrikas

1500 Kilometer lang ist seine Küste, und die Berge sind, von Meereshöhe betrachtet, so hoch wie die deutschen Alpen. Dieses Land ist reich an Natur- und anderen Schönheiten. Seine »Namib« ist ein Schatzkästchen, dessen Juwelen ihr den Spitznamen »Diamantenwüste« eintrugen. Und dabei bedeutet »Namib« soviel wie »Nichts«.

Angeschmiegt an den Atlantik im Westen und die Kalahari im Osten erstreckt sich Namibia vom Orange River im Süden bis zum Kunene an der Grenze Angolas. Es ist ein Land der Kontraste, das sich nach außen verschließt, um sich im Inneren um so faszinierender darzubieten. Es dauerte lange, bis man das erkannte, denn seine Pforte, die unzugängliche Küste, wurde bewacht durch die launische und unberechenbare Namib, die niemand so einfach überwand. Die, die ihr nach Schiffstragödien ausgeliefert waren, hielt sie fest. Schiffswracks und Skelette sprechen eine klare Sprache. Die anderen erschreckte sie. Wären schon die ersten portugiesischen Entdecker 1486 weiter landeinwärts gezogen, hätten sie schon viel früher »Afrikas Diamanten« entdeckt, als der Namibia sich später entpuppte.

Und heute? Rund acht Stunden dauert der 8000 Kilometer lange Nachtflug von Frankfurt nach *Windhoek*, mit Dinner über dem Mittelmeer und Frühstück über dem Kongo. Die Reise in den Südwesten Afrikas wird zum Familienausflug.

Straßen, Pfade und Wasserwege bestimmen die Reiserouten der Besucher heute. War die Fahrt in die Kalahari noch vor Jahren ein echtes

Buschmann-Kinder: Östlich von Grootfontein trifft man sie heute noch

Abenteuer, so gleitet man jetzt problemlos auf dem ausgebauten *Trans-Kalahari Highway* nach Botswana. Auf »Pads«, Erd- und Schotterstraßen, die gerade genug stauben, um ein zünftiges Wüstengefühl zu vermitteln, rollt man heute zu den Riesendünen im *Sossusvlei*, die denen der Sahara nicht nachstehen. Und das alles schon im Rahmen eines 2- bis 3-Wochen-Urlaubs, auf eigene Faust und zumeist unter der Obhut der Nationalparkverwaltung. 15 Prozent Namibias sind Naturschutzgebiete. War man eben noch durch Steinwüsten geklettert, hatte Oryxantilopen und Springböcke belauscht, so kann man schon Stunden später den Komfort eines Rest Camps oder einer Gästefarm genießen. Ein großartiges Land.

Fast menschenleer sind die Straßen, über denen sich der blaue Himmel wölbt. Adler stehen regungslos in der klaren Luft. Elefanten durchbrechen das Buschland, Löwen schleichen zur Tränke, und grazile Springböcke federn wie schwerelos über das Grasland. Und dann ist da vielleicht der vorwitzige Pavian, der einem beim Frühstück im Camp neugierig über die Schulter schaut.

Nach der Unabhängigkeit hat der internationale Tourismus Namibia entdeckt. Damit ist auch das Flugangebot besser und preisgünstiger geworden. Wer will, kann bereits 12 Stunden nach Verschließen der heimischen Haustür über *Windhoeks* Independence Avenue bummeln. Je nach Wahl wird einem für weitere Exkursionen ein Geländewagen, Pkw oder Motorrad zur Verfügung stehen. Fast alle Sehenswürdigkeiten sind auch per Wohnmobil zu erreichen. Zünftig ist allerdings der *four wheel drive*. Während der Regenzeit und in entlegenen Gebieten ist er unentbehrlich.

Dieses Buch hilft, selbst das für die eigene Reise »Maßgeschneiderte« zusammenzustellen. Gegliedert nach Regionen, werden die unbekannten wie bekannten Schönheiten und Routen vorgestellt. Touristische Hinweise, Kilometerangaben, übersichtliche Karten, Angaben zu Tankmöglichkeiten und Fahrtips helfen, daß die Reise nicht zum unberechenbaren Abenteuer wird. Das ist besonders wichtig für alle, die mit der ganzen Familie unterwegs sind, was sich übrigens anbietet: In Namibia reist man günstig. Die Preise in Hotels und Restaurants liegen bei gleicher Qualität erheblich unter denen in Deutschland. Daneben besteht ein engmaschiges Netz reizvoller Gästefarmen, sehr naturnahe und preiswerte Camps gibt es in Naturparks.

Wer mehr das Abenteuer sucht, wird es finden; bei einer Kanutour auf dem *Orange River*, der Wanderung durch den *Fish River Canyon*, beim Ballonflug über die Namib oder der Geländewagenexkursion durchs *Kaokoland*. Dem Gast gegenüber ist man aufgeschlossen und freundlich. Das hat Tradition, so wurden schon die ersten Missionare, Händler und Soldaten der deutschen Schutztruppe aufgenommen. Mit ihr begannen die Veränderungen hier. Dieses Erbe ist hundert Jahre später noch allgegenwärtig; auch in Form kurios anmutender Burgen und Jugendstilbauten, die es beim City-Bummel in *Windhoek*, *Lüderitz* oder *Swakopmund* unbedingt zu entdecken gilt. Doch gemach, nicht alles auf einmal! Es wird sowieso nicht der letzte Namibia-Besuch sein.

Straußenhahn bei der Selbstbetrachtung

Gesichter Namibias

Eine gute Zeit, in die Gesichter Namibias zu blicken, ist die Mittagszeit an einem Werktag auf *Windhoeks* »Goldener Meile«, der Independence Avenue. Da promeniert und plaudert man: ein paar Wambo, ins Gespräch vertieft, mit Aktenköfferchen in der Hand; zwei adrette Mischlingsmädchen, die eine Spende für ihre Schule erbitten; die matronenhafte Herero-Frau, die im Seiteneingang des Kalahari Sand Hotels wie immer ihre Stoffpüppchen zum Kauf anbietet, und der Afrikaans sprechende Regierungsangestellte burischer Abstammung.

Dieses Land ist reich an Ethnien, an unterschiedlichen Sprachen, Kulturen, Traditionen und Bräuchen. Heute verbindet sie, ungeachtet der Hautfarbe, eine eigene Nationalität. Die meisten von ihnen sind Einwanderer, die sich das auf den ersten Blick unwirtliche Land wählten, weil es für sie in Schwarzafrika, Südafrika oder Europa zu lebensfeindlich oder zu eng geworden war. Ausnahme sind die Buschmänner, die San. Vermutlich waren sie die ersten Namibier.

Nördlich von *Windhoek* liegt das Land der traditionell viehzüchtenden Herero. Die Ova-

Independence Avenue, früher Kaiserstraße, in Windhoek

himba im Nordwesten, gleicher Abstammung, zogen ein Nomadenleben im *Kaokoland* vor. Die Ovambo bewohnen das Grenzland zu Angola östlich der Namib. Noch weiter im Nordosten leben die Kavango und Caprivianer. Fast die ganze südliche Landeshälfte wird dominiert von den Nama. Sie selbst bezeichnen sich als »Khoekhoe« (Mensch-Mensch).

Die Holländer am Kap der Guten Hoffnung, von wo aus die Nama später gen Norden zogen, nannten sie Hottentotten. Damara, »Schwarze Menschen«, ist die zumeist treffende Bezeichnung für jene, die in der Bilderbuchlandschaft rund um Khorixas leben.

Man wird bei einem Mittagsbummel durch *Windhoek* irgendwann ins Café Central kommen. Dort werden sie alle zusammensitzen, bei Schwarzwälder Kirschtorte oder Bratkartoffeln: die selbstbewußte schwarze Bankangestellte, der deutsche Farmer und die Mischlingsfamilie. Die vergangenen Jahrhunderte haben die Rassengrenzen schon ein wenig verwischt. Die Rehobother Baster brachten es dabei sogar zu einer eigenen Identität. Die Independence Avenue zur Mittagszeit vermittelt die Vision einer multikulturellen Gesellschaft. Es lohnt sich, in Namibias Gesichter zu schauen.

Feuer, Eis und Erosion

Land und Kontraste, das die Jahrmillionen modellierten! Wo das Fauchen feuerspeiender Vulkane die Stille zerriß, dessen Oberfläche aber auch Eisberge wie jene der heutigen Antarktis bedeckten. Die ältesten sichtbaren Ablagerungen aus diesem Wechselbad erdgeschichtlicher Extreme sind zwei Milliarden Jahre alt. Das kundige Auge mag sie noch heute entdecken; vereinzelt im *Kaokoveld*, vielleicht auch bei Rehoboth.

Mehr als eine Milliarde Jahre später: Erosion, das unermüdliche Spiel der Naturkräfte, hat das Land abgehobelt. Das Meer dringt in die entstandenen Niederungen, Schluchten und Täler füllen sich mit Geröll und Sand. Wo heute die Namib ist, befindet sich ein Meer, dessen Arme über das heutige *Tsumeb* hinaus nach Angola reichen.

Doch schon wölben sich im Zeitraffer der Erdgeschichte unter dem Druck der Sedimente neue Gebirge. Zur gleichen Zeit entwickelt sich erstes organisches Leben. Gegen Ende des Erdaltertums bedecken dicke Eisschichten das Land. Als sie schmelzen, bleiben Moränen zurück, aber auch Gletscherschliffe, wie jene im Tal des Kunene Rivers und des Hoarusib.

150 Millionen Jahre ist es her, daß sich das Erdinnere ein letztesmal aufbäumte, daß Vulkane Asche und Lava spien und neue Gebirge schufen. Rund 30 Millionen Jahre später zerbrach der Superkontinent Gondwanaland, dessen Teil Namibia einst war. Neue Erdteile wie Australien und Afrika bildeten sich. Seitdem modelliert die Erosion das südliche Afrika. Während in anderen Teilen der Welt neue Gebirge wie das Himalaya-Massiv entstanden, schrumpften die Berge Namibias, zerbröselten kalte Nachtwinde, die Hitze der Tage, gelegentlicher vehementer Regen und Erderschütterungen das Gestein. Wie beim Mukarob. Der als »Finger Gottes« bekannte Fels, der Jahrtausende wie ein Balancekünstler auf kleinster Grundfläche gestanden und Generationen von Besuchern fasziniert hatte, stürzte im Dezember 1988 zu Boden.

Man stößt noch immer auf viele andere Zeugen erdgeschichtlicher Entwicklung: Die flache, oft im Sonnenlicht gleißende *Etosha-Pfanne* war einst ein riesiger, von den Wassern des Kunene gespeister See. Der bizarre Fish River Canyon ist ein Kind der jüngsten Eiszeit, die zwar hier keine Gletscher, doch turbulente Wassermassen brachte. Im Vergleich zu dieser Geschichte der Erde ist die der Menschheit kaum ein Herzschlag lang. 25 000 Jahre zurück datiert man die ältesten in Namibia entdeckten Felsmalereien. Die frühen Jäger und Sammler verschwanden im Dunkel der Vergangenheit, ohne bleibende Fußspuren zu hinterlassen. Doch dann kam das Jahr 1486. Es brachte die Wende.

Spielplatz der Natur: Kleine Spitzkoppe

Im Zeitraffer: von der »Entdeckung« bis zur Unabhängigkeit

Historische Darstellung einer Herero-Familie

1486 Der portugiesische Entdecker Diego Cão (Jacobus Canus) errichtet nördlich vom heutigen *Swakopmund* ein steinernes Kreuz mit der Aufschrift: »Seit Erschaffung der Welt sind 6684 und seit der Geburt Christi 1484 Jahre verflossen, daß der erhabene Don Johann befohlen hat, durch Jacobus Canus, seinen Ritter, diese Säule hier errichten zu lassen.«

1550 Herero-Stämme wandern in den Norden Namibias ein.

1723 Vom Kap der Guten Hoffnung kommend erreichen Holländer erstmals den *Oranje-Fluß*.

1800 Orlam Nama (man nennt sie Hottentotten) ziehen von Südafrika vor den sich immer mehr ausbreitenden Weißen fort ins Innere Namibias.

1840 Einer von ihnen, Häuptling (Kapitän) Jonker Afrikaner, gründet in einem quellenreichen Tal eine Siedlung, die er in Erinnerung an seine südafrikanische Heimat »Klein Winterhoek« nennt. Der Grundstein für Namibias Hauptstadt ist gelegt.

1842 Missionare der Rheinischen Mission unter Carl Hugo Hahn erreichen *Windhoek*. Zwei Jahre später gründen sie die Missionsstationen Okahandja und Otjikango, aus der sich *Groß-Barmen* entwickelt.

1863 Ausbruch eines 7jährigen Krieges zwischen »Afrikanern« unter Jonker Afrikaner und Herero. Im selben Jahr siedeln sich aus Südafrika zuziehende Witbooi, wie die »Afrikaner« ein Nama-Stamm, in Namibia an.

1868 ziehen 300 Baster von Südafrika nach Namibia. 1871 gründen sie den Ort *Rehoboth*. Noch heute sind die Rehobother Baster, die zumeist burische Namen tragen, stolz auf ihren Stammesnamen »Baster«, hervorgegangen aus Bastard/Mischling.

1878 Großbritannien annektiert die *Walfischbucht*.

1880 Missionare berichten, daß sich die Herero so weit nach Süden ausdehnen, daß das vom Afrikaner-Stamm unter Jan Jonker bewohnte *Windhoek* »zur Insel wird«. Am 23. August Ausbruch des Krieges zwischen Herero und Jan Jonker.

1883 Der 21jährige Heinrich Vogelsang erreicht nach mehrmonatiger Schiffsreise die Bucht von *Angra Pequeña*. Im Auftrag der Bremer Firma Lüderitz kauft er am 1. Mai von Nama-Häuptling Joseph Fredricks von Bethanien für 100 £ Sterling in Gold sowie 200 Gewehre einen Landstreifen von »fünf Meilen« entlang der *Angra Pequeña Bay*. Beflügelt durch den schnellen Erfolg wird knapp vier Monate später ein zweiter Vertrag geschlossen.

Kaufvertrag

zwischen Kapitän Joseph Fredricks aus Bethanien, Groß-Namaqua-Land, einerseits und F. A. E. Lüderitz zu Bremen in Deutschland andererseits.
Am heutigen Tage, dem 25. August 1883, hat Kapitän Joseph Fredricks aus Bethanien einen Teil seines Landes, nämlich die ganze Küste vom Großen- oder Orangefluß bis zum 26. Grad südlicher Breite mit Inbegriff aller Häfen und Baien, samt Hinterland bis zu 20 geographischen Meilen landeinwärts, und zwar von jedem Punkt der Küste aus gerechnet, an die Firma F. A. E. Lüderitz zu Bremen in Deutschland für 60 (in Worten sechzig) Wesley-Richard Gewehre und 500 £ (fünfhundert Pfund) in Gold verkauft und zum Eigentum übergeben.

Doch anders als im ersten Vertrag hatte Joseph Fredricks jetzt ahnungslos eine riesige Fläche verkauft: Im Gegensatz zur englischen Meile (1,6 km) beträgt die geographische Meile 7,4 km!

1884 Kaufmann Lüderitz stellt den so auf fragwürdige Weise erhaltenen Besitz unter den Schutz des Deutschen Reiches. Im August wird in *Angra Pequeña* und an der *Swakopmündung* die deutsche Flagge gehißt.

1885 Adolf Lüderitz verkauft Teile seines Bodens für eine halbe Million Mark an die Deutsche Colonial-Gesellschaft für Südwest-Afrika. Dr. Heinrich Göring wird zum Reichskommissar bestellt.
Im selben Jahr ziehen Buren – sogenannte »Dorslandtrekker« – aus dem südafrikanischen Transvaal in die Gegend des heutigen *Grootfontein* und gründen die Republik Upingtonia. Sie wird allerdings schon zwei Jahre später aufgelöst.

1886 Lüderitz reist im Oktober mit einem Faltboot an die Mündung des *Oranje-Flusses*. Seitdem gilt der »Begründer von Südwest« als verschollen.

1888 Hendrik Witbooi wird Nachfolger des Nama-Kapitäns Moses Witbooi. Seine Raubzüge gegen die Herero dehnt er auf andere Nama-Stämme aus.

1890 Curt von François, der ein Jahr zuvor mit der neugegründeten Schutztruppe in der Walfischbucht an Land gegangen war, errichtet die *Alte Feste* in *Windhoek*. Im Jahr darauf wird er zum *Landeshauptmann* ernannt.

1892 Hendrik Witbooi erkennt die deutsche Herrschaft nicht an. Er schließt – trotz vorhergegangener jahrelanger Kriege – Frieden mit den Herero unter Häuptling Samuel Maharero.

1893 Hendrik Witboois Raubzüge werden immer dreister. Er stiehlt 150 Pferde der Schutztruppe und überfällt mit 200 Mann Windhoek. Curt von François greift ihn in

Besucher am Bahnhof von Karibib

seiner Befestigung Hornkranz an. Nach erneuten Gefechten im *Naukluft-Gebiet* kommt es im darauffolgenden Jahr zu Friedensverhandlungen mit Witbooi. Major Theodor Leutwein löst von François als Landeshauptmann ab.

1897 3000 Weiße leben in Südwest-Afrika, davon 200 in *Windhoek*. Die Schutztruppe umfaßt 750 Mann.

1898 Major Leutwein wird Gouverneur von Deutsch-Südwestafrika.

1902 Eröffnung der Eisenbahnstrecke *Swakopmund–Windhoek*.

1904 Am 12. Januar erheben sich die Herero, gegen die Kolonialherren.
Innerhalb weniger Tage werden mehr als 120 Deutsche getötet und zahlreiche Farmen niedergebrannt.
11. August: Die Schutztruppe umfaßt 7500 Mann. Ihr stehen am 11. August 35 000 Herero, Frauen und Kinder eingeschlossen, gegenüber. Die Schlacht am Waterberg beginnt. Tags drauf sind die Herero geschlagen. Sie ziehen sich in Richtung des heutigen Botswana zurück. Die wenigen Wasserstellen dort reichen jedoch nicht für die Flüchtlinge aus. Tausende verdursten.

1905 Hendrik Witbooi fällt im Kampf.

Noch heute hängt diese Tafel in Lüderitz

Eine Kwanyama-Frau: Ihre Haare werden zum Kopfschmuck. Rechts ein Metallstab zum Kratzen

1907 Ruhe ist jetzt in Deutsch-Südwestafrika eingekehrt. Am 31. März erklärt der Kaiser den Krieg für beendet. Im selben Jahr werden die ersten Karakulschafe importiert. Die *Etosha-Pfanne* wird Naturschutzgebiet.

1908 Zacharias Lewala, ein Gehilfe des Bahnmeisters August Stauch, findet Diamanten in der *Namib* nahe Lüderitz. Noch im selben Jahr beginnt der Diamanten-Boom.

1910 Einer Volkszählung zufolge leben u. a. 19 962 Herero, 4858 Buschmänner, 13 858 Nama und 18 613 Damara in Namibia.

1913 Der Diamantenexport erreicht einen Wert von 60 Millionen Mark.

1914 Mit dem Ausbruch des 1. Weltkriegs beginnt der Einmarsch südafrikanischer Truppen unter General Louis Botha. Die Schutztruppe kapituliert am 9. Juli 1915 bei *Khorab* nahe dem Ort *Otavi*.

1919 Vertrag von Versailles: Deutschland verliert seine Kolonien. Südwestafrika wird als Mandatsgebiet des Völkerbundes von Südafrika verwaltet.

1925 Verabschiedung einer eigenen Verfassung für Südwestafrika.

1939 Nach Ausbruch des 2. Weltkriegs werden deutsche Männer auf ihren Farmen interniert.

1958 Gründung der *Ovamboland* People's Organization. Daraus entwickelt sich 1960 die SWAPO, die South West Africa People's Organization. Ihr Befreiungskrieg, vornehmlich im Norden, macht international auf sich aufmerksam, was zu Verhandlungen über Namibias Zukunft führt.

1959 Zwangsweise Umsiedlung der Bewohner der Schwarzensiedlung *Old Location* (bei Windhoek) nach *Katutura*. Es kommt zu Unruhen. Zahlreiche Schwarze kommen ums Leben.

1964 Eine Kommission unter F. H. Odendaal schlägt vor, nach südafrikanischem Vorbild »Homelands« einzurichten, in denen sich die schwarzen Stämme separat von den Weißen entwickeln sollen (sog. Odendaal-Plan).

Bild der Hoffnung: Wandmalerei in Windhoek

1966 Erste Kämpfe zwischen SWAPO-Anhängern und südafrikanischem Militär.

1975 Einberufung einer verfassunggebenden Konferenz. Nach ihrem Tagungsort, der alten Turnhalle von Windhoek, trägt sie die Bezeichnung *Turnhallenkonferenz*.

1977 Das Pro-Kopf-Einkommen der weißen Bevölkerung liegt bei 3000 Rand im Jahr, das der schwarzen Bevölkerung im selben Zeitraum bei 125 Rand.

1978 Die USA, Großbritannien, Kanada, Frankreich und die Bundesrepublik legen den UN einen Plan zur Lösung des Namibia-Problems (Resolution 435) vor. Sie sieht einen friedlichen Übergang zur Unabhängigkeit und Wahlen unter UN-Aufsicht vor.
Aufhebung der Apartheidgesetze in Namibia.
Im selben Jahr greifen südafrikanische Truppen ein SWAPO-Camp bei *Cassinga* in Angola an. Bei den Kämpfen kommen mehr als 800 Namibier, auch Studenten und Kinder, ums Leben.
Südafrika wird in den Folgejahren seine Grenztruppenstärke auf 90 000 Mann erhöhen.

1989 97 % aller registrierten Wähler geben bei der Wahl einer verfassunggebenden Versammlung ihre Stimme ab.
Die SWAPO gewinnt mit 41 Sitzen eine deutliche Mehrheit gegenüber der Demokratischen Turnhallenallianz (21 Sitze).

1990 Im März wird Namibia unabhängig. Erstes Staatsoberhaupt ist Präsident Sam Nujoma. Er ruft zur *Reconciliation*, der nationalen Versöhnung, auf.

1993 Der Namibische Dollar wird eingeführt.

1994 Südafrika gibt Namibia die Enklave *Walfischbucht* zurück.
Das letzte Relikt der Kolonialzeit ist damit beseitigt.

Der Nordwesten – wild, einsam und unberührt

In den »singenden Dünen« der Namib

Land am Kunene River

Unwillig schüttelt sich die Einmotorige. »Bouncy, der Flug heute« ... Deon, der Pilot, grinst übers ganze Gesicht, während seine Maschine durch sommerliche Luftturbulenzen über das Khomas-Hochland nach Swakopmund dröhnt. Wie ein naturfarbener Teppich rollt sich das sanftgewellte Hügelland 3000 Meter tiefer: goldbraun, ohne das Rot von Hausdächern, nirgendwo das Blau eines Sees oder leuchtendes Grün satter Weiden. Ende Dezember: Das ist die Zeit, in der die Natur nach Wasser lechzt. Gräser, Tiere und Menschen gleichermaßen. Dieses Land ist trocken, seine *Namib*, die Wüste der Wüsten, fast gänzlich wasserlos – wo jährlich selten mehr als zwei Zentimeter Regen fällt, wo Elefanten mit Rüsseln und Beinen metertief nach Grundwasser buddeln, wo Käfer einen kuriosen Handstand vollführen, bis ihnen der Morgentau geradewegs in den Mund läuft. In ihrem Nordwesten liegt die *Skeleton Coast*, das Ziel der kleinen Gruppe in dem wolkenlosen Himmel über Namibia.

Zwischenlandung bei *Swakopmund*, dem Vorzeigestädtchen mit dem Charme einer deutschen Provinzstadt aus der Zeit der Jahrhundertwende.

»Noch 800 Kilometer bis zum *Kunene*, unserem Ausgangspunkt.« Deon tippt mit dem Finger auf den nördlichen Kartenrand. Vom Nordzipfel Namibias, am Grenzfluß zwischen Angola und Namibia, wird sich die Gruppe mit Allradfahrzeugen nach Süden durchschlagen, durch ein Gelände, das Seeleute und Schiffbrüchige gleichermaßen schreckte, in dem Fragmente zerschmetterter Schiffe die Ufer säumen. Die Dramen, die sich hier abspielten, und ihre Unwirtlichkeit und Ausweglosigkeit brachten der Gegend den Namen »Skelettküste« ein. Schiffstragödien sind aber selten geworden. Heute kommen Besucher aus anderen Gründen. Der Reichtum der *Skeleton Coast* ist ihre Unberührtheit.

Kleines Paradies in der Wüste:
Epupa-Fälle an der angolanischen Grenze

Buschmänner, Schiffbrüchige und Schatzsucher kamen und gingen. Die einen hinterließen Steinringe, die den Standplatz ihrer Hütten markierten, die anderen rostige Maschinen. Die Natur holt sich beharrlich ihren Teil zurück.

Ein Druck auf den Startknopf. Propeller rotieren, schon schwenkt der eiserne Vogel nach Norden. 34 Grad zeigte das Thermometer in Windhoek, 18 Grad beträgt die Temperatur beim Start in *Swakopmund*. »Eine Stadt mit eingebauter Klimaanlage ...«, dabei deutet Deon auf das Meer, dessen Temperatur zwischen 12 und 15 Grad liegt. Als eiskalter Strom startet der an der Küste entlangfließende Benguela-Meeresstrom in der Antarktis. Seit dem Kap der Guten Hoffnung tastet er sich an der afrikanischen Westflanke hoch zur Grenze Angolas. Dort knickt er nach Westen ab, um schon bald mit warmen Äquatorwassern Richtung Südamerika zu strömen. Ohne Benguela wäre das Gesicht der Namib anders, ohne seine tückischen Wasserströme, Winde und Küstennebel gäbe es keine »Küste der Schiffbrüchigen«. Der Benguela-Strom ist der Vater der »Skeleton Coast«.

Schnurgerade verläuft die Küste nach Norden. Der Schatten des Flugzeugs huscht auf ihr entlang, streift Angler mit einem halben Dutzend in den Sand gerammter Angeln. Dies ist ein Dorado für Petrijünger, eine der fischreichsten Gegenden der Welt. Der Reichtum lockt auch andere... »Cape Cross«, brüllt der Pilot durch das Brummen der Maschine. Auf engstem Raum tummeln sich am Kreuzkap 80 000 Robben, über denen 200 Flamingos wie pinkfarbene Wattebäusche schweben. Schon schwenkt die Maschine Richtung Wüste; rot, gelb und grau ist sie, mit senkrecht gestellten Basaltwällen. In der Einsamkeit der Namib erinnern sie an Straßen längst vergangener Kulturen.

Reifen vibrieren auf sandigem Boden. Staub wirbelt. Ankunft im nördlichen Skeleton Coast Park. Der Kunene River, ein glasklarer, bilharziosefreier Wüstenfluß, an dessen Schönheit und guten Happen sich nicht wenige Krokodile erfreuen, bildet hier die Grenze zu Angola. Das Abendlicht taucht die Wüstenberge in rötliches Licht. Ein Pavian kreischt, dann ist es still. Namibias Nächte verzaubern. Weltenbummler rühmen die kristallklare Luft, nur wenige Gegenden bieten einen so ungetrübten Blick in den Sternenhimmel wie diese.

Peter, der Pilot der inzwischen eingetroffenen zweiten Maschine, ist der einzige Namibier in der Gruppe. Jahrelang hatte der Helikopterpilot für das südafrikanische Militär Aufklärungsflüge gegen die SWAPO unter Sam Nujoma geflogen. Dann war die Unabhängigkeit gekommen, und die »Terroristen« von gestern wurden die neuen Landesherren.

»Es gibt kaum Hubschrauberpiloten in Namibia«, sagt Peter, »und so kriegte ich eines Tages einen Job bei der Regierung, um einen der drei namibischen Helikopter zu bedienen.« Bald darauf erhielt er den Befehl, Staatspräsident Nujoma zu fliegen. Peter erzählt:

»Wie kommt es, daß Sie das Land so gut kennen... was haben Sie eigentlich während des Krieges gemacht?« fragte mich Nujoma. Ich zögerte einen Moment... »Ich habe gegen Sie gekämpft, Mister President.« Peter sieht in die Runde. Während des weiteren Fluges wechselte der Präsident kein weiteres Wort mit mir. Zurück in Windhoek, streckte er mir die Hand mit den Worten entgegen: »Lassen Sie uns die Vergangenheit vergessen und gemeinsam an der Zukunft bauen.« »Kunene«, der Name dieser Lebenslinie in der Wildnis, entstammt der Herero-Sprache und heißt »rechts«. So sahen ihn die südlich des Flusses lebenden Menschen, lebten sie doch zu seiner Linken, im Kaokoland, einem Gebiet, das in ihrer Sprache »Land zur Linken« bedeutet. Die Quellwasser des *Kunene* liegen im angolanischen Hochland. Er mäandert durch die Ausläufer der *Kalahari*, stürzt 120 Meter tief bei den Ruacana-Fällen und gischtet 32 Meter die Epupa-Fälle hinab, bevor er sich auf den letzten hundert Kilometern durch die Namib gräbt.

Wie leuchtender Malachit schimmert das Grün der Bäume, als die Gruppe am darauffolgenden Morgen zum Fluß hinabsteigt. »Abstand halten« heißt die Parole. Womit die Krokodile gemeint sind, die wie tote Baumstämme im Wasser liegen.

Unerwartete Begegnung: Deon und Ginsterkatze

Zum Glück hat das Schlauchboot einen Metallboden ... Auf einmal brodelt am Ufer das Wasser. Wie ein Schraubstock umschließt der Rachen eines Krokodils den großen Pavian, der eben noch friedlich am Ufer trank. Schon schleudert ihn die Riesenechse in die Luft, fängt ihn auf, hämmert zwei-, dreimal mit den Zähnen auf ihn ein, dann ist der Spuk vorbei. Nur ein Ring bleibt, wo das *croc* abtauchte. Stille, bis auf den melodischen Gesang von Vögeln.

Das Boot stoppt bei Webervogelnestern, die wie reife Mangos an vorstehenden Ästen hängen. Webervögel bauen ihre Nester immer mit der Öffnung nach unten. Häufig bilden sich Kolonien mit Hunderten von Nestern. Gelegentlich passiert es, daß eine Großfamilie zu schwer für den Ast wird. Er bricht, und das Nest stürzt zu Boden. Kein Problem für Webervogelmännchen – sie sind ja Kummer gewöhnt. Nicht selten zerrupft ein Weibchen das mühsam gebaute Nest viermal, bis es endlich seine Eier hineinlegt.

Wechsel vom Boot zum Landrover, dessen Reifen eigentümlich breit und weich wirken. Mit abgesenktem Luftdruck wird der Geländewagen selbst steilste Dünen erklimmen. Wie Stufen einer Riesentreppe fallen zum Kunene hin die mächtigen Sanddünen terrassenförmig ab. In gestrecktem Galopp rasen zwei Oryxantilopen vorbei. Es verwundert, daß hier Leben möglich ist – und das gar nicht wenig. Dicht an den Boden gepreßt wächst der unförmige Stamm eines Commiphora-Baumes, der an eine überdimensionierte Kartoffel mit ausgestreckten Trieben erinnert. Jemand zieht aus seinem bauchigen Stamm den meterlangen Spieß einer Oryxantilope. »Sie schieben zwar nur einmal im Leben ein Gehörn, doch wenn sie alt sind, legen sie schon mal ihre Waffen nieder«, sagt Peter. So wie hier.

Sorgfältig bestehenden Fahrspuren folgend, rollt die kleine Expedition durch die Hartmannberge. Fragiles Land verträgt keine Off-Road-Eskapaden. Jahre oder Jahrzehnte dauert es, bis die Narben einer unüberlegten Exkursion verheilen. Anders ist es im weichen Dünensand, dem die Nachtwinde schnell seine »Unberührtheit« wiedergeben. Rast an einem uralten, abgewaschenen Felsen, dessen geschliffener Buckel ein Abbild des berühmten Ayers Rock Australiens ist. Wie er war einst auch dies die Spitze eines uralten Berges. Wo die Erosion ihn aufbrach, entstanden Höhlen, denen Sandstürme weiche Konturen geben. Ein bevorzugter Platz von Buschmännern: In einer Nische liegt die brüchige Lederschlinge eines längst verschwundenen Jägers.

Horror und Faszination: Skelettküste

Die Küste der Gestrandeten wurde zum Favoriten der Naturfreunde

Man entdeckte 12 kopflose Skelette. Zwischen den gebleichten Fingerknochen des einen steckte ein Zettel mit der Nachricht: »Ich mache mich auf, einen Fluß nördlich von hier zu suchen ...« Er kam nie an.

Die Tragödien der Skelettküste erreichten 1942 einen Höhepunkt, der nicht ohne Tragikomik ist:

9. November: Der Funker der »Dunedin Star« sendet »SOS ... SOS«. Langsam sinkt der Frachter – und mit ihm 21 Passagiere und 85 Mann Besatzung. Einem Teil gelingt es, das Schiff zu verlassen. Doch in die Freude, festen Boden unter den Füßen zu haben, schleicht sich Angst: Unter den Planken eines fast zugewehten Schiffswracks liegen menschliche Gebeine. Auch die Begeisterung, als der Schlepper »Sir Charles Elliott« mit drei weiteren Schiffen andampft, ist getrübt. Nur die auf dem Havaristen verbliebenen Leute gelangen an Bord. Wilde Brecher machen die Bergung der an Land befindlichen Matrosen und Passagiere unmöglich.

Teil zwei des Dramas: Auf dem Rückweg gerät der Schlepper »Sir Charles Elliott« seinerseits in Seenot. Zu diesem Zeitpunkt ist jedoch schon ein Rettungskonvoi von Windhoek aus unterwegs, um die Küste auf dem Landweg zu erreichen. Von Kapstadt nähert sich ein Bomber, um Lebensmittel und Trinkwasser abzuwerfen. Doch Pilot Naudé begeht einen Fehler: Er landet, um Frauen und Kinder an Bord zu nehmen, dabei bleibt seine Maschine im Sand stecken.

Zwei Wochen nach dem Unglück der »Dunedin Star« erreicht der bereits verschollen geglaubte Überland-Konvoi die Unglücksstelle. Eigentlich könnte hier das Drama enden ... hätte sich Flugkapitän Naudé nicht in den Kopf gesetzt, sein Flugzeug zu retten. Mit 27 Männern und schweren Bergungsfahrzeugen rückt er an. Sein Bomber kommt frei, springt an und fliegt. Doch nur eine knappe Stunde – dann versagt ein Motor, und die Maschine stürzt ins Meer. *Cape Frio* liegt unweit südlich der von der Brandung zerhämmerten »Dunedin Star«. Man riecht das »Kalte Kap« lange, bevor man es sieht. Ein Meer grauer Körper tanzt hier wie eine rollende Welle, ihre Brandung ist ein tausendstimmiges Konzert aus Grunz- und Heultönen. 30 000 Robben am *Cape Frio* geben Ausdünstungen von sich, die menschliche Besucher bereitwillig auf Distanz halten. Nicht so den Beute suchenden Schakal. Keiner dieser Stammgäste leidet Not. Oben auf der Speisekarte der Fische steht Meeresplankton. Der Benguela-Strom bringt es massenweise aus der Antarktis nach hier, wo es der Westwind in Ufernähe peitscht. Das lockt Fische an. Die wiederum rufen Robben auf den Plan. An die Wale vergangener Tage erinnern heute nur noch meterlange Rippen – und abertausend Wirbelknochen.

Südlich von *Cape Frio* stößt man auf Trümmer dreier vor gut 200 Jahren gesunkener Schiffe. Hier liegen Planken, in denen handgearbeitete viereckige Nägel stecken. Dort ist ein fein gedrechseltes Stuhlbein. Millionen Sandkörner polierten es und gaben seinem Holz eine eigentümliche Struktur. Und überall Skelette: von Vögeln, Seehunden, hier und da gebleichte Schädel. Dazu angeschwemmte Schiffsplanken, eine Holztruhe mit den verwaschenen Initialen »R M«, zerbrochene Muscheln, Flaschen und ein einzelner Schuh. Ein Bilderbuch der Tragödien. Als die kleine Gruppe später im Camp sitzt und die Sonne im Westen in milchige Wolken sinkt, kriecht heimlich dicker Nebelbrei vom Meer herauf. Es wird ein kalter Abend am *Cape Frio*.

Manchmal, wenn zwischen April und Juli der heiße »Ostwind« bläst, ist hier allerdings der Teufel los: Zwischen Sommer und Winter bilden sich Tiefausläufer an der Küste, in die aus den

Hochdruckkernen in Afrikas Innerem Warmluft rast. Immer wärmer wird sie, je näher sie der Küste kommt. An der Skeleton Coast erreicht sie oft gnadenlose 40 Grad, knochentrocken und lähmend ist sie. Für Menschen war die Küste seit jeher eine Herausforderung. Den einzigen, die hier als Bewohner lebten, gab die Nachwelt die Bezeichnung »Strandläufer«. Es waren Buschmänner, die anstatt Wild zu jagen Muscheln sammelten und Fische fingen. Wie ihre Stammesbrüder in der Kalahari hatten sie während ihrer langen Wanderschaft gelernt, Trinkwasser zu finden, wo andere verdursteten.

Man sagt hier, die Morgensonne verbrenne die Nebel. Plötzlich ist der Himmel tiefblau. Dafür peitscht ein kräftiger Westwind Sand auf, der wie Nadelspitzen in die Haut dringt. Von *Cape Frio* rollen die Landrover Richtung Inland. Zwischen kargen, vom Zahn der Zeit polierten Hügeln hält der erste Wagen. »Vor ein paar Hundert Jahren war schon jemand da...« Deon weist auf ein Dutzend eigentümlicher Steinringe von gut zwei Metern Durchmesser. Strandläufer hatten zwischen ihnen Gestelle aus Zweigen gebaut, auf denen sie zum Schutz gegen Sonne und Wind Felle befestigten. Kein Buschmann lebt heute mehr an der Skelettküste, die Steine sind ihr Denkmal.

Ankunft im *Kaokoveld*, dem pittoresken, gebirgigen Land östlich der Skelettküste, das von Flußtalern des *Hoarusib-*, *Hoanib-* und des *Huab River* durchzogen wird. Kaokoveld ist eins der letzten großen namibischen Landschaftsgeheimnisse. An mexikanische Orgelpfeifenkakteen erinnernde Euphorbien säumen den Pfad. Und irgendwann erreicht man einen trotz seiner Entlegenheit bekannten Felsen, in dem die Fantasie einen versteinerten Bären erkennt. Die Reise parallel zur Skelettküste bringt täglich neue Begegnungen: Zum Beispiel mit der Ginsterkatze, die neugierig das Camp besucht. Nachts wird das gefleckte Tier mit dem langen geringelten Schwanz aktiv. Dafür ruht es tagsüber in hohlen Baumstümpfen. Frühmorgens ist die beste Zeit für Tierbeobachtungen. So auch am »Rocky Mountain Camp«. Nur 300 Meter vom Zelt entfernt äsen 50 Springböcke. Ein unbedachtes Geräusch des Beobachters, nur zwei leise aneinanderschlagende Steine – und schon federn die Tiere hoch und jagen davon. Dieser Tag hat aber noch andere Highlights in petto. *Hoarusib* ist einer der großen Flüsse, die ihr Bett nur nach Regenfällen beziehen. Selten genug fließt Wasser, doch wenn, entfaltet es Fantasie, schnitzt Türme, meißelt Burgen und fräst Tempel aus den weißen Lehmwänden.

Pelzrobben am Cape Frio

In den Gesichtern der Reiseteilnehmer zeigt sich jetzt Spannung. Im Flußbett sollen Wüstenelefanten leben. Tatsächlich, mitten auf dem Pfad die ersten Zeichen, fußballgroße Losungskugeln. Und plötzlich steht man im Garten Eden, mit sanftgrünen Wiesen und drei Springbockrudeln von mehr als 100 Tieren. Hier zeigt sich der erste Wüstenelefant. Als wolle er seine Anpassungsfähigkeit demonstrieren, wirbelt er mit dem Rüssel Sand statt Wasser in die Luft – zum Duschen natürlich.

Wüstenelefanten – Meister der Anpassung

Häufig drücken Elefanten Baumstämme zu Boden, um die saftigen Wurzeln zu fressen. Dieser Baum mit dem riesigen Webervogelnest überlebte

Man schätzt ihre Zahl im *Kaokoland* um das Jahr 1890 auf knapp 3000. Genau hundert Jahre später liegt sie bei 200. Der größte Feind dieser Anpassungskünstler war nicht der für Elefanten eigentlich unwirtliche Lebensraum, sondern der Mensch. Bis zur Jahrhundertwende nutzten Dorslandtrekker, die auf der Suche nach neuem Lebensraum von Transvaal via Namibia nach Angola gezogen waren, das Kaokoland als ihr Großwildjagdrevier. 30 Jahre später lebten hier noch 1000 Elefanten, Anfang der 70er Jahre 500. Der angolanische Bürgerkrieg, zunehmende Wilddiebereien und illegaler Elfenbeinhandel dezimierten die Population weiter. Im Bereich des mittleren Kunene River wurde der Wüstenelefant gänzlich ausgerottet.

Buschmannzeichnungen belegen, daß Wüstenelefanten schon seit Jahrtausenden im wüstenhaften Nordwestnamibia lebten – durch hervorragende Adaption. Während zum Beispiel die Elefanten der Etosha-Pfanne täglich saufen, beschränken sich ihre Vettern in der Wüste auf jeden dritten oder vierten Tag. Um zur Wasserstelle zu kommen, legen sie im Durchschnitt 70 Kilometer zurück. Wildhüter wissen von einer Rekordstrecke von 195 Kilometern zu berichten.

Es war ein weiser Entschluß, den bis zu 40 Kilometer breiten und 500 Kilometer langen Landstreifen zwischen *Ugab River* im Süden und *Kunene* im Norden 1963 unter staatlichen Schutz zu stellen. Mag sein, daß der limitierte Zugang den Hauch des Exklusiven trägt, doch *Skeleton Coast* und *Kaokoland* vertragen nun mal keinen Massentourismus. So ist es auch möglich, südlich des Hoarusib ein kleines »Kammerkonzert nach Art der Wüste« in intimem Kreis zu inszenieren. Den Klangkörper stellt die Namib. Ein paar aus der Gruppe rutschen einen Dünenhang hinab. Plötzlich beginnt die Düne ein vielstimmiges Konzert. Jede Bewegung zaubert andere Töne hervor. Die Hand, die durch den Sand streift, läßt die Sandhügel »jauchzen«. Jemand legt sich beim Gleiten auf den Rücken, schon wird der Ton zum dumpfen Baß. Noch ist das Geheimnis der musikalischen Dünen nicht vollends erforscht. »Reibung extrem trockener Sandkörner«, sagen die einen. Andere tippen auf elektrostatische Aufladung. Wie auch immer. Wissenschaftliche Erklärungen interessieren die Menschen nicht, die mit kindlicher Freude das »Orgelkonzert« der Wüste inszenieren. Gut, daß es noch Geheimnisse gibt. *Namib* und *Skeleton Coast* haben viele davon.

Anmutig und ein Meister der Luftsprünge: Springbock

Spektakuläre Begegnung mit grazilen Impalas

Ugab-Rivier-Wanderroute

An jedem zweiten und vierten Dienstag im Monat findet eine zweitägige Wanderung in Begleitung eines Naturschutzbediensteten statt. Start: Parkeingangstor am Ugab Rivier ca. 200 km nördlich von *Swakopmund*. Gesamtlänge der Wanderroute: rund 50 km. Geringer Unkostenbeitrag. [$].

Beste Wandermonate: April bis September. Ein ärztliches Attest über körperliche Tauglichkeit (nicht älter als 40 Tage) muß vorgelegt werden. Anmeldungen für diese Tour erfolgen beim Reservierungsbüro in Windhoek (Anschrift siehe Anhang). Die Ausrüstung (z. B. Schlafsack und Proviant) ist selbst mitzubringen.

Zum Wanderweg: Der Trail führt durch das Tal des Ugab-Flusses, über Schotterflächen und Doloritberge zu atemberaubenden, durch Erosion geformte Granitfiguren. In den Schottergebieten und den Bergkämmen kommen äußerst empfindliche Flechten vor. Sie wachsen sehr langsam und sind so empfindlich, daß sie, wenn sie beschädigt werden, bis zu hundert Jahren brauchen, um sich zu erholen. Mit ihnen und vielen anderen Geheimnissen der Wüste macht der Guide vertraut. Auch mit Siedlungen, in denen vor einigen hundert Jahren Menschen wohnten. Eine befindet sich nahe der Ugab-Mündung. Die Hütten baute man aus Walskeletten.

Informationen: Skeleton Coast Park und westliches Kaokoland

Kurzgeographie: Größe des Skeleton Coast Park: 16 000 qkm, 1967 gegründet. Über 500 km erstreckt er sich vom *Kunene* im Norden bis zum *Ugab Rivier* im Süden. Der besseren Übersicht wegen wird der Park nachfolgend als Nord- und Südteil porträtiert.

Nordteil, vom *Hoanib-* zum *Kunene River*:
Dieser Teil ist Individualreisenden nicht zugänglich und kann nur mit staatlich autorisierten Tourunternehmen bereist werden.

☐i Skeleton Coast Fly-in Safaris, P. O. Box 2195, Windhoek, Tel. (061) 22 42 48, Fax: (061) 22 57 13, sowie seit kurzem: Olympia Reisen, P. O. Box 5017, Windhoek, Tel: (061) 22 55 39.

Beste Reisezeit: Der Park ist ganzjährig geöffnet. Am reizvollsten ist es von November bis März.

Besondere Highlights: *Kunene River*, Wrackreste der *Dunedin Star*, Robbenkolonie von *Cape Frio* und *Clay Castles* sowie Wüstenelefanten im *Hoarusib Rivier*. Südlich davon die Roaring Dunes. Gute Chancen, Himba und Kaokoland-Herero zu begegnen.

Südteil, vom *Ugab-* bis zum *Hoanib Rivier*. Mit Permit ist der Süden individuell befahrbar. Das Ende der allgemein zugänglichen Strecke befindet sich 14 km nördlich von *Terrace Bay*.

Zufahrt: Auf der Straße C34 von *Swakopmund* via *Henties Bay*, *Cape Cross* (Robbenkolonie), *Torra Bay* nach *Terrace Bay*.

Alternativ: Auf C39 (reizvoll und einsam) von *Khorixas* via Springbokwasser-Kontrollposten nach Torra Bay. Diese Abfahrt bietet außerhalb des Parks reizvolle Abstecher zu den Felsmalereien von *Twyfelfontein* und zur *Palmwag Lodge*.

☐i Erlaubnisscheine für den südlichen Skeleton Coast Park sind erhältlich beim Direktor für Tourismus – Reservierungen –, P. O. Box 13267, Windhoek, Tel. (061) 3 69 75, Fax: (061) 22 49 00 sowie bei der Touristeninformation/Nationalparkinformation in Swakopmund. Anschriften siehe auch Informationen im Anhang. Besucher, die den Park in einem Tag zu durchfahren beabsichtigen, erhalten Permits auch an den Parktoren. Der öffentliche Kontrollpunkt Springbokwasser ist täglich bis 17 Uhr, der am *Ugab Rivier* bis 15 Uhr geöffnet.

Übernachtung: Nur in *Terrace-* und *Torra Bay*. Zugang zu den Camps besteht nur mit bestätigter Reservierung.

Torra Bay: Geöffnet während des namibischen Hochsommers vom 1. Dezember bis 31. Januar. Nur Campingmöglichkeit.

Terrace Bay. Ganzjährig geöffnet. Unterkünfte, kein Camping.

Freies Camping: ist im Park *nicht gestattet.*

Motorräder sind im Park nicht erlaubt.

Benzin: In Torra Bay (nur im Dezember) und Terrace Bay.

Angeln: Hervorragende Möglichkeiten in zwei zugelassenen Abschnitten: Auf 32 km Länge bei Torra Bay und auf 24 km bei Terrace Bay bis hoch nach Seal Beach.

Literatur: *Skeleton Coast* (Bildband mit sachlichen Informationen) von Amy Schoeman, Windhoek.

Königreich der Tiere: Etosha-Nationalpark

Kallie Venzke kann sich rühmen, Herr über 22 270 Quadratkilometer zu sein. Auf einer Fläche so groß wie das Bundesland Hessen tummeln sich seine 50 000 Schützlinge – vom sechs-Tonnen-Elefanten bis zum fünf Kilo leichten Dik-Dik. Doch eigentlich hört der Principal Nature Conservation Officer den Begriff »Schützling« nur ungern. Sie sind in Wirklichkeit die »Herren«, während er und sein Team nur dazu beitragen, daß im Nordwesten Namibias das letzte Königreich der Tiere überlebt. »Wir können uns auf den Begriff ›Manager‹ einigen«, sagt er, »denn ohne Wild- und Natur-Management sähe die Zukunft des Etosha-Parks nicht rosig aus.«

Was ich zunächst kaum glauben kann, als ich spätnachmittags am Olifantsbad auf der Lauer liege: 20 Meter vor mir sehe ich 50 Steppenzebras, bis über die Hufe im Wasser. Sie saufen in langen Zügen. Zebraherden von 200 Stück und mehr sind im Etosha-Nationalpark keine Seltenheit. Plötzlich scheint Bewegung in einen blattlosen Strauch zu kommen. Gähnend reckt sich darunter eine Löwin, schlendert, als gäbe es nichts unwichtigeres als Zebras, zur Tränke. 200 Hufe bringen die Tränke zum Brodeln. Doch nur gelangweilt gönnt sich die »Königin« einen Schluck und streift weiter. Sie ist jetzt schon nicht mehr allein. Ein mächtiger Mähnenlöwe folgt ihr wie ein Schatten. Da naht der Rivale. Der Platzlöwe fliegt auf den Herausforderer zu. 400 Kilo Muskeln, Krallen und Zähne prallen auf- und ineinander. Staub wirbelt. Blitzschnelle Prankenhiebe, und während der Herausforderer das Weite sucht, findet der Verteidiger die wohlverdiente Belohnung in der Begattung seiner Löwin. Doch mit dem »Ruf der Wildnis« ist das in Etosha so eine Sache, seit der Mensch begann, selbst Löwinnen die Antibabypille zu verordnen.

Einer von 1300 Elefanten im Etosha-Nationalpark

Was der *Kruger-Nationalpark* für Südafrika ist und der Grand Canyon für die USA, das ist *Etosha* für Namibia. Ein Naturparadies mit 20 000 Springböcken, 5000 Oryxantilopen, 2000 Giraffen, 1500 Straußen, 250 Löwen und 1300 Elefanten, die die Buschsavanne rund um die flimmernde Etosha-Pfanne bevölkern. Nur um einige Tierarten zu nennen.

Eine riesige salzverkrustete Niederung von 5000 Quadratkilometern Größe ist das Herzstück dieses Juwels – eben jene 50 mal 130 Kilometer große *Etosha-Pfanne*. »Etosha« heißt »großer weißer Platz«. 12 Millionen Jahre ist es her, daß die Wasser des Kunene River hier in einen Binnensee flossen. Als Veränderungen der Erdoberfläche den Fluß zum Atlantik umleiteten, kam das Ende des Sees. Sand und Lehm nachfolgender Jahrmillionen füllten sein fast 300 Meter tiefes Bett auf,

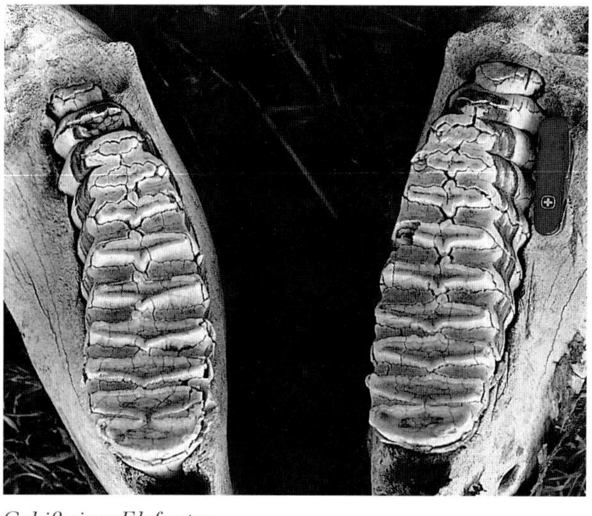

Gebiß eines Elefanten

bis das heutige Landschaftsbild entstanden war. Eine weite, glatte, weiße Fläche, die nur während der seltenen großen Regenfälle von *Ekuma-* und *Oshigambo-Fluß* im Norden und dem *Omuramba-Ovambo-Fluß* im Osten gefüllt wird. Die *Etosha-Pfanne* sich in einen durchgehenden See verwandeln zu sehen, ist ein Ereignis, das Seltenheitswert hat. Die letzte große Flut kam 1978.

Dann aber beginnt die »tote Wüste« zu leben. Das flache, aufgeheizte Wasser, angereichert mit einer Fülle von Mineralien, wird für kurze Zeit zum Abbild der Entstehung irdischen Lebens. Algen bilden sich, eine nahrhafte Suppe für wirbellose Tiere, vor allem aber Flamingos, ist bereitet. Es geht dann plötzlich ein geheimes Signal durch Afrika. Zehntausende Flamingos folgen ihm, oft Hunderttausende, bis zu einer Million. Im Nu färbt sich die *Etosha-Pfanne* von den Leibern der großen Vögel rosa. Niemand weiß, wo und wie sie der Ruf erreicht, doch kommen sie aus den entlegensten Ecken des Kontinents, um dicht an dicht mit Pelikanen und Reihern am reichgedeckten Tisch der Natur zu tafeln. 1969 allerdings mit fast tragischem Ende. Die Sonne hatte die Pfanne ungewöhnlich schnell trockengebrannt. Mit dem Wasser verschwand auch das Futter für die noch flugunfähigen Flamingoküken. Da starteten Naturschützer die »Operation Flamingo«, fingen 20 000 Jungvögel per Hand und brachten sie in die Fischerpfanne bei *Namutoni*. Zwei Jahre später: Wieder trocknet das Wasser zu früh aus. Doch diesmal nehmen die 30 000 Flamingoküken ihr Schicksal in die eigenen Fittiche. Eskortiert von ein paar erwachsenen Vögeln tippeln sie 80 Kilometer nach Norden. Einen Monat später sammeln sich die Überlebenden, immerhin 25 000 Jungvögel, im noch wasserreichen *Ekuma-Delta*. Eine »tierische« Eigeninitiative. Doch nicht immer geht es ohne die Hilfe des Menschen.

»Die Zahl der Löwen im Park ist seit 1980 von 500 auf 250 gesunken«, sagt Naturschützer Venzke. Die Leute vom Wildmanagement haben dabei kräftig mitgewirkt.

»In den 60er Jahren hatten wir 25 000 Gnus im Park, heute noch ganze 2500 ...« Er läßt den Satz im Raum stehen. Mit dem Aussterben der Gnus war die Hauptnahrung und damit auch die Überlebenschance für die großen Raubkatzen drastisch gesunken. Manche von ihnen verließen den Park, nicht wenige wurden draußen die Beute von Jägern, bei anderen praktizierte man Geburtenkontrolle. Betäubten Löwinnen wurden Hormonregler unter die Haut gepflanzt. Mit Erfolg.

Erdhörnchen bei der Begrüßung

Okaukuejo Camp ist nicht nur Sitz der Parkverwaltung, sondern auch der touristische Dreh- und Angelpunkt: mit stilvollen Bungalows, einem Campingplatz und dem berühmten Wasserloch für Tierbeobachtungen. Hier gibt es Wildnis à la Carte.

Eine Vielzahl ausgezeichneter Schotterstraßen führt von Okaukuejo in alle Richtungen des Nationalparks. »Wir schließen pünktlich bei Sonnenuntergang«, gibt mir ein schwarzer uniformierter Parkbediensteter wohlmeinend mit auf den Weg. Ein Spätnachmittag Ende Januar. Noch hat sich keine Regenwolke hierher vorgewagt. Kein grüner Halm zwängt sich durch die Risse des weißlichen Lehmbodens.

Neben der Piste beobachte ich einen Geländewagen mit der Aufschrift »Etosha Research«. Man sagt, man solle hier nicht zu den Tieren fahren, sondern auf sie warten. Dafür brauche man nur etwas Geduld. Ich mache es den Tierforschern nach und werde belohnt.

Ein Gepard! Momente später ziehen vier dieser eleganten Sprinter mit den muskulösen Körpern von Hochleistungssportlern über den Pfad. Geparden erreichen die sagenhafte Geschwindigkeit von 100 Stundenkilometern und gelten als schnellste Säugetiere auf Erden.

Anpassung und Spezialisierung sicherten ihnen einen Platz im Ökogeflecht der Savanne. Doch den dramatischen Veränderungen der Gegenwart waren sie kaum gewachsen; während der letzten Jahrzehnte sank ihr Bestand von 900 auf 50. Man versucht den Trend zu stoppen. Deutlich erkenne ich an den Hälsen der »cheetahs« Sender, mittels derer man ihre Lebensgewohnheiten studiert.

Noch ist Namibia stolz darauf, die größte Gepardenpopulation auf Erden zu haben. Wie lange noch? Für viele Farmer ist das königliche Tier nichts weiter als eine Gefahr für ihre Schafe, und Jäger ließen sich schon immer gern vor dem dekorativen Fell der schnellen Läufer fotografieren.

Gepard mit einem gerissenen Springbock

Auf Safari: zwischen Okaukuejo und Namutoni

Der Blick vom großen Wasserturm in Okaukuejo ist spektakulär. Vor allem bei Sonnenuntergang. Noch zögern regenschwere Wolken, ob sie ihre lebenspendende Fracht abladen sollen. Zwischen ihnen blitzen die Strahlen der untergehenden Sonne. Knapp hundert Jahre ist es her, daß man Okaukuejo als Befestigungsposten eines Sperrgürtels errichtete, um der sich ausbreitenden Rinderpest Herr zu werden. 1953 kam der erste Wildhüter hierher. Heute bietet *Okaukuejo* ein unvergeßliches Afrikaerlebnis.

Zwei Stunden vor Mitternacht. Noch sind die Bänke hinter der Natursteinmauer am großen Wasserloch voll besetzt. Ein paar 3500-Watt-Halogenstrahler lassen die afrikanische Wildnis wie eine Filmkulisse erstrahlen. Man nuckelt am Bier, plaudert leise mit Nachbarn, während Myriaden angestrahlter Insekten gegen den schwarzen Nachthimmel wie Funken von Wunderkerzen flimmern. Plötzlich geht ein Ruck durch die Zuschauer. Ein Spitzmaulnashorn, gefolgt von seinem Jungen, stapft zum Wasser. Niemand sagt ein Wort. Unpassend zerreißt da das höhnische, aber effektvolle Lachen einer Hyäne die Stille. Als später Gast stellt sich eine Löwin ein. Still legt sie sich in den Sichtschutz eines großen Busches.

Früh am anderen Morgen bin ich bereits wieder zur Stelle. Jetzt herrscht Hochbetrieb im Tierreich. Doch nur zögernd wagen sich Antilopen und Springböcke an die Wasserstelle – dort lauert noch immer der Tod in Gestalt der Löwin. Plötzlich kommt Bewegung ins Bild: ein Elefant. Erregt wackelt er mit den riesigen Ohren, was soviel heißt wie »Kein Platz für Zweisamkeit«. Die Löwin versteht die Botschaft und trollt sich.

Doch kaum zeigt der Elefant den Rücken, ist sie wieder da. 50 Springböcke und acht Kudus sind noch immer unentschlossen. Das ändert sich, als drei wonnige Warzenschweine nur fünf Meter von der Löwin entfernt zum Wasser trippeln. »Sie« hebt nicht mal den Kopf. Das ist das Signal für alle anderen. Vorsichtig tasten sich die feingliedrigen Springböcke an die Tränke – vorsichtshalber lassen sie einen Sicherheitsabstand von 30 Metern zu ihrer Todfeindin. Aber die drei kecken Warzenschweine mit den witzigen, hauerbewehrten Schädeln schieben sich immer dichter an sie heran.

»Dumme Schweine«, denkt man, doch offenbar können die »warthogs« ihre Fluchtgeschwindigkeit bestens eintaxieren. Fünf Meter, vier Meter . . . jetzt hebt die Löwin den Kopf. Was folgt, ist am ehesten einer Explosion vergleichbar. Die Warzenschweine fliegen förmlich auseinander und rasen mit steil aufgestellten Schwänzen davon.

Das Wasserloch von *Okaukuejo* ist ein aufgeschlagenes Naturkundebuch, spannend, stimmungsvoll und romantisch. Doch unverfälschterem Afrika begegnet man auf der Fahrt entlang der Etosha-Pfanne.

Gemsbokvlakte-Wasserloch ist bei Tier wie Mensch gleichermaßen beliebt. Aber an diesem Morgen sehe ich hier kein Wild – nur zwei mumifizierte Elefanten.

»1300 Elefanten gibt es noch im Park. Das ist aber auch unsere Obergrenze. Vor rund zehn Jahren mußten wir den Bestand um 500 Tiere reduzieren«, hatte mir Kallie Venzke gesagt. Das war eine schwere Entscheidung für die Naturschützer gewesen.

Elefanten sind *Etoshas* Stolz. Mit einer Schulterhöhe von vier Metern sind sie die größten auf dem Kontinent. Da sieht man großzügig darüber hinweg, daß ihre Stoßzähne eher mickerig sind und zu den kleinsten Afrikas zählen. Der Grund ist ein unzureichendes Mineralienangebot.

Es gab immer Elefanten an der *Etosha-Pfanne*. Doch dann kamen die Großwild- und Elfenbeinjäger... Oberleutnant Fischer, der erste Wildwart hier, bestätigte, daß 1881 die letzte verbliebene Elefantenherde in die Sümpfe bei *Namutoni* getrieben und niedergemetzelt worden sei. 1954 gab es durch Zuwanderung wieder 26 Exemplare. Es sollten noch mehr werden. Um die Tiere vor dem drohenden Abschuß auf den umliegenden Farmen zu retten, wurden Mitte der 50er Jahre auf 200 Kilometern Breite 80 Wasserlöcher gebohrt. Die Dickhäuter, sowieso durch Verkehr und Farmwirtschaft zunehmend gestört, nahmen das großzügige Nationalparkangebot an. Das Ergebnis: 1983 gab es 3000 Elefanten in *Etosha*. Das waren entschieden zu viele. Hinzu kam, daß als Folge des Odendaal-Plans der Park von 99526 auf 22270 Quadratkilometer verkleinert worden war.

Man wollte damit dem »Homeland-Gedanken«, aber auch dem Landbedürfnis der Ovambo, Damara und der Menschen des *Kaokolandes* Rechnung tragen. Es war der Beginn dramatischer Veränderungen. Ein 850 Kilometer langer Parkzaun wurde errichtet, um die Tiere vor Wilderern zu schützen. Er unterbrach jedoch uralte Wanderrouten, insbesondere jene der Gnus, die zuvor in Dürrezeiten zu Tausenden in Richtung Angola gezogen waren. Da die Tiere nun nicht mehr zum Wasser im Norden konnten, bohrte man mehr und mehr Wasserlöcher. Das Angebot wurde angenommen, das Wild blieb jetzt in einem begrenzten Areal – was zur Übergrasung und Versteppung des Bodens führte, aber auch gesundheitliche Probleme brachte. Die größte Gefahr kam durch den Straßenbau. In den Löchern, aus denen man Kies schaufelte, sammelte sich Regenwasser, das aufgrund der Bodenbeschaffenheit zur idealen Brutstätte für Milzbrandbakterien wurde.

Die Straße, gebaut, um den Menschen an die wilden Tiere Afrikas heranzuführen, wurde so indirekt zum Killer. 90 Prozent aller Gnus starben innerhalb dreier Jahrzehnte, von 25000 auf 2500 sank ihre Zahl. Die der Steppenzebras ging von 15000 auf 5000 zurück. Milzbrand wurde auch zur größten Gefahr für Elefanten. Nur den Fleischfressern des Parks vermochte die Seuche nichts anzuhaben.

Und dennoch – *Etosha* ist ein kleines Paradies. Eine Insel, in der der Mensch letztlich doch noch alles zum besten fügte. Eine Arche Noah.

Vielleicht sahen Livingstone und die anderen großen Afrikaforscher Bilder wie jene, die sich

Namutoni: Einst Schutztruppenfort, heute Touristenunterkunft

auch dem heutigen Besucher an einem typischen Etosha-Tag auf der flirrenden Pfanne bieten, wenn plötzlich zwei Oryxantilopen sich von einer schemenhaft verzerrten Fata Morgana in Wesen aus Fleisch und Blut verwandeln. 50 000 Tiere sind der Stolz des Parks. Es scheint, als hätten Etoshas Naturschützer, Biologen und Wildhüter die Herausforderung gemeistert. Mir ist klargeworden, was Kallie Venzke meinte, als er sich einen »Manager« nannte.

Der Besucher allerdings merkt wenig von den Hintergründen. Ein paar Dutzend flüchtiger Zebras wirbeln den Staub der Savanne wie seit uralten Zeiten auf. Vielleicht bekommt er die seltene Gelegenheit, ein Bergzebra zu belauschen oder einen Leoparden, der vollgefressen nach der nächtlichen Jagd den schattenspendenden Rastplatz sucht. Der Tourist rollt langsam weiter, von Wasserloch zu Wasserloch: *Ondongab*, *Rietfontein*. Er rastet in *Halali* und *Namutoni*.

Namutoni – hier begegnet er wieder der Kolonialgeschichte. An einer Wand des blendendweißen Schutztruppenforts, in dessen Innenhof leuchtende Bougainvilleen in betörendem Kontrast zum Tiefblau des Himmels stehen, hängt eine Tafel mit den Worten:

Am 28. Januar 1904 überfielen 500 Ovambo die Station Namutoni. Sieben tapfere deutsche Reiter schlugen den Angriff siegreich ab.

Das nach dem Ovambo-Angriff zerstörte Fort wurde 1906 in der heutigen Form wieder aufgebaut. Namutonis Erbe wird gepflegt wie eh und je.

Die neue namibische Regierung ist tolerant gegenüber den Relikten der Vergangenheit. Und während die Sonne als riesiger glutroter Ball über der Etosha-Pfanne versinkt, erklingt zum Rauschen der Palmen der Zapfenstreich von *Namutoni*.

Etosha-Camps: Kurzporträt

Okaukuejo ist berühmt wegen seiner illuminierten Wildtränke und hervorragenden Tierbeobachtungsmöglichkeiten. 1993 gab es hier allerdings einen Zwischenfall, als nachts ein Löwe einen jungen Deutschen tötete. Es war der erste Vorfall dieser Art in der langen Parkgeschichte. Grundsätzlich gelten alle Camps als sehr sicher. Hervorragende Rasthäuser und Campingplätze, Einkaufsmöglichkeiten, Restaurants und Tankmöglichkeiten stehen in jedem zur Verfügung. Für romantische Lagerfeuerstimmung kann Feuerholz gekauft werden.

Okaukuejo ist heute Sitz der Parkverwaltung. Nachdem es 1897 als Kontrollposten gegen die Rinderpest gegründet worden war, wurde es 1901 zum festungsartigen Militärposten umfunktioniert. 1953 kam Namibias bekannter Wildschützer de la Bat hierher, der zunächst in alten Kamelställen der Schutztruppe lebte. Vier Jahre später wurde *Okaukuejo* Touristen zugänglich gemacht.

Halali: Der »Jüngling« unter den Camps wurde 1967 in Betrieb genommen. Halali ist beliebt als Stopp auf halber Strecke zwischen Okaukuejo und Namutoni. Seinen Namen leitet es vom deutschen Jagdsignal ab. Früher erklang es beim Schließen der Tore. Bei Halali liegt der *Helio-Hügel*, auf dem sich zur Zeit der Schutztruppe eine Heliographenstation befand. Von hier wurden Nachrichten mittels Lichtsignalen nach *Okaukuejo* und *Namutoni* gesandt.

Namutoni, 1958 für Touristen geöffnet, ist nach Okaukuejo das zweitälteste Camp im Park. Das Schutztruppenfort wurde 1950 zum nationalen Denkmal deklariert. Nördlich des Forts liegt in einem sumpfigen Gelände die Namutoni-Quelle, die früher Rindern als Tränke diente. Erstmals hörte die Welt von ihr, als 1851 die Forscher Sir Francis Galton und Charles Andersson hier rasteten. 19 Jahre zogen die »Dorslandtrekker« auf ihrem langen Weg von Transvaal nach Angola hier durch.

Informationen: Etosha-Nationalpark und Mokuti Lodge

[i] Director of Tourism, Reservierungsbüro, Windhoek, Ecke John Meinert- und Moltkestraße, schräg gegenüber dem Kudustandbild. Telefon und Anschrift siehe *Praktische Reisetips* im Anhang. Parkgebühr: [$].

Abfahrt: Etosha ist auf gut ausgebauten Asphaltstraßen zu erreichen. Anfahrt von Windhoek: Auf B1 über Otjiwarongo nach Tsumeb und weiter auf C38 bis Lindequist Gate, bzw. ab Otjiwarongo auf C38 über Outjo zum Andersson (Ombika) Gate. Die Parkstraßen bestehen aus geglättetem Schotter und sind mit jedem Pkw problemlos befahrbar.

Öffnungszeiten: ganzjährig. Die Touristenlager *Okaukuejo, Halali* und *Namutoni* sowie die Parkeingangstore müssen vor Sonnenuntergang erreicht und dürfen nicht vor Sonnenaufgang verlassen werden.

Parkregeln: Geschwindigkeitsbegrenzung 60 km/h. Entsprechende Reisezeit einplanen. Offene Pkw, Motorräder, Anhalter und Haustiere sind nicht erlaubt. Fahrzeuge dürfen außerhalb der Camps nicht verlassen werden. Waffen sind zu versiegeln.

Rastlager: Es gibt drei Camps, die jeweils rund 70 km voneinander entfernt sind: das Parkzentrum *Okaukuejo* im Westen, *Halali* und *Namutoni* im Osten. Bungalows und Campingplätze. Siehe hierz: »Etosha Camps: Kurzporträt«.

Beste Reisezeit ist die Zeit vor den hochsommerlichen Regenfällen, also bis November. Danach verlassen die Tiere die Wasserlöcher und verteilen sich über den gesamten Nationalpark. Die meisten Niederschläge (ca. 70 Prozent) fallen zwischen Januar und März. Faustformel: Die **besten Tierbeobachtungsmöglichkeiten** bestehen zwischen Mai und November.

Klima: Im November/Dezember klettert die Temperatur manchmal auf 32 Grad C. Juli ist der kälteste Monat. Morgens können es dann 8 Grad C sein, tagsüber erwärmt es sich jedoch bis zu 26 Grad C.

Karten: »Straßenkarten des Etosha-Nationalparks«, erhältlich in Deutsch und Englisch, mit vielen komprimierten Parkinformationen auf der Rückseite. Herausgeber: Ministry of Wildlife, Windhoek.

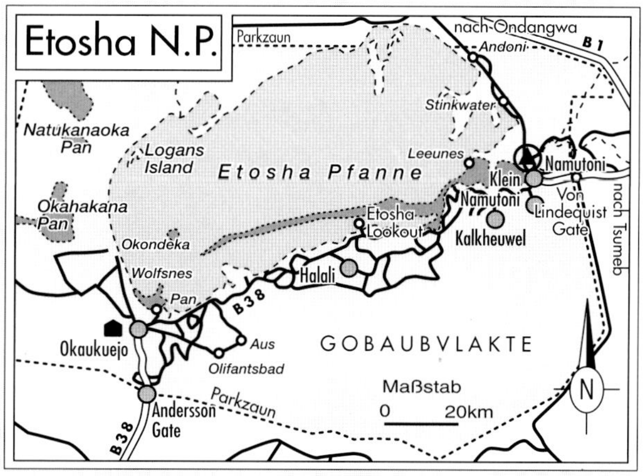

Gut zu wissen: Etosha liegt im Malariagebiet. Insbesondere während des Süd-Sommers sind Malariatabletten angebracht. Ein Mückenschutzmittel sollte nicht fehlen.

Lodge und Rest Camp: Wer Tierbegegnungen mit Komfort und gediegener Atmosphäre verbinden will, sollte für seine Übernachtungen die *Mokuti Lodge*, unmittelbar am Lindequist Gate, einplanen. Gehobener Standard. Sehr gepflegt und komfortabel. Mit dem »bush pig«, einem offenen Lkw, werden von hier aus Tiersafaris unternommen.

[i] Mokuti Lodge: Tel. (06 71) 30 84, Fax: (06 71) 30 84. Eine preisgünstige Alternative dazu bietet *Sachsenheim Rest Camp* (30 km von Lindequist Gate) an der B1 (Tsumeb – Ondangwa), 3 km nördlich des Abzweigs nach Namutoni.
Auf der 6500 Hektar großen Gästefarm Sachsenheim gibt es Übernachtungshütten und Campingmöglichkeit. Freundliche Aufnahme durch Gerd Sachse, dessen Familie schon seit 1860 im südlichen Afrika lebt. Auf dem Farmgelände befinden sich einige ganzjährig mit Wasser gefüllte Pfannen. Daher gute Tierbeobachtungsmöglichkeiten.

[i] Sachsenheim Rest Camp, P. O. Box 1713, Tsumeb, Tel: (06 78) 1 35 21 (Farmanschluß, der von mehreren Teilnehmern benutzt wird. Verbindung mit Sachsenheim erbitten).

Überlebenskünstler zwischen Namib und Kalahari: > Oryxantilopen

Tierbeobachtungstips: die schönsten Rundkurse

Ganz gleich wohin man fährt, im Etosha-Nationalpark wird man Tieren auf jeden Fall begegnen. Von den rund 30 Wasserlöchern hat jedes seine Besonderheit. Die nachfolgenden Tips beziehen sich auf die Trockenzeit. Während der Regenzeit muß damit gerechnet werden, daß sich kaum Wild an den Wasserstellen befindet.

Rund um Okaukuejo: Gemsbokvlakte – Olifantsbad – Aus – Ondongab – Kapupuhedi – Okaukuejo.

Gemsbokvlakte: hervorragender Platz für Tierfotografen. Die beste Fotografierzeit ist am Nachmittag. Fast alle Tierarten kommen hierher. Häufig sind Löwen und Elefantenherden zu Gast. *Olifantsbad*: gern aufgesucht von Oryxantilopen, Kudus, Gnus, Impalas, Springböcken, Löwen, Elefanten und Zebras. Ebenfalls einer der inter-

Moringa-Baum

Massenmord für die Potenz – Nashörner vor der Ausrottung

Sie wirken plump, bringen bis zu 1000 Kilo auf die Waage und würden bei einem Schönheitswettbewerb der Tierwelt kaum den ersten Platz belegen. Und doch sind sie die begehrtesten Tiere Afrikas – bei den Wilderern. Dazu Statistisches: 65 000 Spitzmaulnashörner lebten 1972 im gesamten Afrika. Heute sind es noch 3500. Hingeschlachtet wurden sie, weil ihr Horn – nicht nur im fernen Osten – als Potenzmittel geradezu mit Gold aufgewogen wird. Für ein Kilo Horn blättern die Endabnehmer in Hongkong oder Tokio 35 000 US $ auf den Tisch. Für sie und die Yemeniten, bei denen ein Dolchgriff aus Rhino-Horn als Symbol für Männlichkeit und Reichtum gilt, wurden zwischen 1988 und 1990 allein im Etosha-Nationalpark 31 Spitzmaulnashörner getötet.

Ein weltweites Handelsverbot konnte den Massenmord nicht stoppen. 1989 wurden sieben Prozent der gesamten Nashornpopulation des Parks in nur fünf Monaten gewildert. Doch danach flossen Hilfsgelder aus Europa, um die Täter dingfest zu machen. Mit Erfolg. Doch viele Parkranger klagen: »Man spendet sehr viel für die Nashornforschung und viel zuwenig für ihren Schutz. Was nützt uns das Wissen, wenn es bald keine Nashörner mehr gibt!«

Neugebildete Spezialeinheiten von Rangern und Scouts patroullieren jetzt ständig das Parkgebiet. Merkt man, daß Wilderer-Gangs im Anmarsch sind, werden die »black rhinos« schnell in andere Parkgebiete gebracht. Noch hat Etosha die zweitgrößte Spitzmaulnashornpopulation auf Erden.

Zebras haben in der Etosha-Pfanne Vorfahrt

essantesten Tierbeobachtungsplätze. *Aus*: die Tränke wird von einer Grundwasserquelle gespeist und befindet sich im Mopane-Buschland. Sie zieht die gleichen Tierarten wie Olifantsbad an, wird allerdings weniger frequentiert, da sie gelegentlich während der Wintermonate austrocknet. *Ondongab* und *Kapupuhedi*: Beide Wasserstellen liegen unmittelbar am Rand der weißen Pfanne. Gelegentlich sind sie trocken.

Abstecher von *Okaukuejo*: 32 km westlich von Okaukuejo liegt der »Märchenwald« (ghost tree forest) mit Moringa-Bäumen (*Moringa ovalifolia*). Der Baum wächst nur in Namibia, und dort auch nur zwischen der *Naukluft* im Süden und dem *Kaokoveld* im Norden. Gewöhnlich ist sein Stamm glatt. Nicht so im Märchenwald, wo die Bäume ausgesprochen knorrig sind. Die Buschmänner hatten für den unförmig wirkenden Baum ihre eigene Deutung: »Die Götter warfen ihn aus dem Paradies. Er landete mit der Krone voran auf der Erde. Bis heute streckt er hilflos seine Wurzeln in den Himmel.«

Rund um Halali: Halali – Helio – Eland Drive – Springbokfontein – Noniams – Goas – Halali.

Das *Halali*-Wasserloch liegt viel weiter vom Touristenkomplex entfernt als das in Okaukuejo. Steppenzebras, Löwen, Impalas, Spitzmaulnashörner und Elefanten sind zu sehen. *Helio*: Kleine Wasserstelle in der Nähe der ehemaligen Heliographenstation. Gute Chance, Elefanten zu Gesicht zu bekommen. Dem 9 km langen *Rhino Drive* folgt bald danach der 35 km lange *Eland Drive* nach *Springbokfontein*. Unmittelbar am Rand der Etosha-Pfanne halten sich gern Gnus und Oryxantilopen auf. An der Wasserstelle liegt das Grab der 1876 gestorbenen Frau des Dorslandtrekker-Anführers. Von den Wasserstellen *Noniams* und *Goas* zählt letztere zu den besonders sehenswerten: Gnus, Hartebeests, Löwen, Elefanten, Zebras zu Hunderten. Auch Raubvögel sind gern hier.

Rund um Namutoni: *Klein Namutoni* und *Dik-Dik Drive*. Einer der kürzesten, aber auch ergiebigsten Rundtrips. Gut zwei Kilometer außerhalb des Rastlagers wird das Wasserloch *Klein Namutoni* erreicht. Fast alle Tierarten sind hier vertreten. Hervorragend, um Fotos von trinkenden Giraffen zu machen. Der sich anschließende 5 km lange *DikDik Drive* sollte gemächlich befahren werden, so erhöht sich die Chance, Namibias kleinste Antilope, das Damara-DikDik, zu sehen.

Abstecher von Namutoni: Namutoni ist ein hervorragender Ausgangspunkt zu den Wasserlöchern dieser Region. Empfehlenswert ist die 20 km lange Fahrt nach *Kalkheuwel*. Für viele gilt Kalkheuwel als Highlight des Parks. Mit Geduld wird man fast jede Wildart erleben, auch Raubvögel, zum Beispiel Schwarzbrust-Schlangenadler und Gaukler. Beliebt bei Fotografen.

Der Weg ist das Ziel: Damaraland

Die Bezeichnung hat sich eingebrannt: *Damaraland.* Auch wenn die Homeland-Politik passé ist und heute jeder wohnen kann, wo er will. Der Name des Landes, das man den Damara zugewiesen hatte, umreißt eine der vielgesichtigsten Landschaften Namibias, mit dem markanten Felsstachel »Spitzkoppe«, dem größten im Land, dem *Brandberg*, der eindrucksvollsten Sammlung von Felsmalereien bei *Twyfelfontein*, versteinerten Baumstämmen im *Petrified Forest* und der *Fingerklippe*, einer Region, die an die Tafelberglandschaften im Westen der USA erinnert. *Damaraland* ist prädestiniert für das robuste Fahrzeug, vorzugsweise Geländewagen. In Nordsüdrichtung erstreckt es sich über 600 Kilometer von *Sesfontein* am Rande des *Kaokolandes* bis runter zur *Spitzkoppe.* Durch dieses noch überwiegend von den Damara bewohnte Land und etwas darüber hinaus führt die Reise. Sie beginnt in *Swakopmund* und endet in der von Wüstenelefanten und Touristen gleichermaßen frequentierten *Oase Palmwag.*

Superlative: Spitzkoppe, Erongo-Berge, Twyfelfontein und Palmwag

Die Dezembernacht in *Swakopmund* war kalt gewesen. Und das, obwohl Dezember hier in den Hochsommer fällt. Jemand hatte gesagt: »Nach 20 Kilometern wirst du wieder in ›Afrika‹ sein.« Das klang nach Sonne, Wärme und blauem Himmel, und es klang gut.

Die breit ausgebaute B2 ist das Asphaltband, das Swakopmund mit Windhoek verbindet. Auf ihm beginnt die Reise in den Norden. Vorbei an »Martin Luther«, dem von der Schutztruppe zum Lastentransport eingesetzten »Dampfochsen«, der 1897 aus dem letzten Loch pfiff: »Hier stehe ich und kann nicht anders.« So wurde die Gegend um eine Touristenattraktion reicher. Vorbei geht es an der ehemaligen Polizei- und Zollstation Nonidas, heute ab und an als Hotel betrieben, und der *Rössing-Mine* – der größten Uranmine der Welt. 118 Kilometer nach Verlassen *Swakopmunds* zeigt ein Schild nach links: »D1918«. Mehr nicht. Straßenbeschilderungen in Namibia sind nicht wortreich, aber präzise.

Die sinkende Sonne taucht die Felsen der Spitzkoppe in unwirklich leuchtendes Rot. Eins der faszinierendsten Namibia-Bilder. Doch sie beeindrucken auch im grellen Tageslicht. Man überquert den letzten sichthemmenden Hügel – und tritt unvermittelt auf die Bremse. An senkrecht stehende Reißzähne eines Löwen erinnert der 1759 Meter hohe, nackte Fels, der von den *Pondok-Bergen* flankiert wird.

»Groot Spitzkop«, so nennt man den kleinen Ort zu Füßen des Massivs, ein Sammelsurium schäbiger Häuser, mit Wänden und Dächern aus Wellblech und plattgeschlagenen Blecheimern. Nichts Ansprechendes. Bis auf seine Bewohner. Die stehen neben der Piste, grüßen freundlich, strecken dem Besucher ein Gästebuch hin und bitten, gegen Quittung, um eine Spende für den Bau eines Campingplatzes. Hier schlummert touristisches Potential.

An einen überdimensionalen Naturbusen erinnern die rundpolierten Felsen, auf die die Piste zuführt. Wie aus dem Boden gewachsen steht da plötzlich ein Bursche, mit abgewetzten, doch sorgfältig geflickten Shorts. Seine Augen blitzen wie die Bergkristalle, die er aus einer alten Plastiktüte hervorzaubert.

Das Triumvirat von *Großer-, Kleiner Spitzkoppe* und *Pondok-Bergen* ist ein Spielplatz der Natur; mit Pyramiden, Quadern und Kegeln, glatt auseinandergebrochenen Steinen und »Riesenmurmeln«. Ein Tummelplatz der Fantasie und der Mineraliensammler.

Es wäre zu weit gegangen, die östlich von hier liegenden und bis zu 2218 Meter aufragenden *Erongo-Berge* zum *Damaraland* zu zählen. Doch zu einem Besuch dieser Region gehören sie nun mal dazu. Die erodierte Granitformation mit riesigen Felsen, die auf winzigen Füßen zu balancieren scheinen, kunstvoll steinerne Torbögen und Höhlen, zog schon früh Menschen an und machte das *Erongo-Gebirge* zu einem Bilderbuch prähistorischer Malereien.

Lärmend und unübersehbar: Gelbschnabel Toko

Eine Autostunde nach Verlassen der Spitzkoppe: Ankunft auf der *Ameib Ranch*. 18 000 Hektar Berge und Buschland sind hier das Zuhause von Giraffen, seltenen Hartmann's Bergzebras, von Warzenschweinen, Springböcken und Kudus. Die *Phillips-Höhle*, nach 20 Minuten Aufstieg erreicht, ist wegen des »weißen Elefanten«, der berühmten Felsmalerei, besuchenswert. Faszinierend ist auch die *Bulls Party*, eine Ansammlung von Felskugeln, die – so sieht es aus – schon ein leichter Schubs ins Rollen bringen könnte. Die Legende will, daß sich hier früher die Farmer der Umgebung trafen, um unter sich zu sein: »Die Bullen sonderten sich ab.« Angesichts dieser Erosionsvielfalt drängen sich Vergleiche auf: mit Australiens berühmten Devils Marbles, deren Abbild die Felsen tatsächlich sind; und ein kurzer weiterer Aufstieg führt zu steinernen Brücken und Torbögen, wie sie auch im amerikanischen Arches National Park stehen. Die Ameib-Gäste-Ranch steht heute Besuchern zur Übernachtung zur Verfügung. Und während man Kudu-Steak tafelt, räkeln sich im Privatzoo nebenan Geparden und ein junger Elefant.

Weiterfahrt nach *Twyfelfontein*. Das Gefühl von Freiheit und Weite kommt auf. Zäune gibt es nicht. Doch die wenigen Siedlungen hier sind reizlos, geradezu armselig. Das gilt auch für jene an der stillgelegten *Mine von Uis*. Es sind nicht mehr als ein paar Dutzend elender Hütten aus breitgehämmertem Blech, zwischen denen an Leinen einfache Wäsche flattert. Eine Herero-Frau schreitet in wallenden Gewändern über einen Hof. Gegenlicht taucht sie in strahlenden Glanz, gibt dem Bild etwas Majestätisches – trotz der Armut. Was für den Geisterort *Uis* übrigens auch gilt. Bis 1990 hatte der IMCOR-Konzern hier Zinn gefördert. Dann sackten die Rohstoffpreise, und für Uis, das von einer blendendweißen Abraumhalde dominiert wird, begann der Totengesang. 1000 Menschen hatte die Mine beschäftigt, mehr als dreimal so viele lebten hier. Heute werden ihre Häuser nur noch vom extra bestellten Wachpersonal bewohnt. Eine Kleinstadt im Dornröschenschlaf. Der Prinz wird erst küssen, wenn der Zinnpreis steigt.

Der *Brandberg* wirkt von hier wie eine riesige Schildkröte. Er ist ein Massiv ohne markante Gipfel. Ein Schild mit der Aufschrift »Wit Vrou« weist zu ihm.

Die »Weiße Dame« des Brandbergs, eine Felsmalerei, über deren Bedeutung Experten sich heute noch die Köpfe heißreden, ist eine namibische Berühmtheit, auch wenn die Darstellung während der letzten 50 Jahre stärker verblaßte als in tausend Jahren zuvor. Der Grund: Hobbyfotografen kippten ihre mitgeschleppte Limonade darüber, um die Farbintensität der Malerei zu steigern, bis diese nur noch ansatzweise vorhanden war. Heute ist die »White Lady« durch einen soliden Eisenzaun gesichert. Man weiß das alles. Dennoch fährt man zu ihr, denn der Weg ist ja das Ziel.

Nur ein junger Bediensteter im Overall der Nature-Conservation-Behörde steht dort, wo der Pfad zur »Weißen Dame« beginnt. Sein Wohnhaus und Büro ist ein winziges Zweimannzelt. Die Sonne sinkt, das Gestein färbt sich brandrot. »Daher kommt der Name der Berge«, sagt man. Noch sind hier keine Campingplätze eingerichtet. »Vielleicht nächstes oder übernächstes Jahr...«, vermutet der junge Naturschutzbedienstete. So verbringe ich die Nacht an einem einsamen Berghang mit Fünf-Sterne-Blick. Niemand außer mir ist anwesend, mit Ausnahme der Grillen, die die Nacht mit frenetischem Zirpkonzert begrüßen. Wie in Wüsten üblich, kommt bei Sonnenuntergang kräftiger Wind auf. Die hauchdünne Mondsichel scheint sich derweil auf einem Gipfel des Brandbergs auszuruhen, doch nur einen Moment, dann zieht sie weiter. Rauch krüselt vom Lagerfeuer, in dem Kameldornholz flackert. Aus der Lichterflut der Milchstraße lösen sich zwei silberne Punkte und huschen, wie Glühwürmchen, heimlich über den Himmel.

Der 2579 Meter hohe *Königstein*, der höchste Gipfel Namibias, befindet sich im *Brandberg-Massiv*. 1918 war er erstmals bestiegen worden. Seitdem versucht man es immer wieder. Doch extreme Hitze und Wassermangel ließen die Besteigung für einige auch schon zum Selbstmordunternehmen werden.

Vom Parkplatz führt ein zweieinhalb Kilometer langer Pfad durch die *Tsisab-Schlucht* zur »Weißen Dame«. Leichter Wind, in den sich das Summen von Fliegen mischt, wirbelt Staub auf. Tirilieren von Vögeln hallt als Echo von felsigen Wänden.

Versteckt hinter mächtigen Felsen, in der Nähe eines großen Wasserlochs, ahnt man die rund 40 Zentimeter hohe Figur mehr, als daß man sie sieht. Unendlich ist um sie spekuliert worden. Man meinte gar, an ihr griechische Stilelemente zu entdecken. Was die Frage aufwarf, wie die alten Hellenen hierher gekommen sein sollten. Selbst das Geschlecht der »Weißen Dame« ist Spekulation. Über ihr Alter allerdings scheint Gewißheit zu herrschen: 1500 bis 2000 Jahre.

Nordwestlich vom *Brandberg*, in der bizarren Namib-Landschaft nördlich des *Ugab Rivers*, liegt die Felsgalerie von *Twyfelfontein*. Eine fast menschenleere Region. Hier hat sich nicht viel geändert, seit vor mehr als zwei Jahrtausenden Namibias größte Petroglyphen-Galerie entstand. Die Entdeckung dieser prähistorischen Schätze durch Weiße fällt in die ersten beiden Jahrzehnte dieses Jahrhunderts. Dem Franzosen Abbé Henri Breuil kommt das Verdienst zu, die Welt vor rund 50 Jahren erstmals auf Namibias prähistorischen Schatz aufmerksam gemacht zu haben. Einige tausend Felsgravuren sind heute bekannt. Andere harren der Entdeckung. Rund 25 000 Jahre alt sind die ältesten. Jene von *Twyfelfontein* präsentieren sich dem Besucher am Ende einer Schotterstraße wie ein Freilichtmuseum.

Ich hatte Elias Xoagub kennengelernt, einen engagierten Damara, der ein paar Kilometer von *Twyfelfontein* ein kleines Camp am *Aba-Huab-Trockenfluß* unterhält. Elias hatte sich angeboten, mit mir spätnachmittags zu der Galerie zu fahren. »Dann heben sich die Petroglyphen besonders plastisch ab...« Das überzeugt.

»Uri-Aus« heißt dieser Ort in der Sprache der Damara, »plätschernde Quelle« lautet die Übersetzung. Ein völlig anderer Name als der heutige. Als nach dem Zweiten Weltkrieg ein Mister Levin das Gelände für die Viehzucht erwarb, mußte er enttäuscht feststellen, daß das Wasser hier nur müde tropfte. Selten kam mehr als ein Kubikmeter Wasser pro Tag zusammen. Levin müssen wohl Zweifel gekommen sein – *Twyfelfontein*, »fragwürdige Quelle«, nannte er sie. Doch Namibias größte Kunstpalette zeugt von einem reichen Wildbestand, der einst von den Wassern hier angelockt wurde. »Die Wissenschaftler glauben,

Die Felsen der »Bulls Party« auf der Ameib Ranch

daß die Nahrung jener frühen Menschen Niederwild war und die Darstellung der Giraffen, Elefanten und Nashörner mehr spirituelle Bedeutung hatte«, sagt Elias. Felsgravuren für mystische Zwecke, erstellt in Trance? »Komm mit«, sagt Elias, »es gibt Indizien dafür.« Er führt mich zu dem Bild eines Löwen. »Zähl die Krallen an den Tatzen.« Jeweils fünf. »In der Natur aber hat der Löwe – was jeder weiß – nur vier.«

Man braucht ein bis zwei Stunden, um dieses Bilderbuch zu durchblättern. Da sind Darstellungen menschlicher Fußabdrücke, es gibt Zebras und Elefanten, am häufigsten sind jedoch Giraffen abgebildet. Erosion und die Neigung auch heutiger Besucher, sich hier zu verewigen, sind die größten Gefahren. Eine bearbeitete Felsplatte ist bereits verrutscht, eine andere zerbrochen. Beeindruckend ist die Darstellung zweier Nashörner, die an moderne, abstrakte Kunst erinnert. Auffällig ist der Löwe, dessen Schwanz im rechten Winkel nach oben hin abknickt.

Der Besuch von fünf »rock art sites« macht den klassischen Rundkurs aus. Geht man weiter, stößt man auf eine Höhle, die früher Hirten als Kraal diente. An ihren Wänden findet man Bilder von Rindern. Was als Indiz dafür gelten könnte, daß sie weniger als 2000 Jahre alt sind. Denn erst damals kamen die ersten Rinder nach Namibia.

Dort wo die Schotterstraße nach *Twyfelfontein* das Bett des *Aba Huab Rivier* durchquert, liegt Elias' kleines Rest Camp mit der größten Überraschung dieser Steinwüste: Hier gibt's kalte Softdrinks und Biere aus dem einzigen Kühlschrank im Umkreis von 50 Kilometern. Nur ein paar Autominuten sind es noch bis zum »Wondergat«, einem zehn Meter breiten Loch, das unvermittelt und gefährlich steil abfällt. Lange klickert der hinabgeworfene Stein gegen Felsen, bis es still wird. Vorsicht, nicht zu weit vorwagen – damit es einem nicht selbst so ergeht wie dem Stein.

»Das Gestein über einem unterirdischen Fluß sackte irgendwann ab«, sagt Elias. Doch so genau weiß das keiner. Es gibt noch viel zu erforschen in Damaraland. Der »Verbrannte Berg«, ein Hügel vulkanischen Ursprungs, dessen zerbröseltes Gestein in den eigentümlichsten Farben von Ocker bis Violett schimmert, ist eine andere Attraktion. Wie auch die nahegelegenen »Organ Pipes«. Um

Die Spitzkoppe – das »Matterhorn Namibias«

Die *Große Spitzkoppe* wird gern als »Miniaturausgabe des Matterhorns« umschrieben. Der einsame Inselberg ist ein Wahrzeichen der Namib. Mit 1759 Metern Höhe war er schon immer eine Herausforderung für Kletterer. Doch erst Ende der 40er Jahre erfolgte die Erstbesteigung. Erfahrung und gute Ausrüstung sind allerdings Grundvoraussetzung. Bekannt wurde das Spitzkoppe-Massiv auch wegen seiner Felsmalereien und der Steinwerkzeugfunde an der Nashornwand und im Buschmannparadies. Leider sind die Malereien verblaßt, Vandalismus tat ein übriges.

Weiter westlich befindet sich die 1579 Meter hohe *Kleine Spitzkoppe* mit ihrer Geisterhöhle. Ein paar Damara leben hier in einfachen Blechhütten und versuchen ihr Glück beim Graben nach Edelsteinen und Mineralien wie Topas, Quarz, Aquamarin und Turmalin, für die Namibia berühmt ist.

Ein erfolgreicher Sammler ist ein dunkelhäutiger Mischling mit verblüffend blauen Augen. »Mein Name ist Georg Skoppelitus«, sagt er in perfektem Deutsch. Seiner Schilderung nach war einer seiner Vorfahren der Schutztruppenoffizier Franke, nach dem in Omaruru der Wachturm benannt wurde.

Unvergeßlich ist ein Spitzkoppe-Besuch nach der Regenzeit, wenn das Land von gelbblühenden Morgensternen und zartem Grün bedeckt ist und in den verbliebenen Tümpeln die Frösche quaken. Und man wird verstehen, warum die östlichen Pondok-Berge den Namen »Buschmannparadies« tragen.

Landschaft wie im Bilderbuch: die Straße zur Spitzkoppe

sie zu besuchen, sollte man den Nachmittag einplanen, wenn die späte Sonne der erodierten Basaltwand Reliefcharakter gibt. Dann erinnert sie tatsächlich an Orgelpfeifen. Wer Wüste mag, wird von der herben Schönheit überwältigt sein: von gewaltigen Geröllhaufen, die aussehen, als habe ein Riese Findlinge übereinandergetürmt. Und dort, wo das Land nach Westen hin abfällt, stößt man auf die ersten Dünen.

Staub liegt in der Luft. Sand fegt über die Straße, verwischt die wie von ungelenker Hand gemalten Radspuren eines Eselkarrens. Ohne diese Straße hier zu reisen, käme einer tollkühnen Expedition gleich. Abermillionen kopfgroßer, zerbrochener, scharfkantiger Steine bedecken das Land.

Da überrascht es, wenn man auf Leben trifft. Mehr als hundert Ziegen springen meckernd über

die Pad, wo sie nach Westen zur Küste und nach Norden Richtung Sesfontein abknickt. Auf halber Strecke dorthin liegt das Ziel: *Palmwag Lodge*.

»Als ich kürzlich Besucher durch das Hinterland führte, drückte ich einen Zweig zur Seite, der merkwürdigerweise nicht nachgab. Ich sah hin – es war der Rüssel eines Elefanten«, erzählt der Manager von Palmwag.

Elefanten lieben die malerisch gelegene Lodge, denn auf das Wasser und Grünfutter hier ist Verlaß. Während der Trockenheit kann man abends die Kolosse unmittelbar am Lodge-Gelände belauschen, vielleicht sogar vom Pool aus, unter rauschenden Palmen. In den Büschen und Bäumen lärmen Vögel. Schmetterlinge tanzen von Blüte zu Blüte.

Palmwag Lodge ist die »Einstiegsdroge« fürs Kaokoland.

Informationen: Damaraland-Route

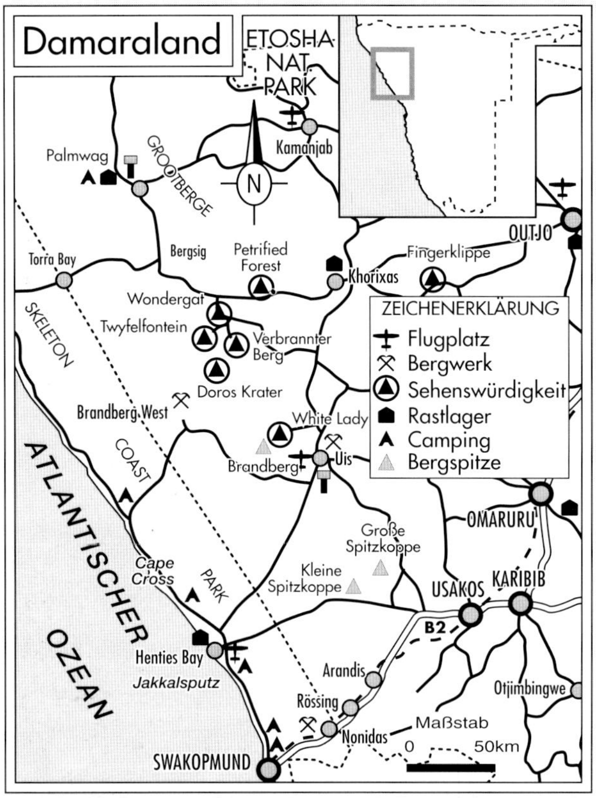

km **Swakopmund – Spitzkoppe**
0 Swakopmund. B2 Richtung Karibib
118 Der Ausschilderung Henties Baai/Uis auf D1918 folgen. Das »Matterhorn Namibias« ist bereits von hier zu sehen.
135 D3716 folgen.
146 Ankunft im Damara-Ort (Groot Spitzkop)
152 Spitzkoppe-Massiv

km **Spitzkoppe – Brandberg**
0 Spitzkoppe
34 Zurück auf B2
57 Usakos
77 Auf D1935 zur Ameib Ranch
195 Auf D1935 und D2306 bis C36 (Omaruru – Uis)
251 Uis-Mine
293 Auf C35 und B2359 zum Brandberg. Trailbeginn »Weiße Dame«.

km **Brandberg – Palmwag**
379 B2359 und C37 bis Abzweig B2612
444 Abzweig D3254 nach Twyfelfontein
446 »Wondergat«
448 Elias »Aba Huab Camp«
450 Straßengabelung: rechts 5 km nach Twyfelfontein und links 5 km zum »Verbrannten Berg«
476 Zurück auf D3254
580 C39, B2620, B3706 bis Palmwag
Gesamtstrecke: 1025 km

Tanken: Swakopmund, Usakos, Palmwag. Es ist immer gut, in Namibia ein oder zwei gefüllte Reservekanister dabeizuhaben. So auch hier.

Straße: Asphaltbelag von Swakopmund bis Usakos. Ansonsten gute bis recht ordentliche Schotterstraßen.

Fahrzeug: Vorzugsweise Allrad. Während der Trokkenzeit ist auch ein Pkw mit guter Bodenfreiheit verwendbar. Zur Regenzeit unbedingt 4WD, sonst ist z. B. das *Omaruru Rivier* nicht passierbar.

Automiete: Allrad: Kessler 4x4, Pkw: Budget-rent-a-car, beide Swakopmund, Roon St., Tel (0641) 4118, Fax: (0641) 4117.

Palmwag Lodge: gehobener Standard, gehört zu Desert Adventure Safaris, P. O. Box 339, Swakopmund, 9000, Tel.: (0641) 4459, Fax: (0641) 4664.

Aktivitäten: Mehrtägige Safaris durchs *Kaokoland* und ins *Serra Cafema Camp* am *Kunene River* sowie Fly-in-Safari zum Kunene Camp und mehrtägige Exkursion auf den *Desert Elephant* und *Rhino Trails.*

[i] **und Camping:** Spitzkoppe und Brandberg (noch) freies Campen in zauberhafter Natur. Aba Huab Camp, P. O. Box 131, Twyfelfontein via Khorixas 9000. Ameib Ranch, auch Unterkünfte, Tel.: (06242) 1111. Palmwag Lodge, Camping und Unterkünfte.

Tip: Wer im Damaraland ist und nicht auf ein Lagerfeuer verzichten möchte, sollte keinesfalls die wenigen Bäume und Sträucher fällen. Feuerholz wird in Namibia abgepackt an Tankstellen verkauft.

Abstecher: Rössing – Versteinerter Wald – Fingerklippe

Rössing Mine: An der B2, 12 km von der Siedlung Arandis entfernt.
[i] Tel. (061) 36760 (Windhoek) und (0641) 592251 (Swakopmund)

Die Rössing-Uranlager wurden in den späten 20er Jahren in der Nähe des Rössingberges von dem Prospektor Captain Peter Louw entdeckt. Doch erst in den 60er Jahren wurden einer Tochtergesellschaft der Rio-Tinto-Zink-Gruppe die Schürfrechte erteilt. Seit Erreichen der vollen Produktionskapazität im Jahr 1978 ist Rössing die größte im Tagebau betriebene Uranmine der Welt. Nach heutigem Erkenntnisstand wird sie mindestens bis ins Jahr 2018 arbeiten können. Dann wird das Abbauloch mehr als fünf Quadratkilometer groß sein.

Während einer 7-Tage-Woche werden durchschnittlich eine Million Tonnen radioaktives Gestein abgebaut. Die Sprenglöcher sind 18 Meter tief und haben einen Durchmesser von 68 Zentimetern. Für ein Loch benötigt man 1,6 Tonnen Sprengstoff, in einer Woche beträgt der Sprengstoffverbrauch 300 Tonnen.

Versteinerter Wald: An der C39 zwischen Khorixas, dem Hauptort im Damaraland, und dem Abzweig nach Twyfelfontein befindet sich der »Versteinerte Wald«, wobei es sich um ein paar Dutzend versteinerter Baumstammfragmente handelt.

Die Stämme waren vor gut 250 Millionen Jahren durch Flüsse angeschwemmt worden und versteinerten, nachdem sie von Schlamm und Geröll luftdicht eingepackt und konserviert worden waren. Nachfolgende Aufwölbungen der Erdoberfläche und Erosion legten sie wieder frei. Lohnender Bummel zu dem neben der Straße befindlichen »Petrified Forest«. Die Anlage wird bewacht, um Souvenirjägern auf die Finger schauen zu können.

Fingerklippe: Bilder, die man aus John Waynes Western zu kennen meint, erlebt man an der Fingerklippe. Vor Jahrmillionen suchte sich der heute weiter südlich fließende Ugab sein Flußbett hier.

Unter dem Druck nachfolgender Sedimente versteinerten seine Ablagerungen, das Land hob sich, und das in Namibia so besonders beeindruckende Spiel der Erosion folgte. Wie ein 50 Meter hoher »Felsdorn«, in dem die »eingebackenen« Flußfelsen noch deutlich erkennbar sind, dominiert die Fingerklippe die sogenannten Ugab-

Damara-Kinder am Disease control fence, *dem Seuchenzaun, nahe Palmwag Lodge*

Terrassen, flankiert von malerischen Tafelbergen. Der Fels befindet sich auf dem Gelände der Farm Bertram (geringe [$]) und ist von der C39 aus über B2743 zu erreichen. Übernachtungsmöglichkeiten (Hütten und Camping) bestehen im Khorixas Rest Camp, [$].

Kaokoland – oder »links vom Kunene«

Fragt man in *Windhoek* nach der Richtung zum *Kaokoland*, wird die Antwort lauten: »Da ganz oben – jenseits der Zivilisation ...«

Die westliche Grenze zum *Kaokoland* zieht der Atlantik mit seiner abweisenden, aber faszinierenden Skelettküste. Im Norden nach Angola zu ist es der *Kunene-Fluß*, im Osten die *Etosha-Pfanne* und im Süden das *Damaraland*. Kaokoland – das ist ein von Reisenden nur selten berührter Landstrich von 50 000 Quadratkilometern.

Ausgerüstet für zehn Reisetage und eine Strecke von 1200 Kilometern, machen wir unsere ersten Freiübungen in Sachen Abenteuer in der *Palmwag-Lodge*, einer von zwei komfortablen Palmenoasen in der herben Wildnis des nördlichen Damaralandes.

Die Doppelkabine unseres Toyota-Hilux-Geländewagens hatten wir schon in Windhoek startklar gemacht: Vorräte lagern hinten in Aluminiumkisten, verderbliche Lebensmittel füllen den Kühlschrank in der Kabine. Als ich mit den schweren Wasserkanistern in unser Lager zurückkehre, traue ich meinen Augen nicht – eine Elefantenherde stampft durch das Gelände der nicht abgezäunten Lodge. Vorsichtig drücken die Giganten das Buschwerk zur Seite und schubben sich genüßlich an den schilfgedeckten Bungalows. Und dicht neben ihnen sitzt meine Frau hinter dem dünnen Moskitonetz, erstarrt, während ein Elefantenbaby, umringt von der ganzen Herde, neugierig unsere ausgebreitete Ausrüstung inspiziert. Einen zünftigeren Einstieg in das Abenteuer hätten wir uns kaum wünschen können.

»Gute Pad« wünscht man sich in Namibia. »Gute Fahrt« heißt das. Wir können die Wünsche gebrauchen. Da der Weg abseits von Straßen und Pisten durch unwegsames Gelände führt, kalku-

Verendete Giraffe in der Namib. Die älteste Wüste der Welt ist faszinierend, doch um in ihr zu überleben, müssen sich Mensch wie Tier anpassen

Himba-Mädchen. Sie lebt unter den letzten Nomaden Namibias

liere ich bei unserem Wagen einen Durchschnittsverbrauch von 20 Litern auf 100 Kilometer ein. Wir bunkern 140 Liter Sprit in unseren eingebauten Doppeltanks und 100 Liter in Kanistern. Wir hatten uns entschlossen, aus Gewichtsgründen nur einen Reservereifen mitzuführen, dafür aber vier neue Schläuche und reichlich Flickzeug. Man weiß ja nie...

Frühmorgens. Es ist noch kühl. Schwergewichtig biegt unser Geländewagen auf die Pad 3706 Richtung Norden, nach Sesfontein. Anfangs ist es noch ein wenig ungewohnt, das tonnenschwere Fahrzeug auf der Buschpiste in gerader Spur zu halten. Aber was macht schon ein gelegentlicher »Ausrutscher«, wo Gegenverkehr hier doch selten ist.

Unbeschwert rollen wir dahin und freuen uns über kleine Entdeckungen am Wegesrand: die Oryxantilope, oder drei Giraffen, die mucksmäuschenstill hinter einem Busch stehen und hoffen, daß wir sie nicht sehen, obwohl sie zwei Meter darüber hinausragen. Da sind die Kudus, die uns auf anmutige Weise ihr Hinterteil präsentieren. Springböcke vollführen mit starren Läufen Senkrechtsprünge, andere fliegen wie in Zeitlupe zehn Meter durch die Luft.

Unsere Route führt uns durch das ausgetrocknete Rivier des Hoanib. Trügerischer Sand wechselt mit Passagen voll scharfer Gesteinsbrocken. Runter vom Gas, feinfühliges Fahren ist angesagt. Mittags erreichen wir Sesfontein, wo wir auf Duncan und Pierre, zwei Naturschützer aus der *Etosha-Pfanne*, treffen. Sie werden unsere Führer durch das *Kaokoland* sein, denn jetzt gibt es keine Wegweiser mehr. Und an alten, verwehten Reifenspuren wollte ich mich nicht orientieren. Die namibische Regierung hat zwar kein Verbot für Einzelreisende erlassen, doch es wird wärmstens empfohlen, das Kaokoland nicht ohne Begleitfahrzeug und nur mit Allrad zu befahren.

Duncan, unser Guide, ist ein Naturbursche par excellence. Seit 15 Jahren ist »der Busch« sein Zuhause. Kaum ein anderer kennt dieses Land wie er. Mit den Streckenabschnitten ist er so vertraut wie mit dem Inhalt seiner Hosentasche. Er hat tausend Tips parat und rät uns, wo wir Reiseschwerpunkte setzen sollen.

Zusammen mit seinem Freund Pierre fährt er einen Uralt-Toyota, dem man ansieht, daß seine 180 000 Kilometer nur selten auf einer Teerstraße abgespult wurden.

Sesfontein, zu deutsch »Sechs Quellen«, ist eine Ansammlung von Lehm- und Wellblechhütten nahe einem alten deutschen Fort und einem Soldatenfriedhof, auf dem Inschriften mit deutschen Namen an die frühen Tage von »Südwest« erinnern. Heute leben hier Herero- und Damara-Familien.

Der Nachmittag dient dem gegenseitigen »Beschnuppern«. Erfahrungen werden ausgetauscht, Vorräte begutachtet, Vergessenes wird noch schnell besorgt. Leider ist unsere Karte vom Kaokoland recht dürftig; nicht mehr als eine große, leere Fläche mit ein paar Namen. Duncan ändert das schnell. Hier zeichnet er gewundene Wege ein, dort Punkte. »Prima Plätze dort«, sagt er, »auf ihnen werden wir während der folgenden Wochen übernachten.«

Spuren im Sand. Das Kaokoland bietet die wildesten und einsamsten Landschaften im Südwesten Afrikas

Am Rand der Namib: Springböcke rasten im spärlichen Schatten

Am nächsten Morgen gegen sieben Uhr starten wir. 350 Kilometer an den *Giraffenbergen* vorbei bis zum *Kunene-Fluß* liegen vor uns. Noch sind Wüstenfahrkünste nicht gefragt, eher Durchhaltevermögen.

Opuwo ist nicht nur einziges Städtchen, sondern auch letzte Versorgungsstation im *Kaokoland.* Hier treffen wir zum erstenmal auf den Stamm der Himba – doch diese Begegnung ist anders, als ich sie mir vorgestellt hatte. Keine stolzen Nomaden und Herren der Halbwüsten – weit gefehlt. Sie vegetieren armselig in den Slums des Ortes. Der Unabhängigkeitskrieg und die lange Dürre Anfang der 80er Jahre hatten diese Himba hierher verschlagen. Die Not machte die traditionellen Überlebenskünstler erfinderisch und verwob alte Formen mit neuen Materialien. So ist die Bauweise ihrer Hütten auch hier wie vor Jahrhunderten, doch anstelle von Ästen und Rindermist verwenden sie jetzt Kunststoff, Karton und Draht.

Die einzige Tankstelle von *Opuwo* hat zum Glück Benzin. Wir tanken, dabei rüttele ich kräftig am Wagen und *quetsche* immerhin noch zwei Liter mehr hinein. Im kleinen Supermarkt hinter der Tankstelle erstehe ich dann noch ein paar Gastgeschenke – Tabak, Zucker und Maismehl – für jene *echten* Himba, die wir später tief im Busch zu treffen hoffen. Lange lädt der Ort nicht zum Verweilen ein. Bald sind wir wieder auf der Pad.

Schon nähert sich die Sonne dem Horizont. Halbtöne der Dämmerung mischen sich mit Schatten und geben der Hügelkette ein ständig wechselndes Aussehen. Wir folgen einer steilen und gewundenen Bergpiste. Plötzlich erreichen wir eine Kuppe. Abrupt steige ich in die Bremsen, so daß der eigene Staub uns überholt und wie schwerer Rauch durch die offenen Fenster ins Wageninnere quillt. Mein erster Blick ins Tal des *Kunene River* ist überwältigend: ein Fluß, der durch Wüstenberge mäandert und an seinen

Ufern Oasen mit außergewöhnlicher Palmenpracht geschaffen hat. Doch neben dem Rauschen der Palmwedel dominieren an dieser Stelle noch ganz andere Töne: das Dröhnen der Epupa Falls.

Duncan hat mittlerweile eine 20 Quadratmeter große Plane ausgebreitet, auf die er Tische, Stühle und Versorgungskisten stellt. »Du brauchst uns doch aber nicht mit einer schicken Plane mitten in der Wildnis zu verwöhnen«, mache ich ihm klar. Pierre verschluckt sich an seinem Bier und lacht dröhnend. »Dies ist kein Privileg für euch Greenhorns, sondern eine Vorsichtsmaßnahme«, höre ich. »Kein Tier wird diese Plane betreten, nicht einmal Schlangen und Skorpione kriechen darauf.«

Die Tage in unserem kleinen Wüsten-Paradies vergehen wie im Fluge. Mehrfach erforsche ich die umliegenden Berge; die Motivfülle für den Fotografen ist geradezu fantastisch. Zum Glück werden wir dem Kunene River auf unserer weiteren Tour noch zweimal begegnen. Leider hatte das unwegsame, unerschlossene Gelände nicht zugelassen, unmittelbar entlang dem Flußlauf nach Westen zu fahren. So genießen wir die vorerst letzte Nacht an diesem glasklaren Fluß in der Wüste. Aufregend laut ist sie. Doch schon bald lullt uns das unheimliche Rascheln der Palmen in tiefen Schlaf.

Am nächsten Morgen herrscht Aufbruchstimmung. Jetzt haben wir schon Routine; Getränke, kleine Mahlzeiten, Werkzeug, Kameraausrüstung und hunderterlei Kleinkram liegen griffbereiter als zuvor. Sorgfältiges Verstauen ist jetzt wichtig, denn Wellblechpisten bestimmen von nun an den Fahrrhythmus und das Tempo. Allerdings sorgen sie auch für die erste Reifenpanne!

Otjijanjasemo, so heißt der Abknick nach Westen. Nur 60 Kilometer trennen uns dann noch von *Otjitanda*. Die Landschaft hat sich verändert: dichte Büsche und prächtige hohe Mopane-Bäume bestimmen das Bild. Mit Tempo 30 zokkeln wir in tief ausgefahrenen Spuren durch weichen Sand. Knorrige Äste hinterlassen geräuschvoll häßliche Schleifspuren auf den Seiten unseres Wagens. Da – plötzlich höre ich zwischen dem Klatschen der Zweige ein lautes »Morro«. Ich stoppe. Ein paar Himba – die letzten Nomaden des Kaokolandes – kommen aus dem Busch und begrüßen uns mit der hier typischen Handbewegung, einer Art drehendem Handschlag. Jemand drückt mir ein Baby in den Arm, später habe ich Mühe, die ockerrote Farbe, das »Markenzeichen« der Himba, wieder abzubekommen. Währenddessen plaudert Duncan mit ihnen in der Herero-Sprache. Meine Frau ist schon dabei, die für solche Begegnungen mitgebrachten Geschenke herauszukramen: Maismehl, ein paar Hände voll Zucker und Tabak.

Am Nachmittag erreichen wir *Otjitanda*, einen kreisförmig umzäunten Kraal, der von einer Großfamilie bewohnt wird. Weit voneinander entfernt stehen runde Lehmhütten, deren Putz eine Mischung aus Rindermist und Lehm ist. Nachdem wir Gastgeschenke verteilt haben, bittet uns der Häuptling hinein.

»Den Bereich zwischen Hütte und Feuerstelle meiden. Sonst wird das heilige Feuer entweiht, und der Stamm muß den Kraal verlassen«, flüstert mir Duncan zu.

Der Hütteneingang ist schmal und nicht allzu hoch. Ich muß mich tief bücken, um ins Innere zu gelangen. Obwohl es draußen sehr heiß ist, empfängt uns drinnen angenehme Kühle. Drinnen – das ist nur ein Raum von drei Metern Durchmesser und einer Stehhöhe von gut eineinhalb Metern.

»Morro.« Eine Himba-Frau sitzt mit ihrem Baby an der Feuerstelle. Mehr als ihre funkelnden Augen kann ich kaum erkennen. An den Wänden hängen Schmuck, Felle, Dosen, selbstgefertigte Werkzeuge und Pfeile. Ranziger Geruch liegt in der Luft. Das Ockerrot, mit dem sich die Himba von Kopf bis Fuß einreiben – bestehend aus Butterfett, aromatischen Kräutern und Eisensteinpulver –, ist hier allgegenwärtig. Was wie ein modisches Make-up für den ganzen Körper wirkt, hilft allerdings auch als Sonnenschutzmittel und gegen Moskitos.

»Achsen kratzen schmerzvoll über hochstehende Felsen ...« Allradabenteuer auf dem Van-Zyls-Paß

Allradabenteuer: zwischen Van-Zyls-Paß und der Grenze Angolas

Stoßdämpfer und Achsen kratzen schmerzvoll über hochstehende Felsen. Der *Van-Zyls-Paß* ist eine Materialschlacht für den Geländewagen. Um ihn zu überqueren, sollte man gut ausgeschlafen sein. Für rund 40 Kilometer benötigen wir einen halben Tag. Unwegsam ist das Gelände, und schwierig. Auch der erste Allradgang erscheint mir noch zu schnell. Holpernd kriechen wir Hänge rauf und runter, behutsam tastet sich das Reifenprofil von Stein zu Stein. Mehrfach steigen wir aus, um Felsen an die Seite zu hebeln. Und bei alledem zeigt das Thermometer gnadenlose 39 Grad im Schatten!

Der Einstieg in das Tal des *Marienflusses* ist gleichsam unser Abstieg dorthin. Gefährliche Abgründe an engen Passagen sorgen für erhöhten Adrenalinausstoß. Und dann gibt's noch eine Belohnung; das breite Flußtal selbst, in dem wir auch auf Nomaden treffen. Nach vielen Stunden Fahrtzeit begrüßt uns der *Kunene* erneut. Unter einem mächtigen Baum findet wir nicht nur Sonnenschutz, sondern auch ein tropisches Ambiente, das für diese Wüstenregion eher untypisch ist. Beim Bad im kühlen *Kunene* kommt mir alles wie ein Märchen vor. Und aus der Dunkelheit des Weltraums grüßt uns das vertraute Kreuz des Südens.

Vom *Kunene River* geht es zurück nach Süden. Auf halber Strecke erreichen wir ein rotes Benzinfaß mit der Aufschrift *Rooidrom*. Für den Reisenden, der sich hierher wagt, ist dieses simple Blechfaß eine lebenswichtige Navigationshilfe. Doch die Tonne muß noch für anderes herhalten: Werbeaufkleber, Visitenkarten – und dann sind da auch ein paar unübersehbare Einschußlöcher. Ein kabelloses Telefon krönt die Schnittstelle in der Unendlichkeit der Wüste.

28 Kilometer weiter westlich: Der Abzweig zum *Hartmann Valley* ist erreicht. Rechts von uns ein langgezogenes Gebirgsmassiv, gegenüber halb versandete Felsen, gerahmt von prächtigen Sanddünen. Faszinierende Natur pur. Sendboten der Zivilisation sind selten. Statt dessen federn Oryxe und Springböcke über den Boden, als sie unser Motorengeräusch vernehmen. Der Wüstenfreund kommt hier zwischen bis zu 200 Meter hohen Sandwällen voll auf seine Kosten. Aber da ist noch

Wettrennen mit einem Vogel Strauß

mehr, was mich beeindruckt... Seit Stunden schon begleitet uns starker Nordostwind. Jetzt mausert er sich zum Sandsturm. Ich kurbele die Fenster hoch und schließe die Lüftung. Nur noch 50 Meter beträgt die Sicht! Temperatur und Anspannung im Auto klettern unaufhörlich weiter... Schon sind die Spuren von Duncans Fahrzeug vor uns verweht. Verflixt, ich habe Probleme, die Dünen raufzukommen. Immer wieder sinkt der Wagen ein. Raus und den Reifendruck bis auf 1,2 Atü runterlassen, Schaufeln im Sand ist schließlich kein Honigschlecken. Eine Stunde später läßt der Sturm nach. Unvermittelt ist es windstill. Und in fast 40 Grad Hitze brennt die Sonne wie zuvor. Abends erreichen wir wieder den *Kunene River*, Grenze und Tor zu Angola.

Danach geht es entlang der *Skeleton Coast* Richtung Süden nach *Orupembe*. Sandwüsten

Informationen: Kaokoland

Reisetips: Wie bei fast allen Namibiareisen ist *Windhoek* auch hier die beste Ausgangsbasis. Entfernung bis zur *Palmwag Lodge*: ca. 570 km. Man folgt der B1 nach *Okahandja*, *Otjiwarongo*, *Outjo* bis *Kamanjab* auf der Teerstraße und weiter auf Pad 2620 und Pad 3706 bis zur Lodge.

Reisezeit: Die Regenzeit (jährlich 30 bis 100 mm Regen) liegt zwischen Januar und März. Niederschlag zumeist als Nachmittagsgewitter. Die Durchquerung von trockenen Flußbetten kann dann problematisch werden. Sommerhöchsttemperaturen 32 bis 38 Grad. Zwischen Juni und August gibt es auch Nachtfröste, doch tagsüber ist es angenehm warm.

Tankstellen und Versorgung: *Kamanjab*, *Palmwag*, *Opuwo*. Kein Benzin in *Sesfontein*.

Entfernungen: Von *Kamanjab* zum *Kunene*, *Epupa Falls* ca. 470 km. C35, Pad 3709, C41, Pad 3700. Sonst nur mit 4x4. Begleitfahrzeug wird dringend empfohlen. Gute Ausrüstung, Allradfahrzeug und Erfahrung im Gelände sind unabdingbar.

Geländewagenvermietung: Kessler 4x4 Hire, Ecke Carl von François- und Tal-Straße, Windhoek, Tel.: (061) 33451, Fax: (061) 224551.

[i] Guide Buchung: Hobatere-Lodge, Guide fährt im eigenen 4x4, pro Tag ca. N$ 400,–. Sprache: Englisch oder Deutsch.

[i] Kaokohimba Safaris, P. O. Box 30828, Pioneers Park, Windhoek, Tel.: (061) 226779, Fax: (061) 223540.

Nützlich zu wissen: Topographische Karten sind erhältlich beim Surveyor General, Private Bag 13306, Windhoek, Tel.: (061) 220241. Karten-Nr. 1711 (1:500 000) sowie Nrn. 1812, 1814, 1712, 1714 (1:250 000).

Permits werden zur Zeit noch nicht benötigt.

Fahrverhalten: Für Naturfreunde wird es selbstverständlich sein, die fragile Landschaft behutsam zu bereisen. Kein Holz schlagen. Gekauftes Feuerholz (an Tankstellen erhältlich) sollte bei Bedarf mitgeführt werden. Keinesfalls mit dem Auto die Wege für Querfeldeinfahrten verlassen. Die Spuren bleiben, außer im weichen Sand, noch Jahre oder Jahrzehnte sichtbar.

Bei Begegnungen mit **Himba** sollte eine angemessene Distanz gewahrt werden. Wie überall auf der Welt ist auch hier um Erlaubnis zu fragen, bevor der Wohnbereich (des Kraals) betreten wird. Grundsätzlich haben Himba nichts gegen Fotos einzuwenden. Sie erwarten allerdings eine Gegengabe in Form von Geld, Zucker oder Tabak.

wechseln mit Tafelbergen aus Sandstein, Kalk und Granit. Unvergleichliche Erosionsformen beeindrucken mich. Unvergeßlich der »Namibia-Grizzly«, ein Fels in der Form eines riesigen Bären.

Plötzlich kracht es ... ein Moment der Unaufmerksamkeit, ein zu schneller Ritt durch eine Senke, ein harter Aufschlag ... und der Auspuff von Duncans Geländewagen ist abgerissen. In unseren Abfalltüten finden wir leere Bierdosen, hämmern sie platt, wickeln sie mit Draht um den Auspuff, und schon sind wir wieder auf der Pad. 15 Kilometer hinter dem Himba-Kraal von Purros fahren wir in das unberührte Rivier des Hoarusib. Hier, wo sich der Canyon in das steinige Wüstenland geschnitten hat, hat das nur selten fließende Wasser eine grüne Rasenfläche hinterlassen. Eine Augenweide, ein Garten Eden, der natürlich Tiere anzieht.

Himba – Nomaden im Kaokoland

Niemand weiß genau, wie lange sie schon hier leben. Allgemein nimmt man an, seit dem 16. Jahrhundert. Sie sind ein mit den Herero verwandtes Hirtenvolk, deren Sprache sie sprechen.

Schon portugiesische Eroberer erwähnten vor fast 400 Jahren den Viehreichtum eines Hirtenstammes südlich des Kunene. Vermutlich waren es Herero, die ein Jahrhundert zuvor von Angola nach dort gezogen waren. Im 18. Jahrhundert zogen die Herero nach Süden, in die Gegend zwischen Waterberg und Okahandja. Diejenigen, die im Kaokoland verblieben, sollten später den Namen »Himba« tragen. Doch die verstreut lebenden Nomaden waren verwundbar durch die immer weiter vordringenden und raubenden Nama. Die Himba verloren große Teile ihres Viehs. Viele kamen ums Leben. Die rund 7000 Himba des *Kaokolands* sind heute die letzten echten Nomaden Namibias.

Wir belauschen Giraffen, Strauße, Springböcke und unzählige Vogelarten. Werden wir wohl auch auf Wüstenelefanten treffen? Nach drei Stunden Suche haben wir Erfolg: Grau wie die Felsen der Namib stehen sie da. Beunruhigt über unser plötzliches Erscheinen begrüßen sie uns laut trompetend. Ich lege den Rückwärtsgang ein, langsam rollen wir von dannen. Dies ist ihr Reich.

Himba-Mann mit Milch-Kalebassen

Ilse Schatz wurde in Namibia geboren. Ihre Kenntnis des Landes und seiner Ureinwohner (siehe »Unter Buschmännern«) hat ihr internationale Anerkennung eingetragen. Heute ist die ehemalige Farmerin Leiterin des Museums in *Tsumeb*. Gern erzählt sie von ihrer Jugend auf entlegenen Farmen. Hier ist ihr Bericht:

Damals in Südwest

1929 wurde ich im damaligen Südwestafrika geboren. Meine Eltern waren drei Jahre zuvor dorthin ausgewandert. Mutter redete mit uns Kindern nur *hessisch* und Papa *badenserisch*. Doch mit der Zeit verwoben sich – fern der alten Heimat – beide Dialekte. Mutter schilderte uns ihren Heimatort Langen so genau, daß ich mir im Geiste alles bestens vorstellen konnte. Da war die alte Mühle am Bach, in der sie als Kind gewohnt hatte, ich lernte den »Viehrröhrenbrunnen«, den Lieblingsplatz der Langener Kinder, den »Stumpfeturm« und den »Alten Kronenhof« kennen. Meine Fantasie kannte die Gassen, in denen sie mit Kreiseln und Murmeln gespielt hatte. Ich begegnete ihren Lehrern und Nachbarn. Mutter und Vater hatten kein Geld, um Kinderbücher kaufen zu können. Doch Mutter kannte alle Grimms Märchen und konnte sie wundervoll erzählen. Wenn Vater bei Sonnenuntergang heimkam, begann er von seinem Heimatort Ladenburg am Neckar zu erzählen. Bald kannten wir auch diesen Ort – und Papas Bubenstreiche dazu. Zum Entsetzen unserer Mutter lernten wir auch eine stattliche Anzahl »Ladenburger Kraftausdrücke«.

Ilse Schatz mit Ehemann in jungen Jahren. Sie lebten auf Farmen und studierten die Gewohnheiten der Buschmänner

Vater war ein leidenschaftlicher Tänzer, und Mutter konnte wunderbar singen. Häufig kam es vor, daß sie am Ofen stand und sang, Vater mit einfiel – nicht schön, aber laut – und uns nach und nach Walzer-, Schieber-, Tango- und Foxtrottschritte beibrachte. Es dauerte auch nicht lange, bis wir Schlager der 20er Jahre kannten. 1933 kam unser heißersehnter Bruder zur Welt. Doch unser Glück währte nicht lange. Ein Jahr später setzte starker Regen ein, und wir erkrankten an Malaria. Man behandelte uns mit Chinin, doch um unseren Kleinen stand es schlimm. Meine Eltern beschlossen, ihn zum Arzt zu bringen. Vater spannte den Ochsenwagen an, und die treue Buschmannseele Kasuppi hielt den Kleinen während der ganzen Fahrt in einem Kissen auf seinem Schoß. Derweil goß es in Strömen. Wir Mädchen blieben mit Mutter im Haus zurück, da wir ja krank waren. In Grootfontein angekommen, spannte Vater die Tiere am Ausspannplatz aus, nahm den Kleinen auf den Arm und ging zum Arzt. Der gab unserem Bruder eine Injektion – doch auf dem Weg zurück zum Ochsenwagen starb er in Vaters Armen. Der Arzt hatte ihm eine falsche Spritze gegeben... Es folgten Gerichtsverhandlungen, und der Arzt bekam Praktizierverbot. Doch Mutter lachte jetzt nicht mehr und litt fürchterlich unter Heimweh. Vater pachtete daraufhin eine andere Farm. Das war gut, denn die neue Umgebung machte Mutter wieder fröhlicher.

Mutters größte Freude war, wenn »Deutschlandpost« eintraf. Fuhr Vater in den Ort, warteten wir gespannt auf seine Rückkehr, und Mutter wurde immer aufgeregter. Kaum hatte sie Vater begrüßt, war immer ihre erste Frage: »Hast du Briefe von *zu Hause* mitgebracht?«

Wir wurden schulreif. Unsere Eltern hatten beschlossen, meine Schwester Hilde ein Jahr später einzuschulen und mich gleich dazu. Zu jener Zeit wohnten wir nur zehn Kilometer von Grootfontein entfernt. Da unsere Eltern uns nicht in ein Schulheim geben wollten, fuhren sie uns das erste Jahr allmorgendlich per Eselskarren mit Max und Zobel davor zur Schule. Vater nahm Farmprodukte mit, die sich inzwischen gut in Grootfontein absetzen ließen. Anschließend wartete er, bis unsere Schule beendet war. Ich weiß noch, wie stolz wir am ersten Tag der Lehrerin erzählt hatten, daß wir schreiben könnten. Doch dann kam die Enttäuschung: Mutter hatte uns die alte deutsche Sütterlinschrift beigebracht, die in Grootfontein gar nicht mehr gelehrt wurde.

Die Jahre gingen dahin. Mit der Farmerei ging es aufwärts. Der Zweite Weltkrieg brach aus, und Vater kaufte sich eine Farm. Er ließ sich nie naturalisieren und blieb Deutscher. Folglich bekam er für den Farmkauf auch keine günstigen Staatsdarlehen und keine Unterstützung für die teuren Schulgelder. So gingen wir statt dessen für ein Jahr in gute Haushalte, um kochen zu lernen.

Eines Tages, ich war mitten im Kochen, weil

Die Donkie-Karre ist noch heute ein verbreitetes Transportmittel

sich Besuch angesagt hatte, da machte es »flopp«, und das Gas war alle. Eine volle Flasche stand zwar neben der leeren, doch ich schaffte es nicht, ihren Verschluß aufzudrehen. Ich suchte nach einem passenden Schlüssel. Vergebens. So fuhr ich kurzentschlossen zu einem Geschäft, um das richtige Werkzeug zu kaufen. Ein sehr freundlicher schwarzer Verkäufer begrüßte mich und fragte, womit er dienen könne. Ich bat ihn um ein Werkzeug, mit dem ich die Flasche aufbekäme.

Er: »Ja, wie heißt denn das Werkzeug?«

Ich: »Das weiß ich doch nicht, Sie sollten mich beraten.« Er aber schüttelte nur mitleidig über meine Unwissenheit den Kopf. Das ging so einige kurze Zeit hin und her, währenddessen überlegte er offensichtlich krampfhaft, wie er mir helfen könnte. Dabei schaute er sehnsüchtig zur Decke, so, als hoffte er, der Herr möge mir doch eine Eingebung schenken. Und die kam – allerdings bei ihm.

Nach reiflichem Überlegen sagte er: »Nee, Mevrou, al wat jy kort is 'n sterk man.« (Meine Dame, alles was Sie brauchen, ist ein starker Mann.) Daraufhin ging ich zum nächsten Verkäufer, und der konnte helfen.

Als wir von unserem Haushaltsjahr heimkehrten, hatte Vater eine weitere Farm gepachtet. Sie war abgelegen, und unsere unmittelbaren Nachbarn waren die Herero im angrenzenden Reservat. Meine Schwester und ich waren auf dieser Farm abwechselnd die Verwalter. Mal ritt die eine von uns dorthin, drei Monate später kam die andere dran.

Als weitere Nachbarn war da noch das alte Du-Plessis-Ehepaar, das einen schon betagten Junggesellen zum Sohn hatte. Dieser kam mindestens einmal die Woche vierspännig mit seiner Pferdekarre vorgefahren, trank Kaffee, sagte aber keinen Ton.

Fragte man, wie es den Eltern gehe, kam meist: »Ma lê plat« oder »Pa lê plat« heraus. Einer war also immer krank, und dann saß er schweigend da. Für uns war das stinklangweilig. Nach einer Weile fuhr er dann wieder ab.

Die ersten Siedler belegten vieles Neue mit Namen aus der alten Heimat

Eines Tages – Vater war auch gerade zu Besuch – wünschte er meinen Vater zu sprechen. »Worum geht es denn?« fragte der. »Oom, ek wil met jou dogter trou!« Wir waren geplättet. Er wollte also eine von uns heiraten.

»Welche denn?« fragte Vater.

Er: »Dit maak nie saak nie, Oom moet maar een kies.« (Das ist ganz egal Onkel, such du doch eine für mich aus.)

Da meinte der Vater: »Nee, da mußt du schon selber fragen.« Den Mut hatte er aber nicht. Hilde und ich haben uns darüber schiefgelacht.

Nachdem der Pachtvertrag für die Farm abgelaufen war, gingen wir beide nach Grootfontein, um dort als Verkäuferinnen zu arbeiten. Unsere Eltern hatten Verständnis, daß wir unter die Jugend wollten. Es folgte eine schöne Zeit. Wir gingen während unserer Freizeit in eine Tanzgruppe, wo wir unsere Ehemänner kennenlernten, natürlich Farmersöhne! Für mich war es zunächst eine große Umstellung, im »Norddeutschen Farmhaus« meines Schwiegervaters zu leben. Bei ihm wurde nicht »gebabbelt«, »geschwätzt« oder »gered'«, sondern er »snackte«, da er ja schließlich Holsteiner war. Ein sehr korrekter, edler Mensch, etwas steif in seiner Art, doch mit trockenem Humor. Bald schon las ich seine Heimatzeitung, den »Eutiner Klenner«. Noch heute steht am Eingang unseres namibischen Farmhauses: »Do wat du wullt, de Lüdd snackt doch.«

Der Nordosten – am Rande der Tropen

Buschmannfrau und Kleinkind in Ombili

Tsumeb: Sprungbrett in die Tropen

Tsumeb und *Grootfontein* sind gute Ausgangspunkte für Namibias hohen Norden: *das Kaokoland, die Etosha-Pfanne*, den *Kaudom-Park* und den fernen *Caprivi-Zipfel*. Der Name *Tsumeb* genießt darüber hinaus weltweit besten Ruf bei Mineraliensammlern.

Im Oktober betört in der 16 000 Einwohner zählenden Stadt ein Meer von Jacarandablüten, zu Beginn der Regenzeit duftet Frangipani, leuchten Flamboyantblüten, und Bougainvilleen ergießen sich wie schwere Blütenteppiche über Steinwände. Es lohnt sich, *Tsumebs* Hauptstraße, die Main Street, entlangzubummeln, im gemütlichen Etosha-Café einzukehren und dem farbenfrohen Arts & Craft Centre einen Besuch abzustatten. Martin Aiff ist Managing Director hier. »Ich kann das Managen eben nicht lassen«, sagt der pensionierte Manager einer Windhoeker Schule. Die Integration der schwarzen Landbevölkerung in eine sich rasant verändernde Gesellschaft hat sich der 75jährige zur zweiten Lebensaufgabe gemacht. »Die Landflucht ist zu groß – mit all ihren bekannten Problemen . . .« Dem versucht er auf seine Weise entgegenzuwirken. »Schwarzafrikaner sind talentierte Künstler. Doch ihre Begabung wurde zuwenig gefördert.« Das macht nun das Arts & Craft Centre, indem es vielversprechende Künstler und Handwerker ausbildet. Anschließend gehen sie in ihre Dörfer zurück, um den Nachwuchs zu schulen und so Arbeitsplätze zu schaffen.

Ilse Schatz heißt eine längst über die Stadtgrenzen hinaus bekannte Bewohnerin *Tsumebs*. Sie war Farmerin und studierte das Leben der Buschmänner. Ihr Hobby wurde zum Lebenswerk. Heute ist sie die gute Seele des *Tsumeber* Museums. Mit ameisenhaftem Fleiß trug sie zusammen, was aufhebenswert schien: Exponate aus der Kupfermine, aus dem Leben der Buschmänner und aus der Zeit der Schutztruppe. Sie führt mich in den »Khorab«-Raum des Museums, be-

Schirmakazie im Mahango-Wildpark

nannt nach dem Ort, an dem die Schutztruppe vor den südafrikanischen Truppen kapitulierte. Die Gegenstände hier sind eng mit jenem 9. Juli 1915 verknüpft.

Jeder in *Tsumeb* wußte, daß die sich vor den Südafrikanern zurückziehende Schutztruppe zuvor im *Otjikoto-See* Waffen versenkt hatte. Ab 1970 gingen Sporttaucher der Sache nach, und tauchten bis zu einer Tiefe von 75 Metern. Mit Erfolg. Die Bergung der tonnenschweren Kanonen war ein Abenteuer der Improvisation. Einen der Hobbytaucher kostete es die Hand. Bis 1984 gab der *Otjikoto-See* mehrere dieser Geschütze frei. Die Überraschung war komplett, als man feststellte, daß die geborgenen Stücke in bester Verfassung waren, nicht einmal Holz- und Lederteile waren in den 69 Jahren unter Wasser verrottet. Die Minengesellschaft steuerte das Geld für das Museum bei, und 1986 wurde der *Khorab*-Raum eingeweiht.

Vertrautes in der Fremde: ein Wiedehopf

Ilse Schatz liebt es, über Buschmänner, ihr Museum und Tsumeb zu plaudern. Und dazu gehört nun einmal die Geschichte seiner Bodenschätze.

Schon die Urbewohner hier, die Buschmänner, kannten diesen Platz. Sie nannten ihn »Tsomsoub«. »Loch graben, das immer wieder einfällt«, heißt das. Tsomsoub selbst galt als wasserlos, doch es gab ja andere Reichtümer: einen schillernden, zwölf Meter hohen und 150 Meter langen Erzstock.

Diesen von hohen Tambutti-Bäumen umgebenen Kupferhügel hielten die Buschmänner geheim. So wahrten sie ihr Monopol. Um ganz sicher zu gehen, brachten sie das abgebaute Erz zum *Otjikoto-See*, wo sie wohnten. Hier trieben sie mit den Wambo, die zu Fuß aus dem fernen Norden kamen, regen Tauschhandel. Am »Handelsbaum« entfachten sie dann immer ein großes Feuer. Das war für die Hainom das vereinbarte Zeichen: »Die Erzkäufer sind da.« Der Handel begann: Tontöpfe, Tabak, Messer, Beile, Hacken, Speere und Pfeilspitzen aus dem Ovambo-Land gegen Kupfererz, Tiersehnen und Straußeneierschalen der Buschmänner.

Das Ende dieser Handelsgeschichte bahnte sich an, als das Deutsche Reich 1892 der South-West-Africa Company das Recht zugestand, im Norden des Landes Bergbau zu betreiben. Die Minengesellschaft verpflichtete sich, eine Eisenbahn zu bauen. Als Gegenleistung erhielt sie die riesige Fläche von 13 000 Quadratkilometern Land.

Die S. W. A. Company übertrug ihre Minenrechte von *Otavi* und *Tsumeb* an die deutschen »Otavi-Minen- und Eisenbahn-Gesellschaft«. Daneben erhielt diese ein tausend Quadratmeilen großes Gebiet sowie einen zehn Kilometer breiten Farmlandstreifen links und rechts der geplanten Otavi-Bahn. Am 16. Dezember 1906 wurde der letzte Nagel in die Eisenbahnschwelle getrieben. Der industrielle Abbau der Bodenschätze in Tsumeb konnte beginnen.

Tsumeb-Mineralien, die Klassiker in Sammlungen

Mit seinen von bläulich blühenden Jacarandabäumen gesäumten Straßen wird Tsumeb manchmal »Gartenstadt Namibias« genannt. Dabei übersieht man fast, daß sich hier eine der vielfältigsten und reichsten Erzgruben auf dem Globus befindet. Bis heute wurden aus der Grube mehr als 22 Millionen Tonnen Erz mit einem durchschnittlichen Gehalt von 12 bis 13 Prozent Blei, fünf bis sechs Prozent Zink und vier bis fünf Prozent Kupfer gewonnen. Bereits 1907 wurde der erste Schmelzofen errichtet, wodurch man sich die hohen Transportkosten für das Roherz nach Europa sparte. Viele Minenarbeiter der ersten Stunde waren Abenteurer, die zusammen mit einheimischen Wambo das Erz aus dem Boden holten. Um die Produktion zu steigern, verpflichtete man schon bald erfahrene Bergleute aus dem deutschen Siegerland. Anfangs betrieb man Tagebau, 1909 ging man zum Untertagebau über. Erste Schätzungen der Erzvorräte deuteten auf einen Abbau für die nächsten achteinhalb Jahre hin. Niemand ahnte, daß diese Perspektive um gut 80 Jahre übertroffen werden würde.

Inzwischen ist man bei der untersten Sohle in gut 1500 Metern Tiefe angelangt. Die Arbeit dort bei 40 Grad Celsius und einer Luftfeuchtigkeit von 100 Prozent ist hart. Um den Abbau überhaupt zu ermöglichen, müssen täglich 20 000 Kubikmeter Wasser aus der Grube gepumpt werden. Die gegenwärtige Weltwirtschaftskrise, niedrige Rohstoffpreise und immer spärlicher werdende Erzvorräte lassen das Ende des Bergbaus absehen. Es bleibt aber zu hoffen, daß die Hüttenanlage weiterarbeiten wird, da auch Erz aus anderen Gruben des Landes angeliefert wird. Aus dem vielversprechenden Projekt, ein neues Bergwerk auf der Farm Tschudi zu errichten, ist bis heute nichts geworden. Die schon oft angekündigte Schließung der Mine hätte für die Region und die letzten 2300 Angestellten böse Folgen. Der Name »Tsumeb« wird jedoch auch nach dem drohenden Ende des Bergbaus weiterleben, haben doch viele hervorragende Mineralien den Weg zu Sammlern in aller Welt gefunden.

Bereits bevor der eigentliche Abbau begann, gelangten Mineralien in die deutschen Bergakademien von Berlin und Freiberg. Schon die ersten Bergleute und Grubendirektoren legten Sammlungen an, die weltberühmt wurden und später Zugang in Museen und Institute fanden. Besuche von Mineralienhändlern in Tsumeb sind alltäglich geworden. Sammler werden jedoch vielleicht von einem Besuch enttäuscht sein, da sie die erhofften Schätze in offiziellen Angeboten ortsansässiger Händler nicht finden. Neufunde oder Raritäten sind selbst von Händlern oft erst nach jahrelang mühsam aufgebauten Beziehungen zu erhalten. Da wundert es

Hoba-Meteorit: Vor 80 000 Jahren raste der 60-Tonnen-Brocken zur Erde

nicht, daß *Tsumeb*-Sammler aus aller Welt eine »große Familie« bilden. Man kennt sich, trifft sich an den vielen großen internationalen Mineralienausstellungen wie der in Tucson/Arizona, Saint-Marie-aux-Mines/Frankreich oder München.

Natürlich gibt es viele der hier gefundenen Mineralien auch anderswo, doch die meisten der in Tsumeb ans Tageslicht gebrachten haben eine unvergleichlich bessere Qualität. Es sind vorwiegend oxydische Sekundärmineralien mit einer ungewöhnlichen chemischen Zusammensetzung, Farbe und Formenvielfalt. Die meisten Sammler, die sich Tsumeb verschrieben haben, beginnen wohl mit dem Kauf von ästhetisch schönen und farbenprächtigen Mineralien wie Azurit, Calcit, Cerussit, Cuprit, Dioptas, Malachit, Mimetesit, Smithsonit und Wulfenit. Doch wen einmal die Tsumeb-Leidenschaft gepackt hat, der wird weitersammeln und auf den regelmäßig stattfindenden Mineralienausstellungen nach weiteren Raritäten der Klassiker unter den Mineralien Ausschau halten. Viele der erstmals in Tsumeb gefundenen Minerale tragen den Namen von ehemaligen Bergwerksdirektoren oder Lagerstätten-Forschern, und mit dem Mineral »Tsumebit« ist dieser Grubenort im *Otavi-Bergland* für alle Zeiten verewigt worden.

Die Zukunft der Mineralienfunde hängt von dem weiteren Schicksal der Mine ab. Sollte sie stillgelegt werden, würden die Fundstätten bald überflutet sein und die einmaligen Liebhaberstücke aus dem Bauch der Erde für Sammler wären für immer verloren.

Tsumeb-Mineraliensammlungen befinden sich u. a. an folgenden Stellen:

1. Mineralogisches Museum der Humboldt-Universität Berlin
2. Mineralogisches Institut der TU Berlin
3. Mineralogisches Institut der Universität Bonn
4. Mineralogisches Institut der Universität Braunschweig
5. Mineralogisches Institut der Universität Hamburg
6. Mineralogisches Institut der Universität Münster
7. Institut der Mineralogie der Bergakademie Freiberg
8. Tsumeb Museum, Tsumeb/Namibia

Informationen: Tsumeb

[i] Gute Informationen sind während der üblichen Bürozeiten im **Tsumeb Museum**, Main Street, erhältlich. Die Besichtigung lohnt sich.

Camping/Unterkunft/Restaurant: Municipality Caravan Park, zentral im Stadtbereich, Tel.: (0671) 21056. *Sachsenheim Rest Camp*, ca. 85 km außerhalb an der B1, 3 km nördlich des Abzweigs in den *Etosha-Park*. Kleine Gästehäuser und Campingplatz im Farmgelände. Nette Aufnahme durch Familie Sachse. Tel.: (0678) 13521. Man ißt in Tsumeb sehr gut im Etosha-Café an der Main Street. Sehr gemütlich. **Arts & Crafts Centre:** 18 Main Street, geöffnet während der üblichen Geschäftszeiten. Ausgezeichnete Handarbeiten zum Verkauf. Tel. u. Fax.: (0671) 20257.

Abstecher: *Otjikoto-* und *Guinas-See*, Drachenhauchloch, Khorab, Baobab, Hoba Meteorit

Otjikoto-See: Zufahrt: Der runde See mit den senkrecht abfallenden Felswänden liegt 18 km außerhalb Tsumebs an der B1. 1915 wurden hier 30 Kanonen und fast 500 Kisten Munition versenkt. 19 Kanonen befinden sich noch auf dem Grund.

Der englische Forscher Anderson besuchte den See 1851 und pries ihn. Der Reiz des ab 1907 vorübergehend auch für Trinkwasserzwecke genutzten Sees besteht fort. Sowohl hier als auch beim benachbarten Guinas-See handelt es sich um ein unterirdisches Wasserbassin, dessen Decken eingestürzt sind. Der rund 7000 qm große See hat einen Durchmesser von 102 Metern.

Guinas-See: Zufahrt: B1 über den Otjikoto-See hinaus nach Norden. Nach 25 km der D3043 (19 km) und dann der D3031 (Ausschilderung »Guinasmeer«) folgen.

Der Fußweg zum See beginnt 4 km später an einem verlassenen Farmgelände. Es lohnt sich, sich hier hinzusetzen und in die Stille zu lauschen. Zahlreiche Aloen wachsen an den felsigen Steilhängen. Faszinierend auch Baumwurzeln, die unvermittelt aus der glatten Felswand treten und sich 20 bis 30 Meter tief zum Wasser strecken. Eine unterirdische Verbindung zum Otjikoto-See besteht nicht.

Das *Drachenhauchloch* befindet sich auf der Farm Harasib. Es ist der Öffentlichkeit nicht zugänglich.

Aus den Anfangstagen von Südwest: Postbüro in Otjiwarongo

Tsumeb

Mit dem Drachenhauchloch (dem Entdecker schlug aus dem nur quadratmetergroßen Zugang zum See heiße Luft entgegen – daher der Name) hat Namibia den wohl größten bekannten unterirdischen See der Erde (200 m x 100 m). 1987 erforschte ihn ein 40kopfiges Team. Experten schätzen, daß Höhle und See vier Millionen Jahre alt sind. Sein Wasser ist glasklar, jedoch anders als *Otjikoto-* und *Guinas-See* fischlos.

Khorab: Zufahrt: Der D3031 vom Guinas-See aus weitere 59 km bis nach Otavi folgen. 2 1/2 km außerhalb des mit der Entstehung der Otavi-Bahn eng verbundenen Ortes befindet sich bei km 500 der Bahnlinie eine als »Khorab« bezeichnete Stelle. Am 9. Juli 1915 wurde hier vom südafrikanischen General Louis Botha sowie Gouverneur Seitz und Oberstleutnant Franke die Kapitulation der deutschen Truppe unterzeichnet. Das war das Ende von Deutsch-Südwestafrika.

Riesen-Baobab: 105 km nordöstlich von Tsumeb steht der größte Baobab (Affenbrotbaum) innerhalb des namibischen Farmgürtels. Manche dieser Riesen erreichen einen Stammumfang von 30 Metern. Baobabs werden bis zu 3000 Jahre alt. Zufahrt: Auf der Straße 75 nach Tsintsabis. Dort der D3016 folgen. Nach 101 km auf die D2855 überwechseln. Nach 2 km stößt man nahe einer kleinen Brücke auf ein Schild mit dem Hinweis »Kremetartboom«. Nach Passieren eines Zauntors (bitte wieder schließen) erreicht man nach knapp 2 km den Baobab. Die bauchigen Riesenstämme dieser Bäume wurden bereits als Postämter, Vorratskammern und Gefängnisse verwandt.

Hoba-Meteorit: Zufahrt: C42 von *Tsumeb* Richtung *Grootfontein*. Vor der Stadt auf die D2859 abzweigen und Ausschilderung folgen.
Der Meteorit wiegt 60 Tonnen und raste vor 80 000 Jahren mit einer Geschwindigkeit von 20 km/s zur Erde. Wie alle Kometen zog er beim Eintauchen in die Erdatmosphäre einen Feuerschweif hinter sich her. Der Hoba-Meteorit ist der größte bekannte Einzel-Meteorit auf Erden (2,95 m x 2,84 m). Er besteht zu 82,4 Prozent aus Eisen und 16,4 Prozent aus Nickel.

Caprivi – im tropischen Norden

Auf Europa projiziert, reicht Namibia von Hannover im Norden bis Rom im Süden, von Berlin bis weit hinter London. Das muß sich vor allem klarmachen, wer *Caprivi*, Namibias fernen tropischen Zipfel, erkunden will. Bis zur Unabhängigkeit war er ein strategisch wichtiger Brückenkopf im Kampf gegen die *Rebellen*. Heute ist der Nordosten jedem zugänglich. Ein Drittel des *Zipfels* sind Wildreservate und Nationalparks.

Die Motive, sich für *Caprivi* zu interessieren, haben sich über die Jahre geändert. Das verwundert nicht, war doch sein Geburtsort ein Pokertisch der Weltgeschichte. Das war im Jahr 1890, als England und Deutschland sich gegenseitig auf ihre militärischen und kolonialen Interessen hin abklopften. Was dabei herauskam, hieß »Helgoland-Sansibar-Vertrag«. Nach dem Machtpoker wurden die Gewinne verteilt: Sansibar ging an England, Helgoland und ein 20 englische Meilen breiter Landkorridor in Südwestafrika, der fast bis an die Viktoria-Fälle reichte, fiel Deutschland zu. Jetzt hatte der Kaiser Zugang zum *Zambesi* und damit Marscherleichterung zu seinen ostafrikanischen Kolonien. Als Dank für den Verhandlungserfolg benannte er den »Zipfel« nach dem deutschen Chefunterhändler Reichskanzler Graf Leo von Caprivi.

Der Name Caprivi überdauerte mehr als ein Jahrhundert, und auch das Wort »Zipfel« scheint langlebig zu sein, wie »Sperrgebiet« und andere deutsche Begriffe auch.

Nach Windhoek? fragen die jungen Burschen, die an der Tankstelle am Ortsausgang von *Grootfontein* warten.

Öffentliche Verkehrsmittel sind rar. Die Burschen gehören zum Heer der Pendler, zwischen deren Arbeitsplätzen und Wohnungen oftmals 1000 Kilometer liegen. Am Norden ist keiner von ihnen interessiert, ihr Ziel heißt *Windhoek*. Bei 92 000 Menschen auf 19 500 Quadratkilometern ist die Bevölkerung Caprivis eine der dichtesten in Namibia.

Riesenbaobab im Mahango Game Park

Caprivi lockt mit dem Duft der Tropen, Tierparks und dramatischen Wolken

Grootfontein ist das Sprungbrett in die Tropen. Rundu das Tor. Schnurgerade, wie mit einem Lineal gezogen, zieht sich die breit ausgebaute D8 dorthin. Die Südafrikaner hatten sie als militärischen Aufmarschweg für die Auseinandersetzung mit den Freiheitskämpfern ausgebaut. Heutige Touristen profitieren davon. Der »disease control fence«, der das Eindringen von Seuchen aus dem »wilden« Norden in das südliche Farmland verhindern soll, verläuft 130 Kilometer nordwestlich von *Grootfontein*. Kurze Kontrolle. Hier ist auch die Zäsur: Der Süden Namibias bleibt zurück – Schwarzafrika beginnt, mit einem halben Dutzend riedgedeckter Holzhütten aus armdicken Pfählen und Kindern am Straßenrand, die sich mit Spielzeugautos aus gebogenen Drähten vergnügen.

Weiterfahrt. Die Vegetation verändert sich. Palmen gibt es nicht mehr. Statt dessen wird der Pflanzenwuchs dichter und die Bäume höher. Und über allem wölbt sich der weite Himmel, dessen Wolkengebirge sich wie Türme und Fratzen nach oben recken. Doch es gilt aufzupassen. Kopfgroße Steine sind auf der Fahrbahn, wo man liegengebliebene Autos reparierte, zurückgeblieben. Doch schon erreicht man *Rundu*, das Zentrum der nach der Unabhängigkeit neu benannten *Okawango-Region*, in der 136 000 Menschen leben. Früher war *Rundu* ein Tor ins nördlich gelegene Angola, heute öffnet es sich dem Osten.

Ehrgeizig sind die Pläne der jungen Regierung. Zwei große in West-Ost-Richtung verlaufende Highways sollen Namibia künftig eine wichtige Rolle als Transitland geben. Zum einen der *Trans-Kalahari-Highway* im Süden, von *Windhoek* nach *Gabarone* in Botswana. Um 500 Kilometer verkürzt er den bisherigen Transportweg zwischen *Windhoek* und dem südafrikanischen *Transvaal*. Der andere, der *Trans-Caprivi-Highway* von Rundu nach *Katima Mulilo* in *Ost-Caprivi*, ist das derzeit größte und wichtigste Straßenprojekt. Die Mächtigen in Politik und Wirtschaft sehen Namibia schon die Weichen für den Verkehr nach Zentral- und Ostafrika stellen. Mit allen wirtschaftlichen Möglichkeiten, die damit verbunden sind. Die Integration der Walfischbucht eröffnet dabei neue Dimensionen, und man hofft, mit einer guten Infrastruktur Häfen wie East London, Maputu oder Dar-es-Salaam den Rang abzulaufen. Das ehrgeizige Projekt wird seinen Höhepunkt mit dem Bau der geplanten *Zambesi*-Brücke von *Katima Mulilo* nach Sesheke in *Sambia* finden. Die Zukunft hat im *Zipfel* bereits begonnen.

Afrika pur: zwischen Kavango und Zambesi

Seine zerrissene Khakijacke schlottert um den mageren Körper. Er streckt mir die offene Hand mit den zu Krallen gebogenen Fingern entgegen. »Bushman«, dringt es aus dem fast zahnlosen Mund, als sei es das Losungswort, das Geldbeutel öffnet.

Ihr Nachfahren der »edlen Wilden« der *Kalahari*! In trostloser Kulisse schlurft ihr heute zwischen an- und abfahrenden, stinkenden Autos inmitten von Öl und Staub durch die Tankstelle von Rundu. Bettelnd tastet ihr euch von Wagen zu Wagen, kassiert ein paar Cent hier und dort.

Bis zum Ende der 50er Jahre lebten die Kxoe-Buschmänner in Caprivi. Dann proklamierte man den Wildpark, und die Buschmänner mußten den Tieren weichen. Die letzten noch verbliebenen gingen freiwillig während der Unabhängigkeitskämpfe.

Die Asphaltstraße von *Rundu* nach Osten verläuft parallel zum *Kavango River*. Er ist hier der Lebensspender – man erkennt das sofort an den ungewohnt vielen Menschen: Frauen balancieren elegant grasgefüllte Säcke auf den Köpfen. Kinder treiben Ochsen an, die mit Wasserkanistern bepackte Erdschlitten ziehen. Ein paar Jungen bewerfen Kühe mit Steinen, um sie in den schützenden Kraal zu treiben. Abends versammelt man sich vor einfachen Hütten, plaudert lautstark, lacht, musiziert und tanzt zu dröhnenden Klängen aus kreischenden Kassettenrekordern. Es wird Nacht am Kavango.

Bei *Bagani* beginnt der *Caprivi-Zipfel*. »32 Kilometer breit wird der Landkorridor«, war beim Politpoker von 1890 bestimmt worden. *Caprivi* wird im Osten von *Zambesi* und im Westen vom *Kavango* begrenzt. Nahe der gesichtslosen Sied-

Kinder vor der Dorfschule im entlegenen Busch

Alltägliches Bild: Kinder bieten die Schnitzarbeiten ihrer Eltern feil

lung *Bagani* befinden sich die *Popa-Fälle* des *Kavango*.

Es ist dunkel, als ich dort ankomme. Doch dann klettert der Vollmond über die Büsche und erstrahlt im tropischen Dunst zehnmal so groß wie gewohnt. Romantisch, an einem Seitenarm des Flusses, liegt das *Popa Falls Camp*. Gurren von Tauben liegt in der Luft, ein anderer Vogel pfeift grell. Die Ufer des Kavango sind zwar ein Vogelparadies, doch die gewichtigen Herrscher darin sind die Flußpferde.

Der Morgen danach: Die Stimmen der Nacht sind von abertausend fiedelnden Grillen abgelöst worden. Ein langschnäbliger Tuka krächzt. Auch der Boden bietet Dschungel-Feeling. Da ist z. B. die schmarotzende Würgefeige, die durch inniges Umschlingen ihrem Wirt den Todeskuß gibt. Idyllisch hängt über einem kleinen Seitenarm des Kavango eine mächtige Bananenblüte herab. Urwald pur.

»Vor rund 14 Tagen wachte nachts einer meiner Gäste auf, weil er draußen vor seinem Zelt merkwürdiges Schnaufen und Rupfgeräusche hörte. Er blickte raus – und sah einem Flußpferd geradewegs in die Augen . . .«, plaudert Frank Malgas, der dunkelhäutige Campmanager. Sein Büro hat er mit zwei riesigen Elefantenschädeln dekoriert. »Von verendeten Tieren aus dem Mahango Game Reserve!« *Caprivi* ist touristisch ein Neuling und in vielerlei Beziehung Pionierland. Auch was seine Nationalparks anbelangt. Gedrucktes Informationsmaterial ist noch selten, was nicht zuletzt auf das schmale Budget der Nationalparkverwaltung zurückzuführen ist. So hatte mir Frank halt eine Karte handgezeichnet. »15 Kilometer sind es von hier zum Parktor. Nach einem weiteren Kilometer erreicht man den Mahango Omuramba. Von dort braucht man nur dem Pfad entlang dem Trockenfluß zu folgen . . .«

Mahango hat eine großartige touristische Zukunft. 1990 wurde versucht, die Parktiere per Helikopter zu zählen. Was dabei herauskam, konnte sich sehen lassen: 64 Flußpferde, 103 Säbelantilopen, 34 Krokodile und 319 Elefanten. Bei einer Fläche von nur 2450 Quadratkilometern ist das ein gewaltiger Bestand. Meine erste Begegnung fällt allerdings eher bescheiden aus: zwei Schildkröten, die im Vertrauen auf die Rücksicht des Autofahrers gemächlich über die Pad ziehen. Nicht so gelassen bleibt die Warzenschweinmutter, die aufgeregt mit ihren beiden Jungen mit aufgerichtetem Schwanz davonsaust. Regungslos, mit weit abgestellten Lauschern, beäugt mich ein Kudu. Daneben stolziert, als ginge ihn das alles nichts an, ein Straußenhahn. Dann folgen Begegnungen, Schlag auf Schlag: 11 Kudus, 30 Impalas, ein Dutzend Leierantilopen.

Für die Dramaturgie sorgt der Himmel. Bilderbuchhaft heben sich weit ausladende Bäume gegen korkenzieherartig gedrehte Wolken ab. Gewitter liegt in der Luft. Und silbern glänzen die Wasser des *Kavango*.

Ein Highlight des Parks ist ein Riesen-Baobab am Flußufer. 22 große Schritte sind nötig, um den bauchigen Stamm zu umrunden. Während ich kräftig ausschreite, erfüllt sonores Grunzen von Flußpferden die Luft.

Der Abend hat noch andere Paukenschläge parat: einen mächtigen Elefanten, der sich, keine 50 Meter entfernt, aufgeregt mit wackelnden Ohren im Kreis dreht, und die sinkende Sonne, deren glühender Ball sich kitschig-schön in den breiten Schirm einer Akazie schiebt. Afrika vom feinsten. Ein Paradies ohne Schatten, fast... »Bisher gab es keine Löwen im Park«, hatte Frank Malgas gesagt. »Was natürlich problematisch ist, denn unsere Antilopen vermehren sich viel zu stark.« Kürzlich allerdings hatte es ein Löwengastspiel gegeben. »Doch anstatt im Park altersschwache Tiere zu jagen, riß das Paar in nahegelegenen Dörfern acht Rinder.«

Baganis einzige Tankstelle hatte ich zunächst für eine halb abgewrackte Zapfanlage gehalten. Doch sie arbeitet gut, genau wie die adrette Zwanzigjährige, die hier die Tanks füllt und den Kunden beim professionellen Lächeln Einblick in ihre stark angefeilten Schneidezähne bietet.

Der ehemalige militärische Kontrollposten an der Kavango-Brücke ist wie immer von einem Dutzend Burschen umringt, die einen »Lift« nach Osten suchen. Der erste schiebt bereits einen Getränkekasten auf die Ladefläche meines Trucks. So bekomme ich neben acht Cola- und Bierkisten auch sechs nette Mitfahrer. Abgesehen von denen, die sich in einem von der südafrikanischen Armee zurückgelassenen Camp eingerichtet haben, wohnt niemand im *Caprivi Game Park*. Man hat allerdings mehr als 100 Hippos gezählt. Zwei der zahlreichen Elefanten beäugen mich vom Fahrbahnrand.

Katima Mulilo, ein wenige tausend Einwohner zählender Ort, ist *Caprivis* Verwaltungszentrum. Doch das sollte keine hochgesteckten Erwartungen wecken. Wer Städtisches und Schick sucht, tut sich hier schwer. Dies ist »Schwarzafrika« wie die Nachbarstaaten im Norden. Besonders Katimas Markt ist ein Erlebnis.

Im Schatten eines mächtigen Baumes hocken drei Männer vor einem Tisch, auf dem ein zerteiltes Rind liegt. Fliegen summen, Staub tänzelt. Irgend jemand schlägt auf die Insekten ein. Man achtet auf Hygiene, schließlich ist dies eine Metzgerei. Ältere Marktfrauen plaudern mit jungen. Eine von ihnen, nicht älter als 16, ihr Baby in einem Tuch über der Hüfte und mit angefeilten Schneidezähnen, nimmt einen Schluck Wasser aus einer alten Konservendose.

Die Marktstände sind einfach, wie das Angebot: Kohlköpfe, ein paar Kräuter. Früchte sind in dieser Jahreszeit nicht zu entdecken. An einem Tischbein hängen drei Fische.

Man wird an diesem Tag noch weiterfahren, bis man eine Lodge am Ufer des *Zambesi* gefunden hat. Vielleicht läßt man die luxuriöse *Zambesi Lodge* links liegen und rollt zur Hippo Lodge, einem rustikalen, malerisch über einem Zambesi-Seitenarm gelegenen einfachen Bungalow-Komplex. Hier wird man den »Traumblick« über den Fluß finden, der sich wie immer im Abendlicht rotgolden färbt.

Und während man beim kalten Bier an der Bar dem Kreischen der Vögel lauscht, wird man das Gefühl genießen, »wahres Afrika« zu erleben. So »wahr« wie das Bild von *Katima Mulilos* Markt, wo allgemeiner Wohlstand noch lange auf sich warten lassen wird und junge Gesichter dominieren. In Schwarzafrika dreht sich die Bevölkerungsspirale schneller als anderswo.

Großmaul: Flußpferd

Caprivi-Nationalparks

Caprivi Game Park: Mit 6000 Quadratkilometern macht er einen Gutteil des Caprivi-Zipfels aus. 1963 gegründet. Eigentlich ist er ein »Transit-Park«, nur befahrbar auf der B8 von *Bagani* nach *Kongola*. Verlassen der Durchgangsstraße nicht gestattet. Derzeit keine touristische Einrichtungen. Die Chance, in dem rund 190 km langen und 32 km breiten Park wilde Tiere zu sehen, erhöht sich, wenn man den Fuß vom Gaspedal nimmt.

Mahango Game Park: Mit 245 Quadratkilometern eher klein, jedoch großartiger Wildbestand. Der 1989 gegründete Wildpark befindet sich in dem Winkel »Kavango River-Botswana«. Während der Trockenzeit ist ein Teil des Parks auf der Strecke *Mahango Omuramba (Trockenfluß) – Baobab – Kwetche Picknickplatz* auch mit herkömmlichem Pkw befahrbar. Ein 19 km langer Rundkurs im Osten via *Thinderevu* und *Mahango Omuramba* bleibt Allradfahrzeugen vorbehalten. Tolle Tierbeobachtungsmöglichkeiten insbesondere in der Nähe des Kavango Rivers. Die beste Zeit für Großwild: Juni bis November, dann sind die meisten Elefanten hier. Vögel: November bis März. Der Park ist ganzjährig von Sonnenauf- bis Sonnenuntergang geöffnet. Touristischer Service nur im nahen *Popa Falls Camp* und in der *Suclabo Lodge*.

Mamili National Park: brandneuer Park. Größe: 320 Quadratkilometer. Er befindet sich im Binnenlanddelta der *Kwando-* und *Linyanti Rivers* unmittelbar an der Grenze zu Botswana. Definitiv ist dies ein Park, der nur mit Geländewagen befahrbar ist, und auch das nur, wenn er nicht überschwemmt ist. 80 Prozent stehen nach starken Regenfällen unter Wasser. Nicht vergessen: Ostcaprivi verzeichnet die höchsten Niederschläge Namibias. Bis zu 1000 Millimeter pro Jahr sind nichts Ungewöhnliches. Camping nur an zwei Plätzen: *Lyadura* und *Nzalu*.

Informationen: Caprivi

km	**Anfahrt Windhoek – Grootfontein**
0	Windhoek
71	Okahandja
245	Odjiwarongo
452	Grootfontein

km	**Grootfontein – Katima Mulilo**
0	Grootfontein
248	Rundu
252	Bagani
746	Katima Mulilo

Gesamtstrecke: 1198 km

Tanken/Versorgung: Wer alle Möglichkeiten in *Rundu, Bagani* und *Katima Mulilo* nutzt, wird keine Treibstoffprobleme haben. In den Orten wird auch jeder sonstige Basis-Service geboten.

Fahrzeug: Außerhalb der Regenzeit ist die Fahrt mit normalem Pkw möglich. Wegen lohnender Abstecher (z. B. nach Botswana und Mudumu National Park) ist jedoch ein Geländewagen empfehlenswert. Die 4WD von Kessler 4x4 Hire, Windhoek, sind auch in Botswana und Zimbabwe zugelassen.

[i] **Kessler 4x4:** Tel.: (061) 33451/227638, Fax: (061) 224551.

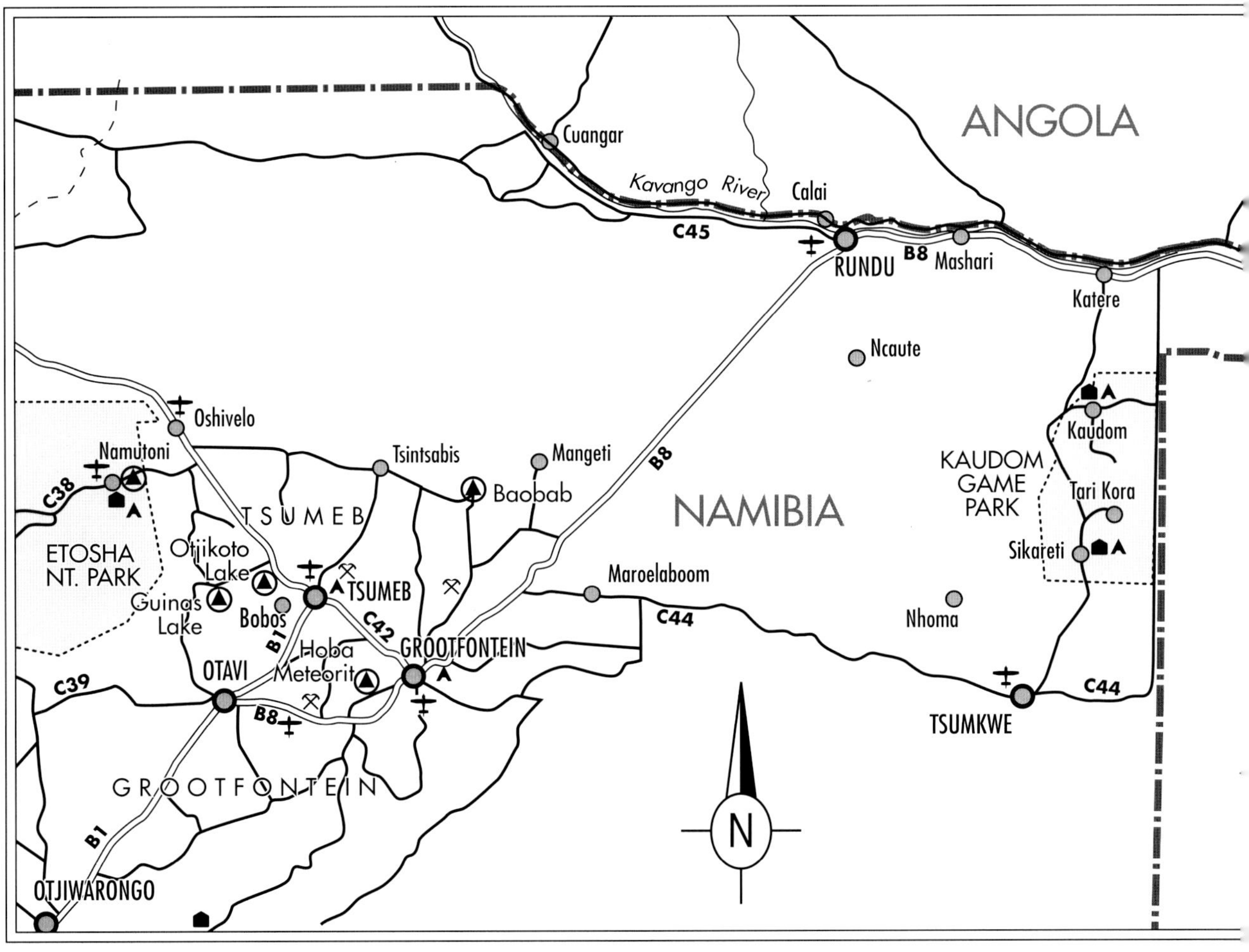

Wichtig: Wie überall im tropischen Afrika besteht hier **Malaria**gefahr. Prophylaxe wird angeraten. In Flüssen sollte nicht gebadet werden: **Bilharziose**gefahr.

Highlights in Caprivi: *Popa-Fälle* des *Kavango River* (eigentlich nur 3 m hohe Stromschnellen, jedoch sehenswert), *Mahango-* und *Caprivi Game Park* sowie *Mamili-* und *Mudumu National Parks.*

[i] Popa Falls, Director of Tourism, Windhoek (siehe »Informationen kurzgefaßt«).

[i] Game- und National Parks: Chief Conservation Officer, Katima Mulilo, Tel.: (06 73 52) 27.

Unterkünfte/Camping: *Popa Falls Camp* und *Suclabo Lodge* an der Straße zwischen *Popa Falls* und *Mahango Game Reserve.* Gemütliche kleine Lodge mit sehr schönem Blick auf den *Kavango River.* Stundenlang kann man hier Flußpferden zuschauen. *Zambesi Lodge*, P. O. Box 98, Katima Mulilo, Tel. und Fax: (06 73 52) 203. Beste/teuerste Unterkunft. *Hippo Lodge* in *Katima Mulilo*: an der ausgeschilderten Zambesi Lodge vorbei. Über ein sich verästelndes Netz von Erdstraßen wird sie ca. 5 km später erreicht.

Abstecher: Nur 216 km sind es von *Katima Mulilo* zu den *Victoria Falls* via Grenzstation *Ngoma Bridge.* Anschließend Fahrt durch Botswana Richtung *Zimbabwe.* Grenzformalitäten vorab mit Mietwagenfirma durchsprechen. Für die Einreisedokumente »Zimbabwe« wird in der Regel ein Aufschlag von ca. 100 N$ verlangt.

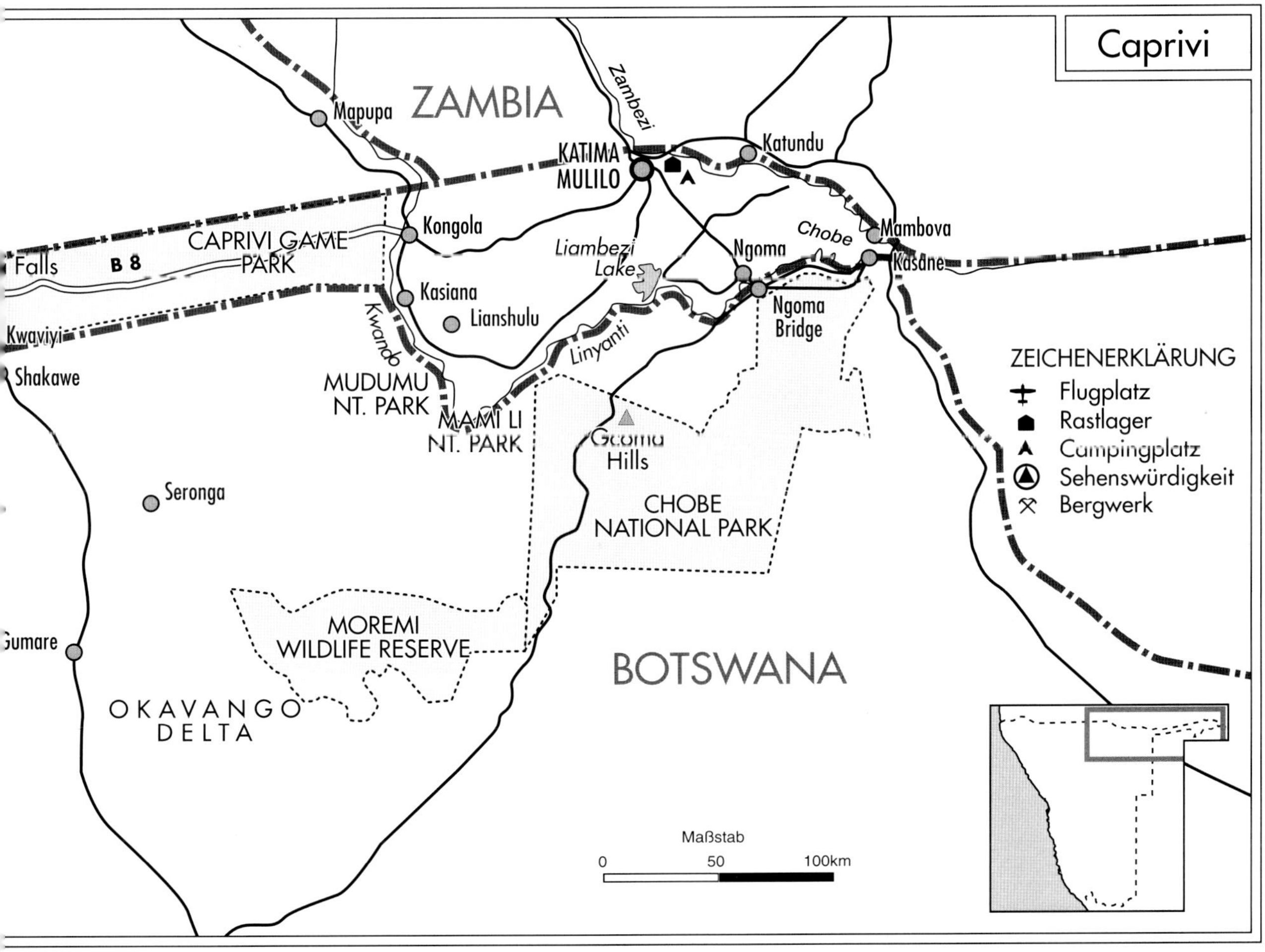

Mudumu National Park: Der 1010 Quadratkilometer große und 1990 gegründete Park befindet sich westlich des *Mamili National Park* und ist über die Straßen D3511/D3501 zu erreichen. Zum Beispiel: nach Verlassen des *Caprivi Game Park* hinter der Kongola Bridge der Straße D3511 (Ausschilderung »Lianshulu Lodge«) folgen. Anders als in Mamili dominiert hier Mopane-Buschland. Auf feuchte Niederungen trifft man nur am *Kwando River*. Für Exkursionen ist ein Geländewagen notwendig. Ornithologen und Vogelfreunde kommen auf ihre Kosten. Von 620 in Namibia erfaßten Arten sind 430 in diesem Teil Ostcaprivis vertreten. Der Park ist ganzjährig von Sonnenauf- bis Sonnenuntergang geöffnet.

Mit der *Lianshulu Lodge* befindet sich hier eine der komfortabelsten Naturfreunde-Lodges Namibias. Per Geländewagen und Boot geht's auf Tiersafari. Gehobener Standard. Sehr lohnend. Buchungen und Informationen bei:

[i] The Namib Travel Shop, Windhoek, Tel.: (061) 225178/226174, Fax: (061) 239455, Fax direkt: (067352) 486.

[i] Auskünfte für alle Parks erteilt: Chief Conservation Officer, Katima Mulilo, Tel.: (067352) 27.

1. Abstecher: Wildwasserfahren auf dem Zambesi

Die Viktoria-Fälle, die größten Wasserfälle des afrikanischen Kontinents, im Grenzbereich von Sambia und Simbabwe gelegen, sind ein Urerlebnis – besonders aus der Perspektive des Wildwasserfahrers. David Livingstone, schottischer Missionar, Arzt und Afrikaforscher, entdeckte die Fälle 1855 als erster Weißer und nannte sie zu Ehren seiner Königin »Victoria Falls«. Über eine Breite von 1,7 Kilometer stürzen die Wasser des Zambesi hundert Meter in die Tiefe. Während der Regenzeit sind es 550000 Kubikmeter pro Minute. Eine Gischt- und Nebelwolke steigt dann Hunderte von Metern über den Fällen auf. Jetzt im Oktober, gegen Ende der Trockenzeit, »tröpfeln« sie allerdings nur noch mit »bescheidenen« 150000 Kubikmetern pro Minute.

Der »Rauch, der donnert«, so ihr Name in der Sprache der Urbewohner, hält sich im Augenblick also in Grenzen. Der Zeitpunkt für unser besonderes Abenteuer ist demnach richtig gewählt.

Spritziges Vergnügen: Schlauchbootfahrt auf dem Zambesi River

Victoria Falls: »Rauch, der donnert« nannten sie die Ureinwohner

»White Water Rafting« heißt es. Dahinter verbirgt sich eine Tagestour per Schlauchboot durch die Stromschnellen des Zambesi unterhalb der Fälle.

In *Victoria Falls* buchen wir die Tour, drei Tage später sitzen wir morgens am Pool des altehrwürdigen *Victoria Falls* Hotels. 40 abenteuerlustige Frauen und Männer erhalten ihre erste Instruktion. Man wird darüber aufgeklärt, was einen erwartet und daß der *rafting trip* nicht ganz risikolos ist.

Dann die Unterschrift, daß man keinerlei Haftungsansprüche stellen wird. Fur einen Augenblick weicht die Abenteuerlust einem merkwürdigen Gefühl...

Das spritzige Wildwasservergnügen geht über eine Distanz von 25 Kilometern. Es beginnt bei Stromschnelle Nummer 4 und endet bei Nummer 19. In Gruppen zu je acht Personen werden wir unseren fünf Bootsführern zugeteilt. Die teilen Schwimmwesten aus und achten genauestens darauf, daß wir sie richtig anlegen und verschließen.

Wir folgen einem steilen Pfad hinab zu den Schlauchbooten, die im ruhigen Wasser in einer Flußkehre liegen. Dan, unser amerikanischer Bootsführer, zeigt auf »unser« Boot. Glück gehabt, es ist ein modernes »selbstlenzendes«, das heißt, eindringendes Wasser läuft von alleine wieder ab. Die anderen haben statt dessen Eimer – zum Schöpfen.

Alle Mann an Bord. Die Plätze werden zugewiesen. Vier befinden sich hinten, vier vorn. Unser Bootsführer sitzt genau in der Mitte und steuert das Schlauchboot mit zwei Riemen, ähnlich wie bei einem Ruderboot. Auf einem ruhigen Abschnitt des Zambesi wird erst einmal fleißig geübt. Auf Kommando werfen wir uns auf die rechte Seite, dann auf die linke und dann nach vorn auf die dicken Wülste des Schlauchbootes. Währenddessen treiben wir langsam auf die erste Stromschnelle zu. Danach geht alles Schlag auf Schlag. Der Fluß verengt sich. Das Wasser wird turbulenter und geht von Grünblau in donnernde weiße Gischt über. Wir krallen uns am Boot, aber auch aneinander fest. Wasser ist überall. Um uns, unter uns, über uns. Dann ist es vorbei. Pudelnaß treiben wir zum Ufer, wo wir beobachten, wie die anderen Boote »Rapid Number Four« meistern: Ein Boot kentert, neun Leute bewältigen die Nummer 4 schwimmend, wobei sie sich am Boot festhalten. Von den nachfolgenden Schlauchbooten gehen zwei Mann über Bord, die allerdings mit Wurfleinen wieder eingefangen werden. Und doch – nach den ersten Stromschnellen hat man die Angst verloren. Jetzt beginnt der Spaß. Die aufspritzenden Wasser kühlen herrlich ab, und die ruhigen Zambesi-Abschnitte danach verleiten eigentlich zum Baden. Wären da nicht auf den flachen Uferfelsen die unheimlich schielenden Krokodile...! Stromschnelle Nummer 10 erreichen wir gegen Mittag. Sie gilt als gefährlich und wird nicht gefahren. Also alle Mann aussteigen und die Rapids zu Fuß umgehen. Die Bootsführer leiten die Boote am oberen Stück an Seilen entlang, das untere befahren sie allein. Einer unserer Guides kentert, ist Sekunden unter Wasser, taucht dann aber wieder auf.

Danach beginnt Teil zwei des Abenteuers. Zuvor war ich vorn im Boot gewesen, jetzt kann ich von hinten beobachten, wie in den folgenden Rapids die Vordermänner samt halbem Boot im schäumenden Wasser verschwinden und wie begossene Pudel auftauchen. Bei Stromschnelle Nummer 19 endet dieser aufregende Trip. Der Aufstieg zum hundert Meter höher liegenden Ufer ist der anstrengendste Teil der Tour. Doch dort wartet schon die Belohnung: eisgekühlte Drinks.

Anstatt von *Caprivi* via *Grootfontein* nach *Windhoek* zurückzufahren, bietet sich ein »Botswana-Rundkurs« über Maun und Gobabis zurück zum Ausgangspunkt an. Botswanas Nationalparks gehören zu den »Leckerbissen« Afrikas. Für Rolf Hellerbach hat sich so der Kreis der Reise geschlossen. Hier ist sein Streckenreport:

2. Abstecher: Victoria Falls – Botswana – Windhoek

Der Motor des Geländewagens dröhnt zuverlässig, vier Reifen greifen in tiefen Sand, das Fahrzeug schlingert und schaukelt wie ein Wüstenschiff. Doch gleichmäßig wühlen wir uns voran.

In Windhoek waren wir gestartet, hatten Caprivi und die Viktoria-Fälle besucht. Da Windhoek auch das Ziel unserer Reise ist, bietet es sich an, diese Fahrt zu einem Rundkurs zu machen.

Wir hatten uns für eine Mischung aus Transit- und Nationalpark-Erlebnis entschieden, eine zügige Durchquerung Botswanas, bei der wir allerdings auch die Attraktionen des *Chobe National*

Familie Strauß beim Ausflug

Parks und *Moremi Wildlife Reserve* erleben wollten. Sechs Tage hatten wir für den Weg von *Victoria Falls* bis *Windhoek* eingeplant.

Da auf der ersten Etappe keine Tankstelle am Pistenrand zu finden sein wird, tanken wir unser Auto und die Reservekanister in Kasane voll, kaufen Lebensmittel und Getränke. Noch vor der Grenze des *Chobe National Parks* beginnt der Sand. Anfangs ist er allerdings noch ohne Vierradantrieb zu bewältigen. Sicherheitshalber stelle ich die Radnaben auf »Lock«, um im Bedarfsfall schnell auf »four wheel drive« umschalten zu können. Die Piste ähnelt immer mehr einem Strich in einer großen Sandkiste, allerdings in anderen Dimensionen...

Die Nationalparks Botswanas sind im Vergleich zu anderen Parks im südlichen Afrika teuer – unverschämt teuer sogar; der Eintritt pro Person und Tag kostet rund 50,- DM. Die »Gegenleistung« bringt die Natur: große Elefantenherden, Antilopen und Zebras. Savuti im Herzen des *Chobe National Parks* hat seine eigene Atmosphäre; es wirkt wild, unberührt und natürlich. Das liegt u.a. am *Savuti River*, der aus den *Linyanti-Sümpfen* heraus durch die *Magwikwe Sand Ridge* bricht und später in der *Mababe-Senke* versickert und verdunstet. Zumeist ist der *Savuti River* jedoch trocken. Einst war die *Mababe-Senke* ein riesiger See, der einen großen Teil Botswanas bedeckte. Die sie heute umgebenden Sandberge mögen ein Sandstrand gewesen sein, der einst den prähistorischen See begrenzte.

Das *Savuti Camp* ist neuerdings von einem Elektrozaun umgeben. Doch da er nur selten Strom führt, nehmen ihn die Elefanten allerdings nicht allzu ernst und bleiben auf den ihnen vertrauten Wegen. Der anwesende Parkranger kümmert sich weder darum noch um uns und meint: »Ihr könnt zelten, wo ihr wollt.« Merkwürdig angesichts der vielen Tiere...

Elefanten und nochmals Elefanten, auch am darauffolgenden Tag. Dann ist die südliche Grenze des *Chobe National Parks* erreicht. *Moremi Wildlife Reserve*, einer der ursprünglichsten Parks Afrikas, ist das nächste Etappenziel. Von der Hauptstrecke *Kasane – Maun* zweigt ca. 20 Kilometer außerhalb des Südtors des Chobe Parks die Piste nach Westen ab, quert die *Magwikwe Sand Ridge* und erreicht ca. 35 Kilometer später das nördliche Tor des *Moremi Parks*.

Herrin der Wildnis: Löwin nach einer Antilopen-Mahlzeit

Der 1962 gegründete Park umfaßt mit dem *Okavango-Delta* auch zwei große »Inseln«: *Chief's Island* und die in das Delta hineinragende *Mopane-Landzunge*. Auf ihr kann man ein Stück mit dem Geländewagen in die Wunderwelt des Deltas hineinfahren. Nach Passieren des North Gate folgen wir dem *Khwai River* Richtung Westen. Dabei treffen wir wieder auf die uns mittlerweile bestens vertrauten Elefanten, Impalas, Gnus, Giraffen, Zebras und Leguane. Kleine Krokodile sonnen sich am Flußufer und rutschen zur Abkühlung ins Wasser. Nach vier Stunden Fahrzeit erreichen wir das westliche Ende der Landzunge und schlagen unser Zelt auf einem von fünf Campingplätzen in »Third Bridge« auf. Dieser Teil des Parks ist bekannt für seine Ursprünglichkeit. Doch man warnt vor aggressiven Löwen. Die Brücke, die dem Platz den Namen gab, wird übrigens von wilden Tieren wie Besuchern gleichermaßen genutzt. Vorsicht ist daher angebracht. Roger Smith, ein früherer Berufsjäger, plaudert abends am Lagerfeuer über seine Erfahrungen hier, auch davon, wie kürzlich ein paar Löwen das Toilettenhaus besetzten...

Von »Third Bridge« geht es in Richtung des »South Gate« des *Moremi Wildlife Reserve*. Für die Strecke sind wegen einiger Sandpassagen, der

Beobachtungspausen an Wasserlöchern und gewiß mehrerer, durch vorüberziehende Elefanten bedingter Zwangspausen mindestens vier Stunden anzusetzen. Dabei sind es doch nur lächerliche 48 Kilometer...

Die Entfernung vom South Gate bis zur Hauptstrecke *Kasane – Maun* beträgt 35 Kilometer. Danach ist der Veterinary Cordon Fence erreicht. Er ist die Grenze zum Farmland, die Piste wird jetzt zur Straße, später ab *Shorobe* ist sie sogar geteert. *Maun* selbst ist eine Ansammlung von Hütten mit einem kleinen Ortskern, in dem sich die auf Tourismus spezialisierten Unternehmen, Tankstellen, Werkstätten, Banken, Supermärkte und ein kleiner Flughafen befinden. Maun ist aber auch Ausgangspunkt für Trips in das *Okavango Delta*, sei es per Mokoro (Einbaum) oder per Flugzeug.

Von *Maun* bis *Toteng* sind es knapp 70 Kilometer auf geteerter Straße. Danach wird es wieder schottrig und sandig. Stellenweise muß ich die Geschwindigkeit auf 40 km/h reduzieren. In *Toteng* zweigt eine Straße nach *Caprivi* ab. Sie umgeht das *Okavango-Delta* westlich. »Ghanzi« heißt indessen unser Ziel, ein kleiner trockener, staubiger Ort mit ein paar Häusern und Hütten, zwei Tankstellen und dem Kalahari Arms Hotel. Am Kuke-Gate, einem Seuchenzaun zum Schutz der Rinder im Ghanzi District, wird das Auto auf tierische und pflanzliche Produkte untersucht. Daß dabei noch der eine oder andere Apfel den Besitzer wechselt, die weniger attraktive Tomate hingegen in unserer Kühlbox verbleibt, nehmen wir lächelnd als normale afrikanische Gegebenheit hin. Eine Stunde nach der Abfahrt aus *Ghanzi*: Die staubige Piste verläuft jetzt entlang der namibischen Grenze. Von einem Turm aus ist hier ein auffälliger und markanter Grenzknick gut einsehbar. Zum Grenzort *Mamuno* sind es danach nur noch rund 150 Kilometer auf teilweise übler Schotterpiste. Zum Ausgleich sind die Grenzformalitäten problemlos. Das gilt auch für Buitepos, den namibischen Posten.

Die letzten 330 Kilometer nach *Windhoek* via *Gobabis* und *Witvlei* bieten nach dem Ausbau des *Trans-Kalahari-Highway* keine Dramatik mehr. Vor *Gobabis* werden Kraftfahrer auf die neue Teerstraße umgeleitet. Nach dem Erlebnis »Schwarzafrikas«, wie wir es in Botswana hatten, ist die Begegnung mit Gobabis wie der Blick in ein aufgeräumtes Museumsstädtchen. Ein Kontrast zu dem bunten Leben in Botswanas Ortschaften. Dann steigt das Asphaltband an, von 100 auf 1700 Meter. Während der letzten 800 Kilometer haben wir 30 entgegenkommende Fahrzeuge gezählt. Doch dann kommt das Kontrastprogramm: Windhoek International Airport. Fahrzeuge, Menschen. Und plötzlich sieht man in einer Minute mehr Autos als auf den 800 Kilometern zuvor. Namibias Hauptstadt begrüßt uns wie alte Bekannte. Der Kreis hat sich geschlossen.

Informationen: Zambesi und Victoria Falls

[i] Buchungen für Flußtouren bei »Safari Office Services« in Victoria Falls oder an jeder Hotelrezeption. Sambische Seite: bei »Sobek-Expeditions« in Livingstone. Kosten, vor Ort gebucht, derzeit ca. 90 bis 100 US$.

Teilnahmebedingungen: Mindestalter 16 Jahre.

Nützlich zu wissen: Turnschuhe, Shorts und T-Shirts tragen, Kopfbedeckung und Sonnenschutzmittel nicht vergessen.
Die **Kamera** muß entweder wasserdicht oder absolut wasserdicht verpackt sein!

Reisezeit: Die beschriebene Tour ist der sogenannte »low water run«, der von Mitte August bis Dezember täglich stattfindet. Es werden dabei 14 Stromschnellen durchfahren. Die Schwierigkeitsstufen liegen zwischen 3 und 5, gemessen an einer 6stufigen Skala. Die einzige Stromschnelle mit dem Schwierigkeitsgrad 6 wird nicht gefahren, sondern umgangen. Ein Pfad führt direkt hinter dem Victoria Falls Hotel zum Startpunkt. Bei Hochwasser wird der »high water run« durchgeführt. Er macht etwa die zweite Hälfte der beschriebenen Tour aus.

Camping: Unmittelbar in *Victoria Falls.* Von hier aus sind alle Attraktionen zu Fuß erreichbar. Ein weiterer, ruhigerer Platz befindet sich ca. 3 km außerhalb, am Ufer des Zambesi.

Allradabenteuer in der Kalahari: Kaudom Park

Buschland, typische *Kalahari* mit weichen, sandigen Fahrspuren und viel Einsamkeit – das ist Kaudom Game Park. Wer das Abenteuer in tiefen sandigen Tracks sucht, liegt hier also richtig. Doch Kenner warnen: »... zur Regenzeit gerät der Traum von der Geländewagentour leicht zum Alptraum.« Das ist zwischen Dezember und März, wenn 80 Prozent des jährlichen Niederschlags fallen, immerhin 600 Millimeter pro Jahr. Den Besonderheiten dieser Wildnis trägt die Nationalparkverwaltung mit der Forderung Rechnung: »Geländewagen nur in Begleitung eines zweiten Fahrzeugs«. *Kaudom Park* erstreckt sich nördlich von Tsumkwe bis zum westlichen Ausläufer des *Caprivi-Zipfels.* Im Norden begrenzt ihn Botswana. Noch vor Jahrzehnten war dies die Heimat von Buschmännern. Heute ist er Namibias einziger Naturpark, der einen typischen Eindruck vom östlichen *sandveld*, der 800 000 Quadratkilometer großen, abflußlosen, wüstensteppenartigen *Kalahari*, vermittelt. Manches ist anders als in anderen Parks, auch, daß man das Auto verlassen darf. Allerdings ist es weise, die offene Wagentür in Reichweite zu haben. Bis zu 500 Elefanten leben gelegentlich gleichzeitig hier. Und Löwen betrachten *Kaudom* ebenso als ihre Heimat wie Giraffen. Übrigens, Elefanten mögen die beiden hier befindlichen Touristencamps. Kürzlich riß ein vom Durst geplagter Bulle dort die Wasserleitungen aus dem sandigen Boden.

Kaudom ist flach, ohne Hügel, ohne Berge. Busch und roter Sand dominieren. Doch des Kalahari-*feelings* wegen kommt man ja. 300 Kilometer Geländewagenpfade durchziehen den Park von Sikareti im Süden, einem ehemaligen Prospektoren-Camp, bis über das im Norden gelegene *Kaudom Camp* hinaus. Hier geht es noch ohne effektvolle Illumination am Wasserloch zu, statt dessen flackert die eigene Petroleumlampe. Zäune gibt es weder um den Park noch um die Camps herum. »Nachts im Zelt schlafen«, lautet der gutgemeinte Rat. Es kann schon mal vorkommen, daß wilde Tiere bei Dunkelheit durchs Lager ziehen. Wer sie sucht, sieht sie bei Leeupan, einem der Wasserlöcher. *Kaudom* hat den größten Pferdeantilopenbestand des Landes. Fast re-

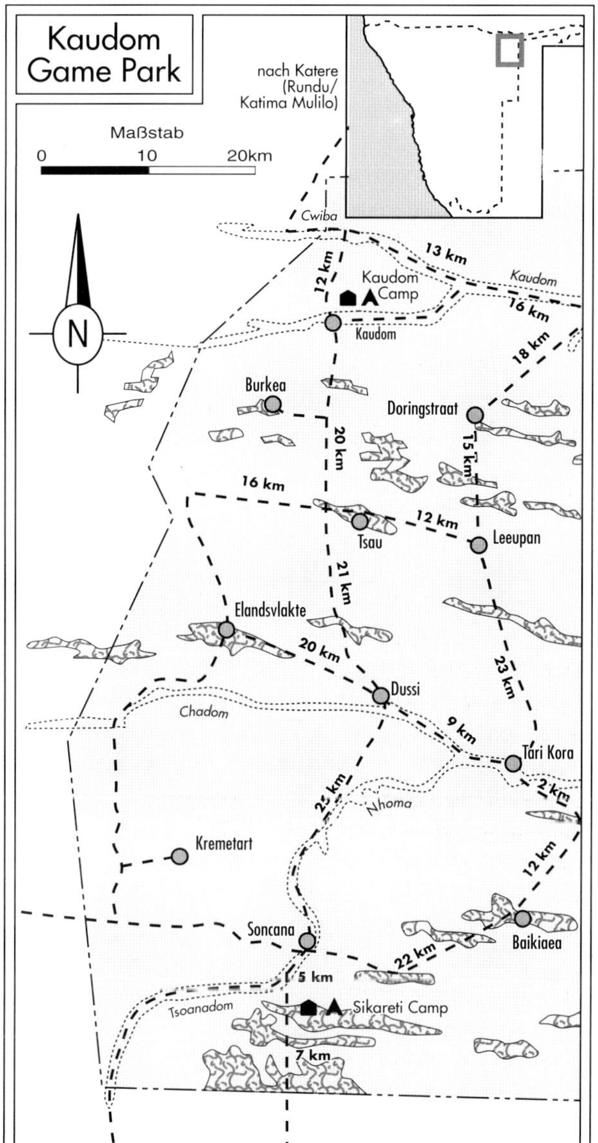

gelmäßig sieht man ein Dutzend der bis zu 270 Kilo schweren Tiere mit der markanten weißbraunen Gesichtsmaske am Tsau-Wasserloch.

Kaudom Camp, gut 20 Kilometer davon entfernt, ist ebenso zünftig wie Sikareti: drei Hütten, einfache Toiletten, ein paar Campsites – und natürlich der schöne Blick über den *Kaudom*

River. Der ist allerdings fast immer trocken. Gut so, denn seinem Omuramba, so nennen die Herero ein Trockenbett, folgt die Fahrtroute. Der »Golden Highway« schließt sich an. Auf 50 Kilometern wühlt man sich hier durch weichen Sand. Zwei bis drei Stunden benötigen für diese Strecke selbst alte Allradhasen. Doch am Ende wartet die Belohnung: Caprivi und die Tropen. Die *Popa Falls* sind jetzt nur noch einen Sprung entfernt.

Vor einem halben Jahrhundert im Kaudom Park: Buschmänner mit einem erlegten Kudu

Informationen: Kaudom Game Park

[i] Permits und Hütten-/Camp-Reservierung beim Director of Tourism in Windhoek, siehe »Nützliche Anschriften« im Anhang des Buches.

Beste Reisezeit: April bis November. Bis August ist es angenehm kühl, danach folgt trockene Hitze. Die Regenzeit geht von Ende November bis April.

Medizinische Versorgung: *Kaudom* liegt in der malariagefährdeten Zone. Prophylaxe sollte ernst genommen werden, siehe *Praktische Reisetips*.

Unterkünfte: Der Park ist ganzjährig von Sonnenauf- bis Sonnenuntergang geöffnet. Die beiden Camps haben nur wenige Stellplätze und Hütten. Eigene Ausrüstung ist mitzubringen. Wasser ist vorhanden. Es gibt keinerlei sonstige Versorgung. Während der namibischen Winterferien im Mai sollte rechtzeitig im voraus gebucht werden.

Benzin: In *Tsumkwe* und *Bagani*. Im weichen Sand wird der Verbrauch weitaus höher sein als normal. Entsprechende Vorräte sind einzuplanen.

Nützlich zu wissen: Während der Regenzeit sollte der Park gemieden werden. Man sagt, die Trockenflußbetten gäben während der Regenzeit steckengebliebene Fahrzeuge ungern wieder frei.

Impression aus vergangenen Tagen: Buschmänner beim Palaver. Sie rangen der Kalahari ihren Lebensraum ab

Gesellschaft im Abseits – Buschmänner (San)

Archäologische Funde brachten es an den Tag: Seit mindestens 15 000 Jahren, vermutlich jedoch schon viel länger, leben Buschmänner in Namibia. Während einer langen Epoche waren sie sogar die dominierende Bevölkerungsgruppe. Das sollte sich ändern, als Neuankömmlinge aus Afrika und Europa in den Süden zogen. Die Buschmänner, vertraut mit einer oft lebensfeindlichen Umgebung, wichen aus; in die entlegene *Namib*, an den Rand der *Etosha-Pfanne* und die unzugängliche *Kalahari*, in die sich kaum einer der Neuankömmlinge hineinwagte. Dürrejahre sind hier vertrauter als fette Jahre. Doch erstaunlich: Das Land gab, was Mensch und Tier brauchten – vorausgesetzt sie paßten sich an.

Buschmänner sind feingliedrig und kaum mehr als 1,50 bis 1,60 Meter groß. Etwa zehn Zentimeter kleiner sind ihre Frauen. Die Farbe ihrer Haut ist ein blasses Braun. Sie leben in kleinen Gemeinschaften von nur drei bis vier Familien. Das karge Land läßt keine größeren Sippen zu. Kam große Not, teilten sich selbst diese kleinen Verbände. Ihr Gesetz bestimmte, daß zum Bestehen der Familie der Stärkste überleben müsse. Alte, die der Gruppe nicht mehr folgen konnten, wurden mit ihrem Einverständnis zurückgelassen, mit Essen, Feuerholz und Wasser für ein paar Tage. Von Zwillingen tötete man einen, oft beide. Starb eine Mutter bei der Geburt, begrub man das Neugeborene mit ihr.

Es waren fremde Welten, die aufeinandertrafen, als die ersten Weißen dieser archaischen Gesellschaft begegneten. Der Buschmann wurde ein Fremder auf seinem Land. Dazu kam, daß die Weißen in Mengen jenes Wild schossen, von dessen Existenz das Leben des Buschmanns abhing. Es blieb ihm nichts anderes übrig, als sich beim Vieh der Farmer zu bedienen. So entstand eine Spirale der Gewalt. Schon sehr früh, drei Jahrzehnte nach Ankunft der Holländer am »Kap der Guten Hoffnung«, kam es zu den ersten blutigen Vergeltungszügen. Man erklärte die Buschmänner für vogelfrei und veranstaltete Treibjagden auf sie.

Mit 33 000 wird die heutige Zahl der im südlichen Afrika lebenden Buschmänner – die Völkerkundler bezeichnen sie als »Khoisan« – beziffert. Allgemein hat sich die Kurzform »San« durchgesetzt. Eine starke Buschmanninitiative drängt darauf, den Begriff »Ju/'hoan«* einheitlich für alle Buschleute zu verwenden.

Buschmänner waren nie eine homogene Gesellschaft wie die der Owambo oder Herero, das ließ schon ihr nomadisches Leben nicht zu. Gerade das aber machte es den Nachbarn leicht, sie ins existenzielle Abseits zu drängen. Bis auf die Juhoan (auch als »Kung« bezeichnet) im »Eastern Bushmanland« kann heute keine der anderen

* Die Sprache der San ist, wie die anderer Völker im südlichen Afrika, mit einer Fülle unterschiedlicher Schnalzlaute durchsetzt. In der Schrift werden die Laute durch Zeichen (wie oben) dargestellt. Um das Lesen zu erleichtern, werden die Zeichen hier fortgelassen.

In der archaischen Gesellschaft der Buschmänner jagte man mit Giftpfeilen und transportierte Wasser in Straußeneiern

Im Buschmanndorf der Ombili-Stiftung >

Buschmannuntergruppen, von denen die Hainom die größte ist, auf ein festes Gebiet als »ihr« Territorium zurückblicken.

Die Gründe, warum sie aus alteingesessenen Stammesgebieten vertrieben wurden, sind vielfältig.

Ombili: Nomaden werden Farmer

Es war später Nachmittag. Vor halbrunden Hütten brannten kleine Feuer, vor denen zierliche Frauen und Kinder saßen. Der Himmel war schwer, als würde es bald regnen, gelegentlich brach ein Lichtstrahl durch das Grau. Im Dorf war es still. Die Menschen unterhielten sich leise. Ein Hauch von »heile Welt«, obwohl die, aus der sie kamen, in Scherben lag.

Helmut Friederichs, ein in Namibia geborener Farmer, führte mich durch das Dorf, in dem die Ombili-Stiftung 250 Buschmännern ein neues Zuhause gibt.

Friederichs wuchs mit Buschmann-Kindern auf. Heute ist er Projektleiter einer Initiative, die entstand, als der Unabhängigkeitskampf vorbei war und die vom südafrikanischen Militär eingesetzten Spurenleser überflüssig wurden. Einer ihrer Kommandanten hatte sich hilfesuchend an den Farmer Klaus Mais-Rische gewandt. So entstand die Ombili-Stiftung.

»Wir haben hier auf der *Farm Hedwigslust* eine große Landbauschule. Die Buschmänner erlernen bei uns die bei Nomaden unbekannte Seßhaftigkeit, sie kriegen Anreize für die ihnen nicht vertraute Arbeit, sie können allerdings auch gehen, wann immer sie wollen, oder auch hier ihrem Sammlertrieb folgen.« Dafür stellte Klaus Mais-Rische seine beiden Farmen von zusammen 10 000 Hektar zur Verfügung. »Buschleute, die in der Wildnis aufgewachsen sind, zieht es immer wieder raus in die Einsamkeit«, sagte Friederichs. »Früher kamen sie während der Trockenzeit auf meine eigene Farm, um bei der Ernte zu helfen. Doch sobald der Regen fiel, bekamen sie Heimweh und zogen los, um zu jagen.« Das machten aber nur wenige der Leute in *Ombili*. Von 250 Menschen, die 1990 hierher kamen, reisten nur vier Familien wieder ab. Das Geld für das Farmprojekt und die Schule für 90 Schüler kommt aus Deutschland.

Doch noch lebt man in der blitzblanken Buschmannsiedlung zwischen zwei Welten. »Anfangs wurde hier noch gezaubert«, sagte Friederichs. »Unsere Zauberer waren bis Windhoek und Swakopmund bekannt, von wo die Hilfesuchenden angereist kamen. Sie nannten die Zauberer ›Doktor‹, doch das vertrug sich auf Dauer nicht mit den Stiftungszielen.«

Während des Gesprächs war die Sonne gesunken. Nur ein sanfter goldener Schleier war hinter den Schirmakazien verblieben. »Einer unserer Besucher hat kürzlich gesagt, unsere Schule beeinflusse die Menschen nachteilig. Ein anderer meinte, man solle die Buschmänner nicht ›zivilisieren‹, damit ihre Familienstrukturen ›heil‹ blieben. Ich sage, es ist ein unrealistisches Wunschdenken, das idealisierte Bild der ›freien Nomaden‹ zu pflegen. Es gibt sie nicht mehr. Früher wurden sie nur durch Farmgrenzen eingeengt, heute ist durch die allgemeine Geburtenexplosion der Landbedarf und damit der Druck auf sie stärker denn je. Buschmänner haben immer überlebt, durch Anpassung. Sie werden es wieder tun, diesmal als Farmer. Durch ›Hilfe zur Selbsthilfe‹ unterstützen wir sie.«

Informationen: Ombili

Eine der deutschen Initiativen zur Unterstützung des Projekts des 1994 verstorbenen Klaus Mais-Rische ist der Verein »Hilfe für Namibia«. Er bietet unter anderem die Möglichkeit, Patenschaften für Kinder zu übernehmen.

[i] Hilfe für Namibia e. V., Kapellenweg 6, 83626 München.

Berge und Menschen

Bezaubernde Spitzkoppe: Sie lädt zum Wandern und Campen ein

Hier ruht
Reiter
Erich Becker
Okahandja
Hier ruht
Reiter
Theod.König
geb.30.7.1883 z.Heidenau
gest.24.1.1905 i.Okahd.

Waterberg – Schicksalsberg der Herero

Reisender, kommst du zu Beginn der Regenzeit zum Waterberg, wird dir bald klar, welches Interesse die Kolonisatoren an ihm hatten. Dieses Land ist grün, gut als Rinder- und Farmland, der Bewuchs ist dichter als anderswo. An den Rändern der Straße tummeln sich fette Warzenschweine, und stattliche Perlhühner huschen über die Fahrbahn. Langschnäblige Vögel krakeelen in Bäumen, kleinere tirilieren, würziger Duft von Grün liegt in der Luft. Der Kontrast zwischen der Farbe des Grases, dem Rot der senkrecht aufsteigenden Plateau-Kante und dem Blau des Himmels betört.

Reisender, kommst du zum Waterberg, wird dich dein Schritt zum Friedhof führen: eiserne Kreuze. Deutsche Namen auf Grabsteinen. Und dann immer wieder dieser Blick auf den roten Fels mit dem grünen Saum.

Schicksalsberg. Auf einer gußeisernen Gedenktafel mit Eichenlaub und des Kaisers Krone steht: *Hier focht am 11. August 1904 die Abteilung Estorff. Es starben den Heldentod*... Da ist auch eine andere Tafel: *Dem Andenken der in der Schlacht am Waterberg gefallenen Herero-Krieger – Kameradschaft deutscher Soldaten.*

Waterberg, den die Herero Omueverumue nannten, ein Plateau im Buschland, in dessen Schatten ein Volk in verzweifelter Flucht den Weg in die Selbstvernichtung wählte.

1873: Herero-Häuptling Kambasembi übergibt den ersten Weißen, zwei Missionaren der Rheinischen Mission, ein Schaf und eine Kuh als Gastgeschenk. Seine Gastfreundschaft wird von den Weißen nicht belohnt.

20 Jahre später drängt die junge deutsche Kolonialverwaltung die Herero, ihr Gebiete abzutreten. 1897 bricht die Rinderpest aus, ein Jahr später die Lungenseuche. Ein Großteil des Rinderbestandes der Herero – ihr Stolz und Reichtum – geht verloren. Malaria rafft in der Folge

Herero-Frauen beim Herero-Tag in Okahandija. Sie gedenken auch der gefallenen Gegner

viele Stammesangehörige dahin. Inzwischen baut die Schutztruppe einen kleinen Posten am Waterberg. Man plant ein Herero-Reservat. Schon stellen sich Händler ein. Ihre Waren beeindrucken die schwarzen Viehzüchter, die allzu gern auf Pump kaufen. Beim Ausbleiben der Zahlung in Geld halten sich die Gläubiger schadlos und nehmen den Schwarzen Teile des begehrten Landes. 1903 stirbt der inzwischen erblindete Kambasembi. Samuel Maharero, Oberhäuptling und Führer aller Herero, doch eine politisch schwache Figur, kommt zunehmend aus den eigenen Reihen unter Druck.

Oktober 1903: Die Veränderungen beginnen. In *Warmbad*, im Süden, erheben sich die »Bondelzwarts«, ein Teil des Nama-Stammes, gegen die Kolonialverwaltung. Die zieht schleunigst alle militärischen Reserven dorthin zusammen. Das ist für die Herero ein Zeichen. Samuel Maharero wird von seinen eigenen Leuten vor ein Ultimatum gestellt: »Kämpfen oder abdanken.« Er handelt. Am 11. Januar 1904 befielt er: »Alle deutschen Männer sind zu ermorden. Nur ihre Frauen und Kinder, die Missionare, Engländer und Buren sollen verschont bleiben.«

Traditioneller Kopfschmuck der Herero-Frauen

14. Januar: Die am Waterberg lebenden Männer, mit Ausnahme des Missionars, werden umgebracht. In den folgenden Wochen werden weitere hundert Deutsche hingemetzelt. Das ist der Beginn des Herero-Aufstandes.

In den Augen Kaiser Wilhelms II. ist Gouverneur Leutwein zu nachgiebig. Er läßt ihn durch General von Trotha ablösen. Für die Herero ist dieser Wechsel verhängnisvoll.

10. August 1904: Herero und Deutsche stehen sich auf einer 40 Kilometer langen Front unmittelbar am Waterberg gegenüber. »96 Offiziere, 1488 Gewehre, 30 Geschütze und 12 Maschinengewehre«. Also gut 1600 Mann auf deutscher Seite. Wie viele Herero auf der anderen Seite der 40 Kilometer breiten Front stehen, weiß niemand. Historische Angaben der unterschiedlichen Seiten schwanken zwischen 35 000 und 60 000, Frauen und Kinder eingeschlossen. Einige wenige Berichterstatter halten 80 000 für möglich. Die Herero haben 40 000 Stück Vieh dabei. 6000 Gewehre werden sie im Kampf einsetzen. Das Gefecht tobt den gesamten 11. August 1904. Die schwarzen Frauen feuern ihre Männer mit Rufen an: »Wem gehört Herero-Land? Uns gehört Herero-Land!« Doch Maschinengewehren und Geschützen sind sie nicht gewachsen. In der Nacht zum 12. August flüchten sie nach Osten, in ein als *Omaheke* bekanntes wasserloses Gebiet.

Ein Hauptmann Bayer, Augenzeuge dieser Flucht, schreibt:
»Wohl hundert Meter breit zeichnete sich der niedergetretene Fluchtweg des Feindes ab. Hier war das ganze Volk mit Wagen und Tausenden von Rindern, mit allen Weibern und Kindern, mit Greisen und Kriegsleuten in eiliger Flucht gezogen. Deutlich sah man die Beweise der verzweifelten, kopflosen Hast, mit der die Herero davongeeilt waren, nur bedacht, das Leben zu retten und aus dem Wirkungskreis der ›Großen Rohre‹ zu kommen. Auf der Pad lagen Felle, leere Wassersäcke, Lederbeutel und allerlei Gerümpel, das die Fliehenden fortgeworfen hatten …«

Während sich das Schicksal der flüchtenden Herero abzeichnet, verliest von Trotha am 2. Oktober 1904 eine als Vernichtungsbefehl in die Geschichte eingegangene Proklamation, die er durch Boten den Flüchtenden hinterherbringen läßt:

»Ich, der große General der deutschen Soldaten, sende diesen Brief an das Volk der Herero. Herero sind nicht mehr deutsche Untertanen. Sie haben gemordet, gestohlen, haben verwundeten Soldaten Ohren und Nasen und andere Körperteile abgeschnitten und wollen jetzt aus Feigheit nicht mehr kämpfen. Ich sage dem Volke: Jeder, der einen der Kapitäne an einer meiner Stationen als Gefangenen abliefert, erhält 1000 Mark, wer Samuel Maharero bringt, 5000 Mark. Das Volk der Herero muß das Land verlassen. Wenn das Volk dies nicht tut, so werde ich es mit dem ›groot Rohr‹ dazu zwingen. Innerhalb der deutschen Grenze wird jeder Herero mit oder ohne Gewehr, mit oder ohne Vieh, erschossen. Ich nehme keine Weiber und kleine Kinder mehr auf, treibe sie zu ihrem Volke zurück oder lasse auf sie schießen. Das sind meine Worte an das Volk der Herero.

Der große General
des mächtigen deutschen Kaisers:
gez. von Trotha

Seinen Offizieren gibt er am selben Tag folgenden Truppenbefehl:

»Dieser Erlaß ist bei den Appellen den Truppen mitzuteilen mit dem Hinzufügen, daß auch der Truppe, die einen Kapitän fängt, die entsprechende Belohnung zuteil wird und das Schießen auf Weiber und Kinder so zu verstehen ist, daß über sie hinweggeschossen wird, um sie zum Laufen zu zwingen. Ich nehme mit Bestimmtheit an, daß dieser Erlaß dazu führen wird, keine männlichen Gefangenen mehr zu machen, aber nicht zu Greueltaten gegenüber Weibern und Kindern ausartet. Diese werden schon fortlaufen, wenn zweimal über sie hinweggeschossen wird. Die Truppe wird sich des guten Rufs des deutschen Soldaten bewußt bleiben.

Der Kommandeur
gez. von Trotha, Generalleutnant«

Das ruft Empörung hervor bei vielen Menschen in Deutsch-Südwest, auch beim Ex-Gouverneur Leutwein. Der Befehl wird Kaiser Wilhelm II. zugespielt, der ihn aufhebt. 1905 wird von Trotha nach Deutschland zurückbeordert und mit von Lindequist ein ziviler Gouverneur eingesetzt. In der Literatur besteht kein Zweifel, daß es von Trothas Ziel war, die Herero für immer außer Landes zu wissen, erforderlichenfalls sie in der Wüste verdursten zu lassen. Bis Dezember 1906 wurden mit Hilfe von Missionaren 14 769 Herero gerettet.

Rechnet man die noch in den Folgejahren gefundenen hinzu, ergibt sich eine Zahl von fast 22 000 Überlebenden. Niemand weiß, wie viele sich in das ehemalige Betschuanaland (heute Botswana) durchschlagen konnten, wie zum Beispiel der Häuptling Samuel Maharero. Doch es besteht kein Zweifel, daß die Herero zu Tausenden oder gar Zehntausenden umkamen. Die Überlebenden wurden 1905 enteignet und als Zwangsarbeiter eingesetzt, zum Teil auf ihrem eigenen Land.

Samuel Maharero: Er gab den Befehl zum Herero-Aufstand

»Ich, der große General der deutschen Soldaten ...«: Generalleutnant Lothar von Trotha

Zu Skeletten abgemagert. Flüchtende Herero nach dem Aufstand

90 Jahre danach. Ein schmaler Pfad führt durch einen Abbruch in der Felskante auf das Plateau. Vögel tirilieren, ein murmeltierartiger Klippschliefer huscht die Felswand entlang. Das *Waterberg-Naturschutzgebiet* ist Heimat 90 verschiedener Säugetierarten. Die größten sind Geparden und Leoparden. Antilopen sind hier genauso vertreten wie Giraffen, Büffel und Nashörner. Das war allerdings nicht immer so.

1907 war das Gelände der *Waterberg-Missionsstation* an Farmer verkauft worden. Vielen von ihnen füllten die Antilopen des Plateaus in den Anfangsjahren die Fleischtöpfe. Am Rand des Berges gediehen jetzt Weizen und Zitrusfrüchte. Doch wieder mal veränderte sich das Leben. Die 1910 errichtete Polizeistation schloß 1932. Der Zitrusanbau kam zum Erliegen, und 40 Jahre später wurde das Plateau Naturschutzgebiet.

1989 entstand auf dem Gelände der alten Missionsstation das großzügige und geschmackvoll in die Landschaft eingefügte *Bernabé-de-la-Bat-Rest Camp*, benannt nach einem verdienten namibischen Naturschützer.

Wie eine Insel aus dem Meer hebt sich das 40 547 Hektar große *Waterberg-Plateau* aus dem Busch. 1800 Meter hoch ist die höchste Stelle dieser »Sandsteininsel«; sie ragt jedoch nur 200 Meter aus dem umliegenden Hochland. Man vergleicht den Fels gern mit einem Schwamm; Niederschläge dringen schnell in ihn ein und erscheinen unten an der Basis als Quelle. Das machte ihn so attraktiv für Mensch und Tier. Bis 1972 weidete man auf dem Plateau Vieh. Heute ist es die Domäne wilder Tiere. Manche Arten wurden eingeführt. Noch vor 50 Jahren lebten hier 500 der im südlichen Afrika vorkommenden Kapgeier. Doch Giftköder, mit denen Farmer Raubwild bekämpften, wurden der »Gesundheitspolizei« zum Verderben. Die Nationalparkverwaltung reagierte. Sie klärte die Farmer auf und richtete das »Geierrestaurant« ein. Auf der Speisekarte stehen Kudus und Antilopen. Neben den noch verbliebenen 20 Kapgeiern reißen sich mehr als hundert andere Aasfresser um diese Beute. Auch Touristen sind im »Geierrestaurant« zu Gast, als Zuschauer.

Mit Ranger und Geländewagen unterwegs auf dem Waterberg Plateau

Informationen: Waterberg Plateau Park

[i] Director of Tourism, Windhoek, siehe *Nützliche Anschriften*. Permits sind auch im Informationsbüro im Bernabé-de-la-Bat-Rest Camp zu erhalten.

Zufahrt: Auf der B1 von *Windhoek* kommend, 22 km vor Otjiwarongo auf C22 abzweigen. Nach ca. 40 km der D2512 (18 km) bis zur Parkeinfahrt folgen. Der Plateau Park selbst kann nicht mit eigenem Pkw befahren werden. Täglich von Parkbediensteten durchgeführte informative Rundfahrten. Rechtzeitig an der Information reservieren.
Öffnungszeiten: ganzjährig.
Unterkünfte/Camping: ausgezeichnete, stilvolle Bungalows, lauschiger und zünftiger Campground. Reservierung siehe [i]. Restaurant und Swimmingpool im bzw. am *Rasthaus*. **Wanderungen/Spaziergänge:** Eine Anzahl kurzer mit Symbolen markierter Wanderungen führt durch das Gelände des Rest Camps. Übersichtskarte an der Information erbitten. Hier die reizvollsten Touren:
Zum **Aussichtspunkt:** malerischer Bergweg auf das Dach des Plateaus. Trail-Beginn im Bereich der Bungalows. **Aloenweg:** Ein Rundkurs, der den »Termitenhügelweg« mit dem »Rasthausweg« verbindet. Er führt durch einen Bestand wilder Aloen. Am beeindruckendsten zur Zeit der Aloenblüte im April.
Termitenhügelweg: Zwei riesige Termitenhügel befinden sich an dem kurzen Weg, der die Bungalows mit dem Schwimmbad und dem Rasthaus verbindet.
Feigenbaumweg: Zu sehen sind Zitrusbäume und die Überreste steinerner Bewässerungskanäle, Zeugen der einstigen Obstplantagen.
Kambasembi-Weg: benannt nach dem großen Herero-Führer. Dieser Weg ist der längste im Bereich des Rest Camps. Er führt am Fuße des Steilhangs entlang. Spaziergänger können hier Klippschliefer, Paviane und zahlreiche Vogelarten beobachten.
Waterberg Wilderness Trail: Am 2., 3. und 4. Wochenende eines jeden Monats zwischen April und November findet unter Leitung kundiger Parkbediensteter ein zünftiger »Wilderness Hike« statt. Mindestalter 12 Jahre. Die Wanderung beginnt am Donnerstagnachmittag und endet am frühen Sonntagnachmittag. Wer eine Buchungsbestätigung erhalten hat, muß sich Donnerstag an dem östlich vom Parkzentrum liegenden Onjoka Gate zwischen 14 und 16 Uhr einfinden. Gruppengröße: 6 bis 8 Personen. Buchungen sind rechtzeitig beim Director of Tourism (siehe »Nützliche Anschriften«) vorzunehmen. Die tägliche Wanderleistung liegt bei 15 km, hängt jedoch von der Fitneß der jeweiligen Gruppe ab.

Die Schutztruppe hoch zu Kamel

Des Kaisers Kamele

Als Hauptmann Curt von François 1889 seinen Dienst als Schutztruppenkommandeur antritt, hat er ein Präsent dabei: Kamele, genauer gesagt, einhöckrige Dromedare. Groß ist die Überraschung bei den Stämmen in Südwest. Für die Herero, die über große Zeiträume nicht mit Jahreszahlen rechnen, ist 1889 das »Jahr des Kamels«. Die Tiere bewähren sich im Land, das Nordafrika und dem Mittleren Orient sowohl von Temperatur als auch Oberfläche her ähnlich ist. Ein Jahr später werden 20 weitere aus dem Sudan importiert. Für die Herero wird dieses Jahr »Ongamero Ovengi«, das »Jahr der vielen Kamele«. Dabei bleibt es zunächst. Während der Niederschlagung des Herero-Aufstandes spielen Dromedare eine untergeordnete Rolle. Das ändert sich 1905 nach den erneuten Attakken des Nama-Führers Hendrik Witbooi. General von Trotha ordert 2000 Kamele beim Hamburger Tierhändler Karl Hagenbeck. Der schickt seine Aufkäufer sofort auf die Reise. Doch Wüstenschiffe sind jetzt rar. Rund 100 000 von ihnen hat der Kampf gegen den Mahdi und der Abessinische Feldzug das Leben gekostet. Gleichwohl, Hagenbeck liefert pünktlich an den General des Kaisers, sogar einschließlich arabischer Treiber und 1000 Sätteln.

Nach Übernahme Deutsch-Südwests durch Südafrika patrouillieren Polizisten per Kamel durch *Kalahari* und *Namib*. Doch technischer Fortschritt in Gestalt geländegängiger Autos macht dieser Transportart ein Ende. Man entläßt die Tiere in die Freiheit. Mit etwas Glück und Geduld sind die Enkel der Kamele des Kaisers noch heute zu sehen.

90 Jahre danach – Herero-Tag in Okahandja

Kann ich eine Zigarette haben?« Das Gesicht unter dem zu einem Dreieck kunstvoll geschwungenen Kopftuch lacht mich an. Die junge Hererofrau steht wie ich in einer Gruppe von einigen hundert Herero und spricht mich fast akzentfrei in Deutsch an – verrückt. Daß viele schwarze Namibier deutsch sprechen, habe ich gewußt, aber es zu wissen und es tatsächlich zu erleben, sind verschiedene Dinge.

Jeden ersten Sonntag nach dem 23. August kommen hier die Herero aus allen Teilen Namibias zusammen. Selbst Himba-Abordnungen aus dem Kaokoveld pilgern zum »Verrückten Platz«, wie *Okahandja* übersetzt heißt. Sie ehren ihre Ahnen. In *Okahandja* sind zahlreiche große Häuptlinge beerdigt: Tjamuaha, Maharero und dessen Sohn Samuel Maharero. Wegen der Geister, die daher um uns herum präsent sind, wird der Ort so genannt: Verrückter Platz, *Okahandja*. Unglaublich, ja verrückt wirkt auf mich auch die gesamte Veranstaltung. Die Nachkommen des Samuel Maharero, die Rotband-Herero, ziehen vorbei, und die Vertreter der Weißband-Herero, der »Witvlag«: jede Gruppe in einheitlichen Farben, so wie die Mbanderu Herero in schwarz-grün-weiß. Die Männer in Fantasieuniformen, der Uniform der deutschen Schutztruppler nachempfunden: Manche tragen schwarze Armeestiefel, die so aussehen, als ob es Originale aus dem deutschen Kaiserreich wären, andere haben zu ihren olivgrünen Soldatenhosen nur Turnschuhe an. Aber alle, die vorbeiziehen, tragen ein grünes rundes Armeekäppchen mit rotem Band und schwarzem Sonnenschirm. Die Frauen haben die Festtagsausgabe ihrer Tracht an, endlos gewundene Tücher im viktorianischen Stil, alle in der Farbe ihres Unterstammes.

Minutenlang ist die ganze Prozession nur Rot-Schwarz, dann kommen ausschließlich Frauen in Grün-Weiß, dann Rot-Weiß. Die Kopftücher der Herero laufen vorne nach rechts und links spitz zu, im Gegensatz zu den Kopftüchern, wie sie die Damara tragen. Die Herero waren seit jeher stolze Viehzüchter, der Reichtum ließ und läßt sich ablesen an der Kopfzahl der Rinder. Die Kopftücher symbolisieren das: Sie sind der Form der Rinderhörner nachempfunden, ein Status- und Machtsymbol.

Eines fasziniert: Zwölf Meter Stoff haben sich die Herero-Frauen umgebunden. Unter den Kopftüchern muß es gnadenlos heiß sein. Sie laufen jetzt schon seit einer Stunde durch den Staub. Und dennoch sind ihre Kleider pikobello sauber. Die Frauen wirken wie elegante Erscheinungen auf dem Abendball, und wir Touristen stehen im T-Shirt und kurzer Hose verschwitzt am Straßenrand, wie Leute, die sich für eine Grillparty angezogen haben und auf einen festlichen Empfang geraten sind.

Zwischen den Frauen marschieren uniformierte Männer bzw. reiten – oder besser: versuchen die Pferde in dem Gedränge ruhig zu halten. Jugendliche marschieren im Stechschritt vorbei, kommandiert wie eine Bundeswehreinheit auf dem Kasernenhof. Eine Prozession auf dem Weg zum deutschen Friedhof, und mittendrin der deutsche Botschafter.

Die Herero ehren an diesem Tag zuerst die Toten der Deutschen, gehen in schier endlosen Reihen zwischen den Gräbern durch und berühren verschiedene Grabsteine. Grabsteine von deutschen Schutztruppen, von Soldaten, die das Volk der Herero fast ausgerottet hätten. Weniger als die Hälfte der Herero überlebte den Krieg gegen die Deutschen. Und jetzt ehren diese Herero die Gräber der deutschen Soldaten. Keine Spur von Haß geht dabei von diesen Menschen aus, kein Zeichen von Aggression, auch nicht gegenüber den deutschen Touristen oder den Nachfahren der Schutztruppe-Soldaten, die den Völkermord versuchten.

Ein beklemmendes Gefühl – nicht obwohl, sondern weil von diesen Menschen keinerlei Feindschaft ausgeht. Später, auf der *Werft*, im schwarzen Teil der Stadt, geht das Fest weiter. In Reihen stehen die Menschen an, um sich segnen zu lassen: Ein alter Herero spuckt dabei allen Ankömmlingen eine gehörige Ladung Wasser ins Gesicht. An anderen Stellen kriechen die Herero zu ihren Ahnen: Statt zu defilieren wie im »weißen« Teil Okahandjas, werfen sie sich auf den Boden und kriechen im Staub. In der Nähe der

Mit Meißel und Feile im Dienst der Schönheit – Zahnbehandlung bei den Herero

Missionaren war sie ein Dorn im Auge, Zahnärzte schüttelten ungläubig den Kopf, für die Betroffenen selbst war sie eine Tortur – die Zahnverstümmelung der Herero.

Die Binsenweisheit »Wer schön sein will, muß leiden«, gilt besonders, wenn man die Natur mit Gewalt korrigieren will. Indios am Amazonas strecken ihre Unterlippe bis zu Tellergröße,

Noch heute durchaus üblich: angefeilte Schneidezähne. Junge Marktfrau im Caprivi-Zipfel

westafrikanische Stämme dehnen ihre Ohrläppchen durch schwere Gehänge bis zur Zerreißprobe.

Bei den Herero, aber auch anderen namibischen Völkern, besteht vereinzelt noch immer der Brauch, die oberen beiden Schneidezähne in Form eines umgekehrten »V« auszufeilen.

Vor gut hundert Jahren war das allerdings nur ein kleiner Teil der »Zahnweihe«:

Fünf Uhr morgens. Rund 20 Kinder im Alter zwischen zehn und 15 Jahren hocken um das heilige Feuer in der Mitte des Herero-Dorfes. Ein weiser Alter legt einen hölzernen Meißel gegen die unteren Schneidezähne des ersten Kindes und schlägt behutsam, doch dann immer kräftiger, gegen die Zähne, bis diese nach hinten herausbrechen. Dann beginnt das Ausfeilen der oberen Schneidezähne; zuerst einmal werden mit Messer und Hammer die inneren Ecken der beiden Zähne gekappt, wonach das behutsame Anschrägen mit einer Feile folgt. Während Mädchen und Jungen gleichermaßen diese Marter erdulden, beginnt im Dorf das große Fest. Man hat Rinder geschlachtet; schließlich ist es ein guter Brauch, daß die Eltern der behandelten Kinder alle übrigen im Dorf zum Festschmaus laden.

Vier unten ausgeschlagene und zwei oben angefeilte Zähne galten bei den Herero seit jeher als eine Art »Markenzeichen«, ein Identitätssymbol, als verbindendes Element, auf das sie stolz waren. Die Ursprünge liegen im dunkeln, selbst Anfang des Jahrhunderts wußte niemand zu sagen, ob es religiöse Gründe oder schlichtweg Schönheitsideale waren. Manches spricht für letzteres. Missionare, die darauf drangen, den Brauch aufzugeben, stießen vor allem bei den sehr traditionsbewußten Herero-Frauen auf größten Widerstand.

Vereinzelt lebt die Zahnverstümmelung noch heute fort; vor allem bei den Herero und Himba im entlegenen Kaokoland, gelegentlich auch bei anderen namibischen Völkern. Doch in dem Maße, in dem die Stämme mit europäischer Lebensweise in Berührung kommen, weicht auch diese Tradition. Eine kürzlich gefertigte Studie belegt, daß von 60 jungen Herero- und Himba-Kindern in der Grundschule von Sesfontein nur zwei Mädchen und einem Jungen die vier unteren Schneidezähne herausgeschlagen worden waren.

Gräber der großen Ahnen nämlich schweben die Geister unsichtbar in der Luft. Und zwar etwa in der Höhe, unter die sich die Herero bücken können. Um die Geister nicht zu stören, kann man sich also nur im Kriechgang fortbewegen. Und die Herero-Geschichte wird nachgespielt. Auf Pferden reiten die Männer durcheinander, einer erzählt wild gestikulierend. Auch und vor allem die Geschichte vom Krieg gegen die Deutschen. Und genau dabei dreht sich diese Frau um, und lacht mich an – mich, den Deutschen. Verrückt.

Vielleicht liegt das daran, daß Herero und Deutsche angeblich viel gemeinsam haben.

»Die Herero haben mehr von der deutschen Kultur übernommen als von anderen Völkern, unter anderem die Art, wie sie sich benehmen.« Das hat kein Europäer gesagt, sondern Kuaima Riruako, der Oberhäuptling der Herero. Hier, am Hererotag, als Deutscher unter seinem Volk, glaube ich ihm: »Zwischen den Herero und den Deutschen hat sich eine Art Beziehung entwikkelt. Sie haben sich einander genähert und einander akzeptiert, da beide arrogant sind. Das ist ihre Gemeinsamkeit.«

Ich denke nicht an Arroganz. Ich denke an die Schwarz-Weiß-Malerei, mit denen in Europa gern das Verhältnis der »Südwester« zu den anderen Namibiern beschrieben wird. Hier, inmitten der stolzen Herero, spüre ich nichts davon, wie verächtlich wir Weiße mit ihnen angeblich umgehen, und ich spüre auch keine Unterwürfigkeit. Ich spüre Respekt vor den Herero, und ich spüre ihren Respekt vor mir. Eine Momentaufnahme vom Hererotag in *Okahandja*.

Deutsche Gräber am Fuß des Waterbergs

Fels in der Wüste – Besteigung des Brandbergs

Rund 300 Kilometer nordwestlich von *Windhoek* und 90 Kilometer von der Westküste entfernt liegt der *Brandberg*, eine Felsinsel am Rande der Namib. Genaugenommen handelt es sich um ein ausgedehntes Bergland mit zahlreichen Gipfeln und Schluchten; um einen beinahe kreisförmigen Granitstock von etwa 25 Kilometern Durchmesser, den ein Kranz schroffer Hügel aus schwarzem Schiefer umgibt. Die vier Hauptgipfel des *Brandbergs*, der 2588 Meter hohe *Königstein*, der *Aigub* (2530 Meter), der *Numasfels* (2525 Meter) und das 2510 Meter hohe *Horn*, liegen unweit des Zentrums dieses Brockens, der sich unvermittelt aus der namibischen Hochebene erhebt.

Vielleicht wird man den *Brandberg* gegen Abend erreichen. Eine gute Zeit, denn bei Sonnenuntergang beginnt er zu glühen, und die Lagerfeuergespräche werden verstummen. War es dieses »Alpenglühen«, das dem Brandberg seinen Namen gab, oder waren es jene schwarzen, verbrannt wirkenden Vorberge? Frühmorgens jedoch zeigt er sich von seiner einladenden Seite. Felswände und Gipfel erstrahlen in sanftbraunen Farben, und die kühle Morgenluft ermuntert zum Aufbruch. Doch wehe, wer dieser trügerischen Stimmung vertraut und sich unvorbereitet auf den Weg macht! Von Minute zu Minute wird die Sonne klettern, sie wird dem nackten Boden die letzte Feuchtigkeit entziehen und die Wassergier des eigenen Körpers ins Grenzenlose treiben.

Brandberg-Massiv

An einem kühlen Morgen verlasse ich mit ein paar Freunden unser Camp im trockenen Sandbett des *Amis-Flusses*. Wie schon einmal Jahre zuvor hatten wir diese Schlucht zum Aufstieg gewählt. Sie ist zwar steil, dafür aber bedeutend kürzer als die durch die Numas- oder Zisab-Täler. Noch erfüllt das Licht der Morgendämmerung die Schlucht. Wir folgen ihr, bis sie nach Osten abknickt und der Blick auf den ersten Grat des Berges fällt, der bereits in der Morgensonne erstrahlt. Wir schreiten zügig voran, denn bald wird es heiß. Wir wechseln vom Flußbett des Amis auf ein von mächtigen Gesteinsbrocken übersätes Gebiet. Hier entdecke ich erste Felszeichnungen: eine langgezogene menschliche Figur und Teile eines Elefanten. Doch der Zahn der Zeit und die Witterung haben die Bilder verblassen lassen. Besser erhaltene werden wir erst sehen, wenn wir die rund 1800 Meter hoch liegende Nebelgrenze überschritten haben. Feuchte Luft ist hier zwar selten, doch dann und wann dringen leicht salz-

haltige, und damit die Farben der Malereien beeinträchtigende Küstennebel auch bis zum *Brandberg* vor.

Wir verlassen das Flußbett und folgen einem Pfad, den Bergzebras über Jahrtausende ausgetreten haben, um zu den Wasserstellen in der Amis-Schlucht zu gelangen. Die Zebras selbst entdecken wir leider nicht, nur ihre tagealte Losung. Vermutlich war ihr Besuch erfolglos, denn ausgedörrte Gräser auf einer Sandbank lassen allenfalls ahnen, daß manchmal die Launen der Natur hier vorübergehend ein kleines Wasserbekken hinzaubern.

Wasser! Meine Zunge fühlt sich bei dem Gedanken gleich trocken an. Ich träume von den Flüssigkeitsvorräten im Rucksack. Doch »haushalten« heißt die Devise. Ich weiß, daß die Vorräte für den Aufstieg, eine Übernachtung sowie den

Abstieg nur knapp ausreichen werden. Die Gedanken kreisen um das kühle Naß – wie auch unsere Gespräche. Robert, ein Freund aus Windhoek, vermutet, daß es oben Quellwasser gibt: Vor kurzer Zeit seien tiefschwarze Gewitterwolken über dem Brandberg beobachtet worden. »Bestimmt hat es geregnet...« Sein Optimismus wirkt. Um vorwärtszukommen, sind wir gezwungen, auf rutschige und abschüssige Seitenhänge der Schluchten auszuweichen. Die sengenden Sonnenstrahlen haben inzwischen den Grund des Tales erreicht. Der Boden glüht. An der Sonne werden wir uns erst wieder erfreuen können, wenn wir in den kühlen Hochlagen angelangt sind.

Bis zum Tagesziel, einem Bergrücken oberhalb der *Amis-Schlucht*, ist es noch weit. Und die Temperatur steigt... Erst gegen 15 Uhr wird sie ihren Zenit überschreiten. Ich habe bereits die Grenze meiner Leistungsfähigkeit erreicht. Die Schweißausdünstung hat nachgelassen, mein Körper kühlt sich nicht mehr aus. Ein Alarmsignal. Ich greife zur Feldflasche. Ein paar kurze Schlucke nur... Das aus dem Rucksack klingende Klatschen der nur noch halb gefüllten Feldflasche ist wie betörende Versuchung in meinen Ohren. Gegen ein Uhr nachmittags erreichen wir den Fuß des oberen Felsriegels, der quer zur Schlucht steht. Ich muß rasten... Bruno umsteigt die Barriere allein und stößt in 1800 Metern Höhe auf die ersten Wasserlöcher. Es handelt sich zwar um stehendes Wasser, das mit Aufbereitungstabletten erst genießbar gemacht werden muß, doch Hauptsache, wir haben Wasser! Nachdem ich einen halben Liter meines mitgeschleppten Vorrats in mich hineingeschüttet habe, stellt sich meine alte Freude am Berg wieder ein. In rund 1800 bis 2000 Metern Höhe liegt eine Hochebene, spärlich mit Bäumen, Büschen und Gras bewachsen und von Graten, kleinen Gipfeln und Schluchten durchzogen. Hier schlagen wir unser Lager auf. Während der nächsten Tage werden wir von diesem Basiscamp aus Erkundungen unternehmen. Ein noch namenloser 2150 Meter hoher Gipfel wird bestiegen. Seine weißbemützte Kuppe muß wohl dem schwarzen Feldadler dort oben als Ausguck dienen. Wachsam kreist er über uns. Scharf zeichnet sich seine Silhouette gegen das Tiefblau des Weltalls ab. Wenig später sehen wir zwei davonsetzende Klippspringer. Die zierlichen Antilopen haben sich dem felsigen Lebensraum vollendet angepaßt, genauso wie die kärglichen Büsche und zähen Bäume, die irgendwie auf dem Fels Halt zum Leben finden. Ihre Zweige sind knorrig, ineinander verwachsen, als stützten sie sich gegenseitig. Hier und da wächst an Hängen und Felsspalten auch der Köcherbaum, der sich durch seinen charakteristischen Stamm von den viel dickeren, glattwandigen Tsisus-Bäumen unterscheidet. Die Stämme beider Arten bestehen aus einem Geflecht von Röhren, in denen die Feuchtigkeit bis zu mehreren Jahren gespeichert werden kann.

Während unseres Aufstiegs zur Krete der Hungarob-Wand stoßen wir auf eine uns unbekannte Euphorbienart: Pflanzen mit zehn Zentimeter starken und nur ein bis zwei Meter hohen Stämmen, die mit einem Pelz von bis zu 15 Zentimeter langen »Haaren« besetzt sind. In Wirklichkeit handelt es sich dabei allerdings um dicht aneinandergereihte Zweige, die just zu grünen beginnen. Die Vielfalt der Natur in dieser scheinbaren Öde ist faszinierend. Plötzlich schrecke ich auf: Vor mir liegt Leopardenlosung!

Die Nordseite der Krete, unmittelbar unterhalb der Hungarob-Wand, ist zauberhaft. Atemberaubend ist der Ausblick von hier. In 120 Kilometern Entfernung erblicke ich die *Spitzkoppe*, einen anderen Inselberg am Rande der Namib, sowie das *Erongo-Massiv*.

Der *Brandberg* ist ein aufgeschlagenes Bilderbuch der Geschichte. Mehrfach stoßen wir auf Felszeichnungen. Wer waren die Künstler? Dienten die Malereien als Schmuck für ihre einfachen Höhlenbehausungen oder waren sie Markierungen eines Wohngebietes? Zurückgelassene Steinwerkzeuge aus schwarzem Basalt, vermutlich aus der Jungsteinzeit, erinnern an die frühen Bewohner. Im Gegensatz zu den großen, aus Schiefer gefertigten und der Früh- und Mittelsteinzeit entstammenden Steinwerkzeugen am Fuße des Massivs handelt es sich bei denen hier um kleine

Exemplare. Haben sich die Alt- und Mittelsteinzeitmenschen nicht auf den Berg hinaufgewagt, vielleicht aus Respekt vor seinen Göttern...? Auch die zahlreichen Tonkrugscherben deuten darauf hin, daß es sich bei den Bewohnern hier um jene der Jungsteinzeit handelte. Wie auch immer, es ist schon ein besonderes Erlebnis, in dieser unwirtlichen und doch herbschönen Gegend den Fragmenten vergangenen menschlichen Lebens zu begegnen. Mag sein, daß das Klima damals feuchter war als heute. Mag sein, daß die Menschen zu verschiedenen Zeitepochen auf dem Brandberg gelebt haben. Vielleicht waren sie sogar verschiedener Herkunft und Rasse. Unbestreitbar aber waren es Geschöpfe, die in Harmonie mit ihrer Umgebung lebten und mit einfachsten Mitteln großartige Zeugnisse für die Nachwelt lieferten. Die beeindruckendsten Kunstwerke befinden sich in den geschützten Felsüberhängen und Grotten, die als Wohnhöhlen bzw. Kultstätten dienten. Die Brandbergbewohner gingen bei der Auswahl der Höhlen sorgfältig vor; diese durften bei Regen nicht naß werden, zudem mußten sie einen guten Überblick

Skorpion. Auf Wanderungen ist stabiles Schuhwerk unerläßlich

über das Land bieten. Die mit Zeichnungen versehenen Grotten und überhängenden Felsen, die ich sah, liegen in Sichtweite von sandigen Terrassen, auf denen sich tagsüber das Familienleben abspielte. Ich sitze vor dem Eingang einer solchen Höhle. Ich fühle mich in diesem Moment den damaligen Bewohnern des Brandbergs sehr nahe, es würde mich kaum wundern, wenn jetzt einer von ihnen, nackt, mit Pfeil und Bogen bewaffnet, aus der Höhle träte. Und es wäre mir, als würden wir uns kennen. Seine Bilder und die von ihm zurückgelassenen Werkzeuge haben mir die Geschichte seines Lebens erzählt. Habe ich nicht, wie er vor ungezählten Jahren, unter demselben Sternenhimmel geschlafen und mich, genau wie er, bei der Zeitrechnung der Nacht an der Position des Kreuzes des Südens orientiert? Und wie freue ich mich, wenn sich das Kreuz nach Westen dreht! Dann ist der Morgen nicht mehr fern. Nur noch Minuten, und der rote Sonnenball streift den Horizont. Ein neuer Tag am Brandberg beginnt.

Namibias Berge

Man findet in öffentlichen Verlautbarungen und Karten geringfügig abweichende Angaben.

Die nachfolgenden Höhenangaben sind die gebräuchlichsten.

Brandberg	2579 m
Auas-Berge	2484 m
Großer Gamsberg	2351 m
Erongo-Berge	2350 m
Erosberge	2125 m
Khomas-Hochland	2047 m
Naukluft-Berge	1973 m
Kleiner Waterberg	1930 m
Große Spitzkoppe	1759 m

Informationen: Brandberg

Anfahrt: Der Brandberg ist von *Uis* aus über die Straßen C35 und C2359 zu erreichen.

Kurzwanderung: Zu den beliebten Wanderungen hier zählt der knapp einstündige Gang zur »Weißen Dame« des Brandbergs, einer bemerkenswerten, doch mittlerweile recht verblaßten Felsmalerei (s. Seite 41/42).

Vorbereitung/Ausrüstung: Die hier beschriebene Route in die Hochlagen und zum Gipfel des Brandbergs erfordert beste körperliche Voraussetzungen und Ausrüstung. Derbes Schuhwerk ist unerläßlich, die Steine sind spitz und scharfkantig. Ausreichend Wasser ist (über-)lebensnotwendig.

Während der Sommerzeit auf der südlichen Halbkugel wird von der Besteigung abgeraten. Hitze und unzureichende Ausrüstung haben bereits Opfer gefordert.

Touren sollten wegen der Nachtkühle nur früh am Morgen beginnen. In den zum Aufstieg benutzten Schluchten herrscht zwischen zehn und sechzehn Uhr eine gnadenlose Backofenhitze.

Der Westen – Zauber der Wüste

Die Dünen der Namib bestimmen das Bild des Westens

Swakopmund – Stadt zwischen Meer und Namib

Angenommen, Sie stünden am Rand eines eisigen Meeresstromes aus der Antarktis und blickten auf das Straßenschild »Kaiser-Wilhelm-Straße«. Und Sie würden weiterbummeln, vorbei an der Adler-Apotheke hin zum Café Anton im Hotel Schweizerhaus, wo die schwarze Bedienung Sie in breitestem Bayrisch fragt: »Jo, wos hätten's denn gern?« Vielleicht würden Sie dann glauben, Disneyland life zu erleben.

Falsch – denn hier ist alles echt und zum Anfassen. *Swakopmund* eben, 8000 Kilometer von Deutschland entfernt, ein Ort, in den Sand der Namib gesetzt, der deutscher wirkt als ein Dorf am Niederrhein.

»Am nächsten Morgen erreichten wir die Küste; verändert hatte sich Swakopmund seit dem März übrigens wenig. Da standen noch auf der Terrasse über dem Meer die drei elenden Wellblechbuden, in denen ein Unteroffizier Hannemann mit einigen Matrosen hauste, und nur ein Leinwandzelt, das in einiger Entfernung aufgeschlagen war, zeigte an, daß noch ein weiterer Anwohner sich eingestellt hatte. Es war dies ein Deutscher, von Broen, der den Bau eines Kaufhauses für unsere größte Firma, Mertens und Sichel, überwachen sollte.

In den nächsten Tagen richtete ich mich, so gut es ging, in meiner Wellblechbude häuslich ein. In einem Brief finde ich über diesen Prachtbau folgende Notizen: ›Ich bewohne zwei Stuben, eine größere und ein Loch, in dem meine Lagerstatt aufgeschlagen ist. Fenster – nicht vorhanden, dafür pfeift aber der Wind durch tausend Löcher. Der Fußboden, der in Ermangelung von Dielen aus dem feinen Sand der Hochfläche besteht, wimmelt von Millionen von Sandflöhen.‹«

So schrieb ein Kurt Schwabe in seinem Buch »Im deutschen Diamantenlande« über seine Erinnerungen von vor hundert Jahren. Man hatte große Hoffnungen auf die junge Niederlassung

Flamingos sind in Sandwich Habour und bei Swakopmund ein vertrauter Anblick

am »Mund« des *Swakop Riviers* gesetzt. Alte Fotos zeigen Schiffe weit draußen im Meer vor Anker liegen. *Swakopmund* ist eine Hafenstadt ohne tiefes Hafenbecken. Das ist seine Achillesferse. Schwarze »Kruboys«, angeheuert in Westafrika, manövrierten daher geschickt Frachtkähne durch die Brandung zum Land. Man hatte sich die Auswahl des Hafens nicht leichtgemacht. Jede Bucht von *Sandwich Harbour* bis nach *Cape Frio* war untersucht worden. Von der Tiefe einmal abgesehen, schienen die Rahmenbedingungen allerdings günstig.

Mühsam war das Entladen der Schiffe.
Bald entwickelte sich die Hafenstadt zum Touristenliebling

Es gab Trinkwasser, das breite *Swakop Rivier* würde die Wüstendünen hindern, den geplanten Ort unter ihrem Sand zu begraben, und es gab bereits den von Jonker Afrikaner angelegten »Baiweg« nach *Windhoek*. Zwei bis drei Wochen dauerte die Reise dorthin per Ochsenwagen. 880 Ochsenwagenfrachten wurden allein 1896 in Swakopmund abgefertigt.

Da hatte ein pfiffiger Schutztruppen-Oberleutnant, wie er meinte, die zündende Idee. Er versuchte, mit einer unförmigen Dampfmaschine die Wüste zu bezwingen. Bis das stählerne Monstrum kurz vor *Swakopmund* den Geist aufgab... Bereits 1897 wurde mit dem Bau der Eisenbahn begonnen. Fünf Jahre später, am 19. 6. 1902, lief der erste von hier kommende Zug in *Windhoek* ein.

So weit, so gut. Doch was man brauchte, war ein richtiger Hafen. Also baute man 1903 eine Mole. Endlich konnten Schiffe anlegen, doch nicht lange, denn man hatte die Süd-Nord-Drift des Atlantiks nicht berücksichtigt, und die Mole versandete in Rekordzeit. 2,5 Millionen Reichsmark waren in den Sand gesetzt.

1904 erstellte man eine 275 Meter lange Holzbrücke, die allerdings schon zwei Jahre später von der Bohrmuschel siebartig zerfressen und gefährlich instabil wurde. 1912 begannen die Arbeiten für den Bau einer stählernen Landungsbrücke, die nach dem Willen ihrer Ingenieure 640 Meter lang sein sollte. 262 Meter Landungssteg waren fertig, da kam das Ende für Deutsch-Südwest. Und wie es schien, auch das von *Swakopmund.* Die Südafrikaner hatten kein Interesse, ihrer Hafenstadt Walvis Bay Konkurrenz zu machen. *Swakopmund* – mit seinen prächtigen Kolonialbauten – versank in Bedeutungslosigkeit.

Vor 200 Jahren allerdings muß das Bett des namengebenden *Swakop Riviers* ein kleines Paradies gewesen sein. Bis die Weißen kamen. Pieter Pienaar, ein holländischer Jäger, berichtete 1793 von 300 Flußpferden im Swakoptal – von denen er sogleich 20 abknallte. Deutsche Missionare nannten den nur alle paar Jahre das Meer erreichenden Fluß – man glaubt es kaum – »Rhein«. Doch die Historie bewahrte das spätere Swakopmund davor, ein Rhein-Städtchen zu werden. Der englische Forscher Anderson hatte berichtet, die »Eingeborenen« bezeichneten den Trockenfluß als »Schwackaup« und die Europäer als »Swakop«. Dabei blieb es. »Tsuá-xoub« ist ein Begriff der Nama und heißt »Exkrementenöffnung«. Der Name ist nicht abwegig, wenn man erlebt, wie das Swakop Rivier »abkommt« und sich muddigbraun mit Zweigen und toten Tieren ins Meer entleert. Es war eine rasante, wechselvolle Geschichte, die *Swakopmund* in kaum mehr als zwei Jahrzehnten erlebte. Von der Bretterbudensiedlung bis hin zur ansehnlichen kolonialen Kleinstadt. Doch dann deutete alles auf ein Ende als »Ghost Town« hin. Man stelle sich vor, die Spitze des Damara-Turmes des Woermann-Hauses ragte heute aus Namib-Dünen...

Das Schicksal meinte es anders. Das dahindämmernde Fischerdorf wurde Ferienzentrum von Südwest. Auch die neue Landesregierung ist vom Charme des Museumsstädtchens und seinem frischen Klima angezogen. Präsident Nujoma wohnt bei seinen Besuchen heute im alten Kaiserlichen Bezirksamt, einem Fantasiebau, der hierherpaßt wie die Faust aufs Auge.

Rund 20 000 Menschen leben derzeit in *Swakop*, Weiße, Farbige und Schwarze. Während die bevorzugte Wohnanlage der Weißen das sich am *Swakop Rivier* erstreckende Kramersdorf ist, ist Tamariskia Stadtteil der Farbigen und Mondesa die Stadt der Schwarzen. Die Apartheid schuf Fakten, die weitgehend heute noch so sind, wenngleich jeder das Recht hat, zu wohnen, wo er will. Doch das bleibt ein Wunsch, solange nicht Ausbildungschancen und Einkommen angeglichen sind.

Swakopmund ist ein Erlebnis. Zum Beispiel abends an der Bar des Hansa-Hotels zu sitzen und zu beobachten, wie Damen und Herren im feinsten Zwirn zu Klängen über das Parkett schieben, im Vergleich zu denen Heinos Musik fetzig wirkt. Und der selbstbewußte schwarze Bartender schiebt einem das Hansa-Bier über den Tresen und wünscht mit dem besonderen Charme dieses Städtchens: »Wohl bekomm's«, selbstverständlich auf deutsch.

Engländern, Franzosen, Portugiesen und Spaniern ist es selbstverständlich, irgendwo in entfernten ehemaligen Kolonien auf ein anderes

Hinter Swakopmund beginnt die Wüste. Im Vordergrund das stattliche Hohenzollernhaus

»Ich« zu stoßen, auf eine eigentlich vertraute Lebensart, die sich doch über die Distanz von Jahrhunderten und Tausenden von Kilometern zu einer eigenen Identität entwickelt hat. Manchmal wirkt das kurios. In *Swakopmund* berührt einen das auf besondere Weise. Doch es ist beileibe kein Disneyland, sondern ein Ort voller Leben. Die gepflegten Häuser sind Spiegel der wilhelminischen Epoche. Sie machen Swakops Popularität aus. Davon profitiert es.

Sein touristisches Potential ist immens. Als »deutsche Insel« zwischen Namib und Atlantik zieht es schwarze und weiße Namibier, Südafrikaner und Europäer an. Seit Walvis Bay zu Namibia gehört, hat das Städtchen aufgehört, alten Träumen, die am Anfang seiner Existenz standen, nachzuhängen.

Soll sich doch das Treiben einer Hafenstadt 35 Kilometer weiter südlich abspielen. *Swakopmund* wird bleiben, was es während des letzten Dreivierteljahrhunderts war, ein Stück greifbarer Geschichte, ein wenig wie aus dem Märchen von Dornröschen. Doch deswegen kommen die Besucher ja.

Gern fotografiert: Kaiser Wilhelm- und Strandstraße mit Blick auf die »Ritterburg«

Bilderbuchbummel

Swakops Altstadt ist klein und überschaubar. Man braucht für einen Stadtrundgang kein Auto, nur ein paar Stunden Zeit und Muße. Der Spaziergang könnte am Jetty, der alten stählernen Landungsbrücke, beginnen. Er führt nach einem Besuch des sehenswerten Museums am »Kaiserlichen Bezirksamt« und dem unübersehbaren weiß-roten Leuchtturm am verträumt wirkenden alten Amtsgericht vorbei zum Bahnhof. Für manche ist er der schönste seiner Art im südlichen Afrika. Sehr fotogen ist auch die evangelische Kirche im neubarocken Stil. Das prächtige Hohenzollernhaus, einst Hotel, heute Wohnhaus, an der Ecke Moltke- und Brückenstraße, sollte man im späten Nachmittagslicht aufsuchen, wenn die Sonne seine prächtige Jugendstilfassade vergoldet. Ein Highlight ist der Besuch des Woermann-Hauses, einst Sitz der dominierenden Handelsfirma Woermann & Brock. Der Turm, erbaut, um Handelsschiffe schon von weitem auszumachen, bietet den fotogensten Gesamteindruck von *Swakopmund*.

Das alte Kaiserliche Bezirksamt mit dem Leuchtturm, dem Wahrzeichen von Swakopmund

Informationen: Swakopmund

[i] Das Touristenbüro befindet sich im Woermann-Haus. Permits für den Namib-Naukluft Park sind auch bei Hans Kriess Motors, Swakopmund, erhältlich. Ansonsten siehe Anschrift des Directors of Tourism, Windhoek, *Nützliche Anschriften*.

Unterkünfte: Hansa-Hotel, P. O, Box 44, Swakopmund, Tel.: (0641) 311, Fax: (0641) 2732. Hotel garni Adler, P. O. Box 1497, Swakopmund, Tel.: (0641) 5045-7, Fax: (0641) 4206.

Ferienhäuser: Als namibisches Ferienparadies bietet *Swakopmund* eine Reihe preisgünstiger hölzerner Chalets. Buchungen: Stadtverwaltung Swakopmund, P. O. Box 5071, Swakopmund, Tel.: (0641) 2807/8, Fax: (0641) 2249.

Camping: Wohnwagenpark *Meile 4*, ca. 8 km vom City Center in Vineta. Auch Bungalows. Tel.: (0641) 61781. Ferner das Resort Langstrand an der Küstenstraße zwischen *Swakopmund* und *Walvis Bay*.
Restaurants und Café: Café Anton im Hotel Schweizerhaus. Auch sehr schöne Unterkünfte.
Hotel Schweizerhaus/Café Anton, P. O. Box 445, Swakopmund, Tel.: (0641) 2419, Fax: (0641) 5850.

Buchhandlung: Swakopmunder Buchhandlung, P. O. Box 500, Kaiser-Wilhelm-Straße, Tel.: (0641) 2613. Englische und deutsche Bücher.

Peter's Antiques in der Moltkestr. 24 führt moderne wie auch historische Namibia-Bücher. Darüber hinaus eine Fülle alter und neuer Sammlerstücke aus dem Land. Tel.: (0641) 5624.

Autovermietung: Pkw: Budget Rent a Car. Geländewagen: Kessler 4x4 Hire. Anschrift für beide: Roonstr., Swakopmund, Tel.: (0641) 4118, Fax: (0641) 4117.

Stadtführungen: Nach Absprache. Tel.: (0641) 61647.

Wüsten- und Angeltouren: Sunrise Fishing, Roonstr. 8, Swakopmund, Tel.: (0641) 4561, Fax: (0641) 4561.
Eine Fülle weiterer Touren bietet **Charly's Desert Tours**, P. O. Box 1400, Swakopmund, Tel.: (0641) 4341, Fax: (0641) 4821.

Teppichweberei: »Karakulia« von Jenny Carvill fertigt handgewebte Teppiche, auch nach Designs von Kunden. Die Weberei ist zu besichtigen. Es lohnt sich, den schwarzen Handwerkern bei der Arbeit zuzusehen. Für einen Quadratmeter Teppich benötigt ein Weber vier bis fünf Tage. Preis pro Quadratmeter zur Zeit ca. 550 bis 650 N$. Das Haar der Karakulschafe ist sehr fest. Daraus gefertigte Teppiche sind generell strapazierfähiger als reine Wollteppiche. Teppiche werden von hier aus in alle Welt geschickt.
»Karakulia«, Knoblochstreet, Swakopmund, Tel.: (0641) 61415, Fax: (0641) 61041. Die Weberei befindet sich auf einer Nebenstraße (Knoblochstreet) zur Rechten der Ausfallstraße nach Henties Bay.

Lohnende Besichtigungen: Am Ortseingang, an der B2, steht unübersehbar vor einem kleinen Palmenhain der **Dampfochse Martin Luther**. Der Schutztruppenoberleutnant Troost hatte die 280 Zentner schwere *Straßenlokomotive* 1896 auf eigene Kosten in Halberstadt erworben und nach *Walvis Bay* verschiffen lassen, da ein Löschen der Fracht in *Swakopmund* unmöglich war. Für die 35 km lange Wüstenfahrt dorthin brauchte die Maschine drei Monate! Alle 50 Meter versackte sie im Sand, und ihr Durst war unbändig. Der *Dampfochse* erledigte nur wenige Transporte, z. B. zur alten Zollstation Nonidas. Schon ein Jahr nach der Ankunft in Namibia hatte ihm unsachgemäße Wartung den Garaus gemacht. Das brachte dem Monstrum in Anlehnung an das Luther-Zitat *Hier stehe ich, ich kann nicht anders* den Namen des Reformers ein.

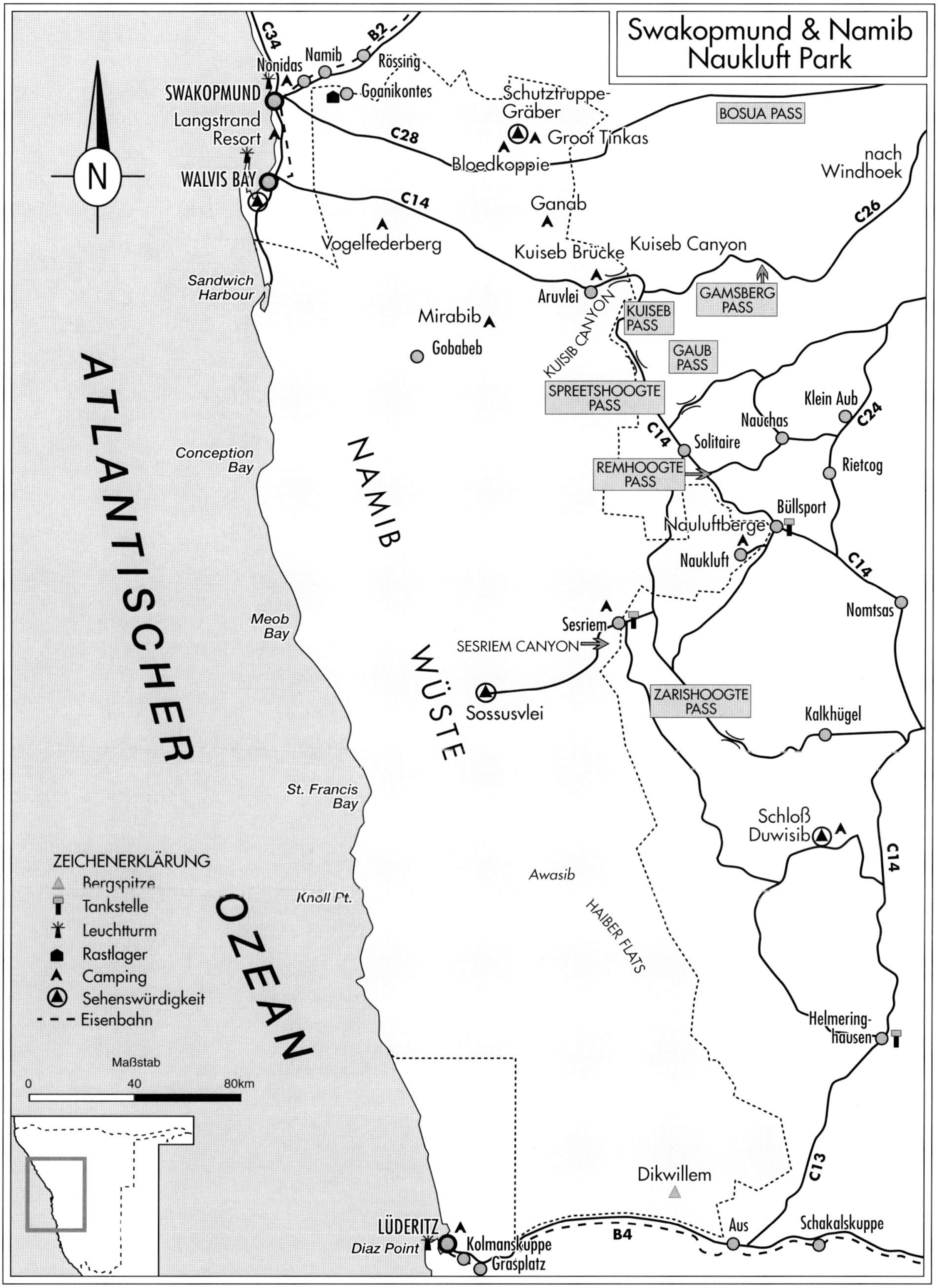

Swakopmund & Namib
Naukluft Park
C34
B2
Namib
Nonidas
Rössing
SWAKOPMUND
Goanikontes
Schutztruppe-
Gräber
Langstrand
Resort
C28
Groot Tinkas
BOSUA PASS
Bloedkoppie
nach
Windhoek
WALVIS BAY
C14
Ganab
C26
Vogelfederberg
Kuiseb Brücke
Kuiseb Canyon
Sandwich
Harbour
Aruvlei
GAMSBERG
PASS
KUISEB
PASS
Mirabib
KUISIB CANYON
Gobabeb
GAUB
PASS
SPREETSHOOGTE
PASS
Klein Aub
C24
Nauchas
C14
Solitaire
Rietcog
Conception
Bay
REMHOOGTE
PASS
Büllsport
Nauluftberge
Naukluft
C14
Nomtsas
ATLANTISCHER
NAMIB
Sesriem
Meob
Bay
SESRIEM CANYON
WÜSTE
Sossusvlei
ZARISHOOGTE
PASS
Kalkhügel
St. Francis
Bay
Schloß
Duwisib
C14
ZEICHENERKLÄRUNG
Bergspitze
Tankstelle
Leuchtturm
Rastlager
Camping
Sehenswürdigkeit
Eisenbahn
Awasib
Knoll Pt.
HAIBER FLATS
OZEAN
Helmering-
hausen
Maßstab
0
40
80km
C13
Dikwillem
LÜDERITZ
Aus
Schakalskuppe
B4
Diaz Point
Kolmanskuppe
Grasplatz

80 000 Robben am Kreuzkap

Die Straße C34 von *Swakopmund* nach Norden ist breit und glatt. Doch manchmal kann sie gefährlich sein, wie alles, was auf Sand gebaut ist, vor allem wenn man Salz dazutut. Schon die Schutztruppler kannten die hervorragenden bindenden Eigenschaften von Sand, Salz und Wasser. Glattgewalzt und getrocknet ergibt das einen Belag hart wie Beton. Doch nur solange es nicht regnet – denn dann wird er zur tückischen Rutschbahn.

Die Reise auf der Salzstraße zu den Robben von Cape Cross führt entlang blendenweißer *Salzpfannen*, in denen Meerwasser verdunstet und Salz zurückbleibt; immerhin 115 000 Tonnen des weißen Gewürzes jährlich. Noch vor 120 Jahren war hier Wildnis. Dann rammte man entlang der Küste Holztafeln mit kaiserlichem Hoheitsadler und einer Deklaration der Besitzergreifung ein; an *Cape Frio*, bei *Swakopmund*, in *Sandwich Harbour, Lüderitzbucht* und hier, am *Kreuzkap*. Es war ein Kapitän von Raven, der das Schild 1884 rund 120 Kilometer nördlich vom heutigen Swakop anbrachte. Er ahnte nicht, daß 400 Jahre zuvor an derselben Stelle ein anderer das gleiche getan hatte.

1482: Es war die Zeit des großen Aufbruchs in die neue Welt. Einer, der daran teilhatte, war Diego Cão, ein Portugiese. Mit seiner nur 30 Meter langen »Caravelle« erforschte er als erster Europäer die Westküste Afrikas. Cão führte gut zwei Meter hohe Pfeiler (Padrãos) aus Kalkstein mit sich, die er an markanten Stellen als Zeichen der Präsenz seines Königs errichtete. Die letzte von einem Kreuz gekrönte Säule wurde 1486 an jener Stelle errichtet, die man ein paar Jahrhunderte später »Kreuzkap« nannte.

Ein Kapitän Becker vom deutschen Kreuzer »Falke« stößt 1893 auf das Padrão. Eine sensationelle Entdeckung. Noch im selben Jahr gelangt die Säule nach langer Seefahrt via Wilhelmshaven nach Berlin. Der Kaiser läßt statt dessen am Fundort eine Replica des Kreuzes errichten. 1980 stellen die Südafrikaner eine weitere dazu.

Das allein mag den Besuch lohnen. Doch mit seinen Robben bietet *Cape Cross* 80 000 weitere Attraktionen. Ein Bild wie am Schöpfungstag; eine balgende, tanzende, wabernde Masse aus Fleisch und Fett. Nur eine hüfthohe Steinmauer trennt den Besucher von ihr. Doch es war nicht immer nur friedlich hier. Die Veränderungen begannen 1894, als ein Mister Matthews hierher vordrang und das in der Robbenjagd liegende Potential erkannte. Er sah noch mehr. Auf heute zum Festland gehörenden Inseln häufte sich Guano. Ein begehrter Schatz, den Meeresvögel jahrhundertelang hier abgeladen hatten. Matthews wurde reich. Bereits 1895 schufteten hundert Männer am *Kreuzkap*, um den Vogelkot abzubauen: fast sechs Millionen Kilo im ersten Jahr. Ein Vermögen. Zur gleichen Zeit wurden 2500 Robben geschlagen. Bald gab es eine Polizeistation. Auf Schienen rollte das wertvolle Guano zum Meer, wo Segelschiffe aus aller Welt vor Anker lagen. Acht Jahre später waren die goldenen Zeiten vorbei. Die Glücksritter zerstreuten sich, und es wurde ruhig am *Kreuzkap*. Salzzerfressene Relikte und ein paar Gräber erinnern an Namibias »Wilden Westen«.

90 Jahre später ist *Cape Cross* ein Naturschutzgebiet, eine von 24 Kolonien an der namibisch-südafrikanischen Küste, in denen Robbenjunge das Licht der Welt erblicken. Von den hier lebenden 650 000 Robben sind rund 80 000 am *Kreuzkap* zu Hause, gelegentlich sogar bis zu 110 000. Die Guano-Industrie ist längst zum Stillstand gekommen, doch das Robbentöten geht weiter. Heute allerdings unter staatlicher Aufsicht. Die jährliche Quote für die gezielte Auslese liegt bei ca. 20 000 Robbenjungen und 2000 Bullen. Naturschützer dulden das, um die Population unter Kontrolle zu haben. 1993 traf die Natur allerdings selbst die Auswahl. Zwischen November und Dezember starben aus ungeklärten Gründen 20 000 Robbenbabys. Helfer verscharrten sie mit Bulldozern.

Der Anblick der Robben vom *Kreuzkap* ist so atemberaubend wie der Geruch, der von ihnen ausströmt. Ihre 80 000 Leiber wogen wie ein Meer. Ihr Röhren, Stöhnen, Kreischen und Grunzen klingt wie die Brandung. *Cape Cross* ist ein markantes Highlight in der Facette namibischer Attraktionen.

Seelöwen im Porträt

Man bezeichnet Pelzrobben auch als Seelöwen oder Ohrenrobben. Obwohl eigentlich ortsgebunden, zieht es einzelne doch in die Ferne. Man beobachtete Robben, die die 1600 Kilometer lange Strecke zum Kap der Guten Hoffnung in 20 Monaten schwammen. Außerhalb der Paarungszeit sind kaum Bullen in der Cape-Cross-Kolonie. Doch Mitte Oktober kommen sie zurück, um ihr Territorium und die weiblichen Tiere gegen Rivalen zu verteidigen. Normalerweise wiegt ein Bulle 180 Kilo, vor der Paarungszeit bringt er es aufs Doppelte. Doch schnell werden diese Reserven während der anstrengenden Folgewochen verbraucht.

Robbenkühe sind wesentlich kleiner als Bullen und wiegen nur 75 Kilo. Fünf bis 25 Kühe machen den Harem eines Bullen aus. Innerhalb einer Woche nach der Geburt des letzten Jungen wird das weibliche Tier wieder gedeckt. Bis auf eine Ruhepause von drei Monaten, in der sich das befruchtete Ei noch nicht entwickelt, ist die Robbenkuh das ganze Jahr über trächtig.

Von Ende November bis Ende Dezember ist die Zeit der Massengeburt. Während des ersten Lebensjahres werden die Jungen von ihren Müttern gesäugt. Gut ein Drittel aller Robben sterben, bevor sie erwachsen sind. Häufigste Todesursachen: Verletzungen, wenn sich ein ausgewachsenes Tier über ein Junges wälzt, Frühgeburten, Ertrinken oder Verhungern, wenn die Kuh vom Jungen getrennt wird oder stirbt. Ausgewachsen frißt eine Robbe täglich acht Prozent ihres Körpergewichts.

Informationen: Cape Cross

[i] Director of Tourism, Windhoek, siehe *Nutzliche Anschriften*.

Öffnungszeiten: Ganzjährig täglich von 10 bis 17 Uhr. Es gibt keine Unterkünfte und keinerlei Service. Geringe Gebühr wird am Gate erhoben.

Unterkünfte: In Henties Bay und Swakopmund. Wer zeltet, findet einfache Campsites in der National West Coast Recreation Area.

Sehenswert: Neben Robben und Padrão-Nachbildungen lohnt sich ein Blick auf die Gräber des alten Friedhofs nahe dem Eingang. Zwischen 1899 und 1903 starben mehr als 120 Menschen bei Cape Cross. Wer genau hinschaut, entdeckt nicht weit von hier am Rand einer Salzpfanne auch Überreste der alten Eisenbahnschienen.

Ruhe bewahren: Die Gefahr, zerdrückt zu werden, ist für Robbenjunge groß, wenn die Alttiere in Panik geraten. Die Tiere also nicht erschrecken! Keinesfalls sollte man sich über die Absperrung hinaus zwischen die Robben begeben.

»Was – gibt's heute etwa wieder Fisch?« – Pelzrobben am Cape Cross

Walvis Bay:
Tor zur Welt und Vogelparadies

Es war ein historischer Moment, als 1994 die 1124 Quadratkilometer große südafrikanische Enklave *Walvis Bay* an Namibia zurückfiel. Damit war das Ende der Kolonialzeit besiegelt. Doch die Freude der Namibier hatte nicht nur ideelle oder politische, sondern auch handfeste wirtschaftliche Gründe. *Walvis Bay* ist Namibias Tor zur Welt, der bedeutendste Hafen mit fast der gesamten fischverarbeitenden Industrie. Bartolomeu Diaz war der erste, der in der Bucht vor Anker ging. »Golfo de Santa Maria da Conceicao« nannte er sie 1487. Doch drei Jahrhunderte lang schien niemand rechtes Interesse an dieser Küste mit den riesigen roten Sanddünen im Hinterland zu haben. Erst die zunehmende Präsenz amerikanischer Walfänger, die, angelockt durch den Walreichtum, hier hemmungslos jagten, machte die Holländer am Kap der Guten Hoffnung nachdenklich. An fremden Aktivitäten vor der eigenen Haustür hatten sie kein Interesse. 1793 zogen daraufhin Besatzungsmitglieder des Flaggschiffes *Meermin* hier die holländische Fahne auf. Sie nannten die Bucht »Walfisch Baye«. Doch nicht lange. Schon besetzten die Franzosen Holland, und so wurde auch Walvis Bay französisch. Das rief die Engländer auf den Plan, die argwöhnten, ihr Erzfeind könnte den Seeweg nach Indien kontrollieren. Also annektierten sie die Bucht. Die deutschen Kolonisten respektierten die Gegebenheiten. Um das englische Walvis Bay wurde die Kolonie Deutsch-Südwestafrika herumgebaut.

Pelikane an der Esplanade in Walvis Bay

Walvis Bay wird gern als gesichtsloses Etwas, schachbrettartig angelegt, ohne architektonischen Pfiff, beschrieben. Zugegeben, es tut sich schwer, mit Swakopmund zu konkurrieren. Tatsächlich verlaufen die »Roads« und »Streets« rechtwinklig zueinander. Doch genaugenommen erleichtert das die Orientierung. Das merkt man auch auf der Fahrt entlang der 10th Avenue. Wo sie auf die Esplanade trifft, wird man zur richtigen Jahreszeit sein »rosarotes Wunder« erleben.

Es gibt wenige Plätze auf Erden, an denen Flamingos in solchen Mengen zu beobachten sind wie in den »wetlands« von *Walvis Bay*. Rund 60 000 bis 110 000 Vögel sollen es sein, die sich jährlich einstellen, die zahlreichen Kap-Kormorane nicht einmal mitgezählt. Für Fachleute zählen die Feuchtbiotope hier zu den vogelreichsten im südlichen Afrika. Fast alle gefiederten Ankömmlinge haben lange Wege hinter sich. Zu den Rekordhaltern zählen die Regenpfeifer und Strandläufer, die 14 000 Kilometer von den Tundren Nordeuropas und Sibiriens nach hier zurückgelegt haben. Nur etwa ein Prozent der namibischen Küste besteht aus Buchten, die geeignet wären, die Vögel vor den tosenden Wassern des Atlantik zu schützen. Eine davon ist *Walvis Bay*. Hinzu kommt ein angenehmes Klima, das Futter ist reichlich und gut, denn Strömungen des Atlantiks wirbeln eine Fülle von Nährstoffen aus größter Meerestiefe auf. Die wiederum bieten den besten Nährboden für Plankton. Es spielt eine wichtige Rolle in der Spirale des Fressens und Gefressenwerdens, an deren Ende neben Flamingos, Pelikanen, Damara-Seeschwalben und Regenpfeifern auch Robben stehen.

Sandwich Harbour: Allradspaß und Schiffswrack

Der Vogelreichtum *Walvis Bays* wurde noch vor kurzem durch den von *Sandwich Harbour* übertroffen. 195 000 gefiederte Gäste zählte man in der nur auf abenteuerlichen Geländewagenpisten zu erreichenden Bucht. Mit einer Dichte von 7800 Vögeln auf nur einem Quadratkilometer war dies eine der größten Konzentrationen auf Erden. Doch plötzlich schien die Natur andere Pläne mit *Sandwich Harbour* zu haben. Seit 1988 versandet die Lagune in einem nie zuvor gekannten Ausmaß. Die Vögel ziehen ihre Konsequenzen – und bleiben zunehmend fort. Sie waren nicht die einzigen, die kamen und gingen.

Es waren auch Seeräuber, ehrenwerte Seemänner, Abenteurer, Forscher und Walfänger. Bereits 1791 wurde »Sandwich Harbour« erstmals auf Seekarten verzeichnet. Heute ist es kaum vorstellbar, daß Schiffe in der jetzt flachen Bucht vor Anker lagen. Doch vor gut hundert Jahren entstand hier wegen der hohen Zukunftserwartungen sogar eine Fleischkonservenfabrik. Sie überdauerte allerdings nur ein halbes Jahrzehnt. Mehr Erfolg hatte die deutsche Kolonialgesellschaft, die ab 1910 von den kleinen Inseln der Bucht Guano abbaute, immerhin mehr als 700 Tonnen des begehrten Vogelkots allein im Jahr 1938. Anfang der fünfziger Jahre kam auch dieses Geschäft zum Stillstand. Gut so, denn heute ist *Sandwich Lagoon* Teil des abwechslungsreichen *Namib-Naukluft Parks*.

Die Anfahrt dorthin ist ein Geländewagenabenteuer. Bereits wenige Kilometer nach Verlassen der *Walvis Bay* löst sich die anfängliche Salzstraße auf. Dutzende von Fahrspuren verfächern sich im trockenen *Kuiseb-River-Delta*, um dann auf einer Breite von einem Kilometer dem Verlauf des Ufers zu folgen.

Die Küste bei *Sandwich Harbour* ist auch ein Anglerparadies. Da ist kaum ein Geländefahr-

»Elly L 88«. In wenigen Jahren wird die Brandung das Wrack zertrümmert haben

Informationen: Walvis Bay und Sandwich Harbour

Walvis Bay: [i] Die Touristeninformation befindet sich im Rathaus. Tel.: (0642) 5981, Fax: (0642) 4528.

Sehenswert: Düne Nr. 7: Die markante Riesendüne mit Grillplätzen in oasenhafter Umgebung liegt ca. 5 km außerhalb der Stadt an der C14. Dort der Ausschilderung folgen.

Bird Park: Beim Erreichen Walvis Bays (C14) gleich am Ortseingang beim Kreisverkehr die erste Straße nach links abzweigen. Nach 2 km dem Schild *Bird Park* folgen. Wenig später Feuchtbiotope mit großem Vogelreichtum. Beste Beobachtungszeit: September bis März.

Esplanade: Die Flanierstraße entlang der Lagune ist immer gut für Vogelbeobachtungen, und sei es auch nur dort, wo Angler ihre Fische ausnehmen. Dicht gedrängt warten hier Pelikane auf gute Happen.

Unterkünfte: Mehrbettbungalows z. B. im Esplanade Park. Buchung: Municipality of Walvis Bay, Private Bag 5017, Walvis Bay 9190, Tel.: (0642) 6145, 5981, Fax: (0642) 6135.

Camping: Langstrand, ein Ferienkomplex unübersehbar an der Küstenstraße zwischen Walvis Bay und Swakopmund. Keine Bungalows, jedoch Restaurant. Tel.: (0642) 5981.

Sandwich Harbour: [i] Director of Tourism, Reservations (siehe *Nützliche Anschriften*). Das **Permit** für den Besuch Sandwich Harbours ist hier erhältlich. Man kann es allerdings auch in einigen Tankstellen in Walvis Bay beziehen: z. B. BP Service Station, 18th Street, Caltex- und Total Service Stations, 13th Street. In Swakopmund ist es erhältlich bei Hans Kriess Motors.

Vogelbeobachtung: Beste Zeit von September bis März.

Fahrtips: Für die 45 km lange Strecke ist ein 4WD zwingend erforderlich. Wegen weichen Sandes ist mit bis zu 50 Prozent höherem Treibstoffverbrauch zu rechnen. Beim Versanden ein zu tiefes Eingraben der Reifen vermeiden. Besser rechtzeitig Luftdruck reduzieren und Reifen wieder aufpumpen, sobald fester Boden erreicht wird. Den äußeren Ufersaum direkt am Meer unbedingt meiden. Vor Fahrtbeginn bei der Tourist-Info in Walvis Bay die Zeiten von Ebbe und Flut erfragen, da abschnittsweise dicht am Meer entlang gefahren werden muß. Ein Fahrzeug, dessen Reifen schon von den Wellen umspielt werden, ist so gut wie verloren. Treibsandeffekt!

Camping: Kein Camping im Namib-Naukluft Park. Siehe jedoch »Langstrand«.

zeug, das nicht mindestens zwei meterlange Angeln in Haltern auf der Stoßstange stecken hätte. Der Geruch von Meer, Salz, Fisch und Brackwasser liegt satt in der Luft. Zwischen 40 oder 50 wirr durch den Sand führenden Spuren muß man sich jetzt entscheiden. Doch es bleibt gleich, welcher man folgt. Alle haben ein Ziel: *Sandwich Harbour*. Spray liegt in der Luft, durch den sich fahles Sonnenlicht tastet. Plötzlich schälen sich aus diesem Dunst die Konturen eines Schiffes heraus. Als habe ihn eine Riesenfaust an Land geschleudert, liegt hier der Trawler »Elly L 88«. Die eine Bordwand ist aufgerissen, der Rumpf ist mit Algen und Muscheln bedeckt. Nirgendwo entlang der namibischen Küste ist derzeit ein besser erhaltenes Wrack zu sehen als hier.

Vermutlich wird die erste Fahrt nach *Sandwich Harbour* nicht ohne Herzklopfen abgehen. Mag sein, daß man auch ein- oder zweimal wirklich versandet. Die letzten drei Kilometer sind zu Fuß zurückzulegen, der Vögel wegen. *Sandwich Harbour* ist auch für Fotografen ein Leckerbissen. Ein paar Dutzend Flamingos stehen in seichtem Wasser und bilden einen zauberhaften Kontrast zu den unmittelbar dahinter aufsteigenden Dünen.

Sonnenuntergänge sind an dieser Küste oft nicht spektakulär, eher geheimnisvoll. Fast unheimlich wirken jetzt die Konturen des »Elly«-Wracks, das ich auf dem Rückweg noch einmal passiere.

Ein paar hundert Meter entfernt harren noch immer Angler in der Hoffnung auf den großen Fang des Tages aus. Bilder, wie sie Weitgereiste auch an den Küsten der USA oder Australiens gesehen haben. Nicht ganz ... schon wabern die typischen Nebel über dem kalten Benguelastrom heran. Rasch verdrängen sie das schwache Rot des Sonnenuntergangs. Es wird Nacht an *Sandwich Harbour*.

Zerklüftet und wildromantisch. Die »Mondlandschaft« am Swakop Rivier. Im Hintergrund der Rössing-Berg

Wüstenträume: Namib-Naukluft

Mit 50 000 Quadratkilometern ist er nicht nur der größte Nationalpark Namibias, sondern der größte Afrikas und der viertgrößte der Welt. 1907 legte die deutsche Kolonialverwaltung mit dem »Tierreservat Nr. 3« den Grundstein für den *Namib-Naukluft Park*. 1966 kam das Areal der Farm Naukluft dazu. Nachdem die Consolidated Diamond Mine riesige Flächen des Diamantensperrgebiets II freigegeben hatte, nahm 1986 Namibias Wüstenjuwel seine heutige Gestalt an. Die Naturschutzverwaltung wacht argwöhnisch über ihren Schatz.

Nur wenige Regionen sind Touristen ungehindert zugänglich: *Sesriem*, *Sossusvlei*, der *Naukluft-Zipfel* und das nördliche Parkende, die Namib Section des *Namib-Naukluft Parks*. Dieser Abschnitt ist noch ein Gebiet für Insider. Wenig wurde darüber veröffentlicht. Offizielle Informationen sind kärglich und beschränken sich auf kaum mehr als handgezeichnete, fotokopierte Lagepläne.

Eine zweitägige und 390 Kilometer lange Rundfahrt mit Start- und Endpunkt in Swakopmund führt in einige der reizvollsten Wüstenlandschaften unserer Erde.

Ohne Dünen – denn die bleiben dem *Sossusvlei* vorbehalten –, doch mit von Erosion geschliffenen Bergen wie der Blutkuppe und aus Granitfelsen herausgemeißelten Torbögen. Es ist eine Fahrt entlang »lebender Fossilien« und zu einigen der naturnächsten Campingplätze, die Namibia zu bieten hat, eine Reise, für die ein Geländewagen wünschenswert, doch nicht unbedingt Voraussetzung ist.

Streckenreport:

km

0 Start in *Swakopmund*. Hinter der Dampfmaschine *Martin Luther* zweigt die C28 (Ausschilderung »Goanikontes«) nach Südwest ab. 14 km später wird auf ihr der Namib-Naukluft Park erreicht.

17 »Welwitschia Nature Drive via Moonlandscape« liest man auf einem Schild. Die Straße zu den ausschließlich in Namibia vorkommenden Welwitschia-Pflanzen führt auf gut ausgebauter Schotterstraße an den Rand einer als Mondlandschaft apostrophierten Region. Eine bei der Nationalparkverwaltung erhältliche Broschüre »Die Weltwitschia-Fläche, eine faszinierende Fahrt« listet die markanten Highlights dieser Strecke auf. Steinplatten mit den entsprechenden Nummern markieren sie am Straßenrand.
Erster Stopp bei einer dunklen Spur im grauen Wüstenstaub. Bei genauem Hinsehen entpuppt sie sich als ein Teppich aus unzähligen Flechten. Ihr Gedeihen hängt – wie so vieles hier – vom Küstennebel ab. Gießt man ein Glas Wasser auf die Flechten, offenbart sich schnell ein kleines Wunder: Sie dehnen sich und bekommen Farbe. Diese Wüste ist empfindsam. Man ahnt das wenig später bei den alten Ochsenkarrenspuren des vor 150 Jahren von Jonker Afrikaner zwischen Swakopmund und Windhoek angelegten »Baiwegs«. Noch Jahrzehnte, nachdem er aufgegeben wurde, sind die Radeindrücke zu sehen. Die Flechten haben sich noch nicht erholt – ihr Wachstum beträgt ein Millimeter pro Jahr. »Mondlandschaft« heißt das von unzähligen Schluchten gefurchte Land am Swakop-Tal. Es ist baum- und strauchlos und schimmert in allen Nuancen von Gold bis Braun. Gegenüber diesem »Tal des Todes« erhebt sich der *Rössingberg*.

30 Abzweig zur Oase *Goanikontes*. Malerisch windet sich die Piste entlang zerbröseltem

Gestein in die Schlucht des Swakop Riviers. Schlagartig, so als habe jemand die Pforte zu einem grünen Garten geöffnet, steht man zwischen Büschen und Bäumen. Mit Grill-, Campingplätzen und Reitmöglichkeiten ist Goanikontes für den Reisenden eine kleine Oase. Doch zurück auf den Weltwitschia Drive …

48 1915 rasteten hier Truppen der südafrikanischen Armee. Der Markierungsstein Nr. 7 steht heute dort, wo sie ihren Schrott in Form riesiger Fahrzeugketten, alter Ölkannen und Flaschen zurückließen. Bei Kilometer

54 beginnt die eigentliche Welwitschia-Fläche. Es scheint, als habe hier jemand eine »Chinesische Mauer« errichtet. Baumeister war die Natur selbst, die vor Jahrmillionen durch Risse im Erdinneren flüssige Lava nach oben quetschte. Später erodierte das umliegende Land, und die erkaltete Lava blieb als Wall zurück.
Das Bett des *Swakop Riviers* wird gleich danach durchquert. Zwischen Kameldorn-, Anabäumen und Tamarisken laden hier Übernachtungsplätze zum zünftigen Campen ein.

72 Ankunft an der 1500 Jahre alten Riesen-Welwitschia. Man nennt sie »lebendes Fossil«. Dieses einzigartige Zwerg-Nadelgewächs ist mit der Kiefer verwandt. Es hat den Anschein, als ob die Welwitschia aus vielen ineinander verschlungenen Blättern bestünde. Tatsächlich aber hat sie nur zwei Blätter, die immer weiter wachsen und sich mit der Zeit spalten. Die Pflanze ist eingeschlechtig. Die Befruchtung erfolgt durch Insekten.

97 Ende der Welwitschia-Route und Rückkehr auf die schnurgerade Khomas-Hochlandstraße (C28).

112 Abzweig zur Blutkuppe und *Tinkas-Fläche*. Ein Schild auf einem Naturstein läßt Kommendes ahnen: *4X4*. Zünftig ist der Auftakt: Eine Straußenhenne rast kopflos übers Land, Staub und Steine wirbeln, und

Hendrik Witbooi: Viehdieb, Aufständischer und Nationalheld. Ab 1893 bekämpfte er die deutsche Schutztruppe

20 Springböcke federn über die geröllübersäte Fläche. Namibia ist immer für Überraschungen gut: »Langer Heinrich« heißt der Fels, auf den der Pfad zuführt. Ein Schild warnt schon bald: »Privatstraße – Uranmine«. Weit ausholend wird der Lange Heinrich umfahren, das aber erhöht den Reiz.

Paukenschlag der Natur: >
die majestätischen Dünen der Namib

Als der Krieg begann, gingen sie in die Wüste ...

Zweiter Weltkrieg: Die in Südwestafrika lebenden deutschen Geologen Henno Martin und Hermann Korn wollen der Internierung durch südafrikanische Behörden entgehen. Mit ihrem Hund Otto fahren sie in einem mit Ausrüstung vollgestopften Auto in die Namib. Zweieinhalb Jahre lang überleben sie in der Kuiseb-Schlucht, völlig auf sich allein gestellt. Sie ernähren sich von dem, was sie der Wüste abjagen.

»Der Westteil des Felsüberhanges war am tiefsten; hier beschlossen wir, unser ›Wohnzimmer‹ einzurichten. Wir stellten unsere zwei kleinen Klappstühle hinein, einen alten Blechkoffer, der als Tisch dienen mußte, und zwei leere aufeinandergestellte Benzinkisten als Schrank. Den Radioapparat stellten wir in die obere Kiste. An das ›Wohnzimmer‹ schloß sich die ›Küche‹ an. Viel Holz gab es in der näheren Umgebung nicht, deshalb durfte der Ofen nicht zuviel Zug haben. Wir hoben eine lange rechteckige Grube aus und kleideten sie mit Steinplatten aus, die wir vom Fluß des Kalkkliffs holten...

Wir wußten, wir würden ein Leben an der Grenze zu führen haben, rein körperlich an der Grenze der Lebensmöglichkeit überhaupt. Das war das Gesetz der Wüste. Aber auch seelisch würde es nicht anders sein. Wir würden ein primitives Leben führen und uns hart an der Grenze wilder, gestaltloser Roheit bewegen müssen, wollten wir überleben...

Eine Nachricht, die ich mitgebracht hatte, bereitete uns Sorgen, das Wasser im Kolk ging unaufhaltsam von Tag zu Tag zurück. Die Erde unseres Gartens, die bei unserer Ankunft feucht gewesen war, wurde trocken und spröde. Nur tägliches Gießen vermochte den Garten zu retten. Dazu war der Weg in den Canyon aber zu beschwerlich. Wir mußten den Garten wohl oder übel aufgeben...

Am nächsten Morgen ernteten wir schweren Herzens das alte Gartenstück ab. Wir gewannen acht Radieschen verschiedener Größe, ein kleines Bund Mangold, ein Blättchen Petersilie und ein Dutzend streichholzdünner Karotten.«

Henno Martin verfaßte unter dem Titel »Wenn es Krieg gibt, gehen wir in die Wüste« ein packendes, aber auch nachdenklich stimmendes Buch über diese Robinsonade in der Namib. Seine einfühlsamen wie informativen Schilderungen sind eine hervorragende Einstimmung auf die Begegnung mit der Wüste. Die Textauszüge erfolgten mit freundlicher Genehmigung des Verlags der Namibia Wissenschaftlichen Gesellschaft, Windhoek. Henno Martins Buch ist in Namibia im Buchhandel erhältlich.

Fata Morgana in der Namib. Luftspiegelungen gaukeln unwirkliche Bilder

140 Hier muß der Teufel mit runden Felsbrokken Murmeln gespielt haben. Doch dann kam die Erosion, sie nagte an seinen Rundlingen, schnitzte, meißelte und fräste sie. In ausgewaschene Felsen grub sie kleine Mulden, in denen heute nach der Regenzeit Wasser steht. Man findet halbmeterhohe Torbogen und »Murmeln«, die wie mit einem Messer glatt durchgetrennt wurden.

159 Ende der Geländewagenstrecke, die Haupt-Pad ist wieder erreicht.

163 Die Anfahrt zur *Blutkuppe*, dem »Ayers Rock« Namibias, ist spektakulär. In Auswaschungen des Granitfelsens gezwängt laden kleine Campingplätze mit Feuerstellen zum Übernachten ein. Einige der lauschigsten Camps befinden sich am Ende eines sandigen Pfades, der in eine verschwiegene Nische des Berges führt. Achtung: wegen Versandungsgefahr nur mit Allradfahrzeug passierbar.

Im Januar und Februar wird man in den muldenartigen Auswaschungen der Blutkuppe Wasser finden. Es ist zauberhaft, hier abends in der Stille der Wüste am Lagerfeuer zu sitzen, in den sternklaren Himmel zu schauen, das Steak über offenem Feuer brutzeln zu hören und den Schimmer des Lagerfeuers über das Geländefahrzeug huschen zu sehen. Afrika vom Feinsten, weniger als zwei Fahrstunden von *Swakopmund* entfernt.

169 Aufbruch von der (zuvor natürlich bestiegenen) Blutkuppe. Ca. eine Stunde für Auf- und Abstieg einplanen.

171 Abzweig zur *Tinkas-Fläche*, wo nach Regen eine für hier außergewöhnlich dichte Vegetation Oryxantilopen und Springböcke anzieht.

175 Der Pfad teilt sich. Ein Schild weist nach rechts »Middle Tinkas«. Folgt man der nicht ausgeschilderten linken Fahrspur, steht man vor zwei Soldatengräbern aus dem Jahre 1895. 150 Meter entfernt befindet sich das winzige Fort, das den beiden eigentlich Schutz hätte bieten sollen. Folgt man dem Pfad, wird bei Kilometer

177 ein schwarzes Benzinfaß erreicht, das als Wegweiser dient. Ein Pfeil zeigt geradeaus: »Middle Tinkas Rock Arch«. Der Boden dorthin ist felsig. Scharfkantige Steine erschweren das Fahren.

Die außergewöhnliche Welwitschia. Man nennt sie »Lebendes Fossil«

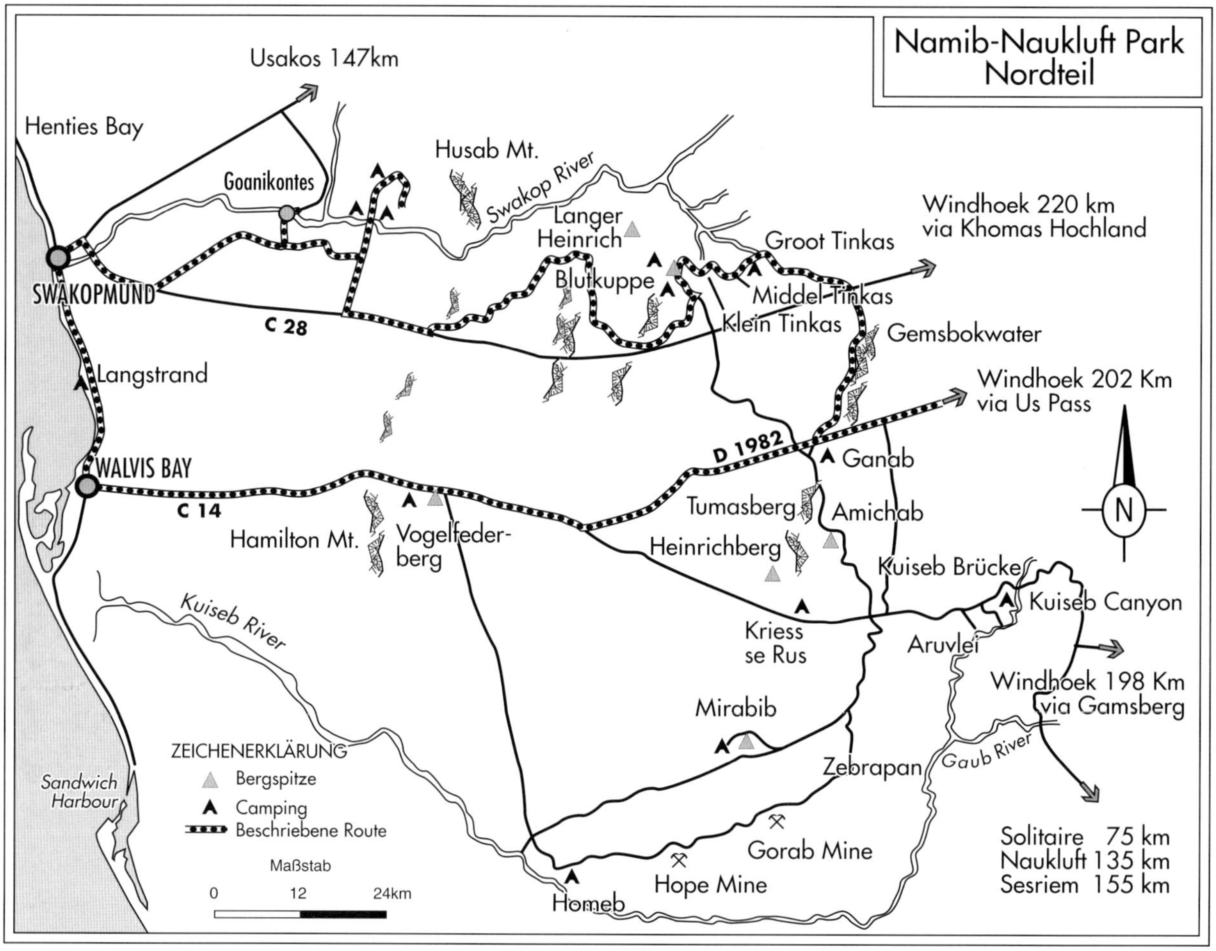

Informationen: Namib-Rundkurs

[i] Permits bei: Director of Tourism, Windhoek, siehe »Nützliche Anschriften« sowie: Swakopmund Tourist Office und Hans Kriess Motors, Walvis Bay: BP Service Station, 18th Street, Caltex- und Total Service Station, 13th Street.

Reisezeit: Ganzjährig. Der kühlende Einfluß des Benguelastroms läßt das Wüstenklima selbst im Hochsommer nicht extrem werden. Die Namib ist eine der wenigen Wüsten, die man aufgrund ihrer Temperaturen richtig genießen kann.

Camping: Das Park-Permit, das auch zum Camping berechtigt, ist vorab bei [i] zu besorgen. Jede Campsite hat ein bis drei Stellplätze. Ohne Betreuung. Einfache sanitäre Anlagen. Kein Wasser. Feuerholz ist mitzubringen. In Swakopmund wird es an Tankstellen verkauft.

Literatur: »A Guide to Namibian Game Parks« von W. u. S. Olivier. Das Buch ist auch beim Besuch anderer National- und Game Parks hilfreich. Erhältlich im namibischen Buchhandel.

Gut zu wissen: Man ist hier Selbstversorger. Entsprechende Wasser- und Benzinvorräte sind einzuplanen. Das Auto sollte einen zweiten Reservereifen und die in »Praktische Reisetips« empfohlene Ausrüstung dabeihaben. Obwohl die beschriebene Strecke größtenteils mit herkömmlichen Pkw befahrbar ist, wird wegen einiger Highlights außerhalb der Hauptstrecke (z. B. Rock Arch) ein Geländewagen empfohlen.

Im Swakop Rivier nach Regenfällen. Nur alle 3 oder 4 Jahre erreicht sein Wasser das Meer

179 Beginn des »Tinkas Nature Walk«, eines vier- bis fünfstündigen, markierten Wanderpfades, der einer auf die Felsen gemalten Oryxantilopenfährte folgt. Die Route hält sich an das Bett des *Tinkas Rivier*. Hyänen, Oryxantilopen und Springböcke benutzen das trockene Flußbett genauso wie Wanderer.

186 Ankunft am Rock Arch, einem Fels, der sich wie ein Torbogen über die Namib wölbt.
Ein reizvoller Campground lädt zum Übernachten ein. Dieser Felsbogen ist das Ende des Abstechers.

194 Rückkehr zum schwarzen Benzinfaß. Jetzt der Ausschilderung »Groot Tinkas« folgen. Nach sechs Kilometern wird ein Campground und ein nicht mehr genutzter Wasserdamm erreicht.
Die Weiterfahrt auf der Groot-Tinkas-Fläche läßt ein *Auf-dem-Dach-der-Welt-Gefühl* aufkommen. Über dem Rand der Fläche schweben Berggipfel und Antilopen, in Wahrheit handelt es sich um Luftspiegelungen.

217 Ankunft auf der Straße C28 (*Swakopmund-Windhoek* via *Khomas-Hochland*).

239 Die Straße D1982 ist erreicht (*Walvis Bay-Windhoek* via *Us-Paß*). Ihr folgt man bis zur Einmündung auf die C14.

296 Unübersehbar zur Linken liegt der abgerundete Felsbuckel des *Vogelfederbergs*. Unter seinem kappenartig vorstehenden Granitwulst befinden sich einige zauberhafte Zelt- und Picknickplätze. Der Monolith abseits der Gamsberg-Paß-Route eignet sich bestens als Übernachtungsstopp auf der Reise Windhoek – Walvis Bay.

340 Am Schild »Duin No. 7« Abzweig zur *Düne Nr. 7*, einer riesigen roten Düne, die man besteigen kann. Picknickplätze befinden sich am Fuß des weitläufigen Dünengeländes.

354 Walvis Bay (siehe Seite 112)

390 Rückkehr nach Swakopmund (siehe Seite 103ff.)

Karakul –
Namibias schwarzer Diamant

Vielleicht hätte die wirtschaftliche Zukunft Namibias anders ausgesehen, wäre nicht Anfang des Jahrhunderts ein Gespräch zwischen den Herren von Lindequist und Thorer zustande gekommen; Gouverneur von Deutsch-Südwestafrika der eine und Kürschnermeister in Leipzig der andere. Schon seit langem unterhielt Thorer Handelsbeziehungen zum usbekischen Buchara, wo er »Persianerfelle« kaufte.

1907 erreichen die ersten aus Buchara kommenden Karakulschafe den Südwesten Afrikas. Karakule sind Fettschwanzschafe, die sich im Mittleren Orient aus zweierlei Gründen besonderer Wertschätzung erfreuen: Sie sind sowohl Nahrungsmittel als auch Lieferant eines schwarzglänzenden, gelockten Fells (Persianer), das sich bestens für Pelzjacken und -mützen eignet.

Mit dem Import von 1907 wird der Grundstock für ein dreiviertel Jahrhundert währendes, erfolgreiches Farmgeschäft gelegt. Man kreuzt die Bucharaschafe mit schon vorhandenen »Schwarzkopfpersern«, die, genau wie Karakule, keine Wolle, sondern glatte Haarfasern haben. Bereits zu Beginn der 30er Jahre weiden 400 000 Karakulschafe in Namibia. »Es gibt deutliche Unterschiede zwischen dem Bucharakarakul und dem unsrigen«, sagt der Geschäftsführer des Karakul Board of Namibia, von Kühne. »Die ersten Importe hatten Röhrenlocken, wir dagegen züchteten solche, die flacher und glänzender sind, als ob Wassertropfen darauf liegen. Das war unser Erfolg. Das namibische Karakul könnte man fast schon als neue Rasse bezeichnen.«

Für die Pelzindustrie ist nicht das Fell ausgewachsener Tiere von Interesse, sondern das der just geborenen, die noch innerhalb der ersten 24 Lebensstunden getötet werden, eine Praxis, die während der letzten Jahrzehnte verständlicherweise heftige Proteste hervorrief. Und doch wurden in der Blütezeit der »Persianermode« zwischen 1945 und 1980 jährlich bis zu 3,5 Millionen Felle von 4000 namibischen Karakulfarmen exportiert.

»Der deutschsprachige Markt war unser Hauptabnehmer«, bestätigt der Geschäftsführer, »bis zu 75 Prozent der 35 mal 45 Zentimeter großen Fellchen gingen dorthin.« Doch dann kam der Einbruch: Um 1980 wandte sich die Mode langhaarigen Pelzen wie Zobel, Waschbär und Nerz zu.

Innerhalb der letzten 15 Jahre sank die Zahl der Karakulschafe hier von knapp vier Millionen auf 900 000. Kaum ein Farmer kann heute ausschließlich vom Export der als »schwarzen Diamanten« apostrophierten Fellchen leben. Viele Züchter öffnen ihre Besitzungen den heute mehr denn je anreisenden Touristen. »Gästefarm« heißt das neue Standbein.

Doch der fragile namibische Boden hat unter den Folgen des einstigen Karakul-Booms zu leiden. Zu viele Tiere übergrasten das Land und zertrampelten den Boden. Einher mit der Erosion geht die Dürre der letzten Jahre. »Ich bin hier im Land geboren«, sagt von Kühne. »Ich habe Namibia nie so trocken gesehen wie derzeit.« Und nach einem Moment des Nachdenkens: »75 Jahre lang war das anspruchslose Karakulschaf die Basis für einen unserer wichtigsten Erwerbszweige. Es ist das ideale Schaf für dieses wüstenähnliche Klima. Für uns ist es eine arbeitsintensive Farmerei, doch sie schafft Arbeitsplätze. Wenn das Schaf ganz aus dem Landschaftsbild verschwindet, verliert Namibia zugleich Tausende von Arbeitsplätzen.«

Im Hochland

Begegnung im Hochland. Eine farbenprächtige Echse »bewacht« das Reiterstandbild in Windhoek

City-Porträt: Windhoek

Man sagt, die Stadt habe 160 000 Einwohner, Tendenz steigend. Manche wissen es besser und sprechen von 200 000, Tendenz steigend. Gleichwohl, aus dem Blickwinkel des Mitteleuropäers ist sie immer noch die sympathisch kleine Hauptstadt eines großen Landes.

Windhoek ist jung. Der 18. Oktober 1890 sei ihr »Gründertag«, heißt es. Das war, als der Schutztruppenhauptmann Curt von François einzog. Doch er war nicht der erste Mensch hier. Für die Herero hieß die Stelle mit den begehrten Quellen »Otjomuise« (rauchender Platz). »Feuerwasser« nannten ihn die Nama. Einer ihrer Stämme hatte sich unter Führung Jonker Afrikaners um 1840 hier niedergelassen. Er benannte die Region nach seiner südafrikanischen Heimat »Winterhoek«.

Man wird nach Windhoek kommen, weil es nun mal die Schaltstelle dieses Landes ist. Oder weil man Freunde zu besuchen hat. Vielleicht ist man auch neugierig. Bald schon aber stellt man fest, daß Windhoek auch um seiner selbst willen einen Aufenthalt lohnt.

Am schnellsten lernt man die rund 1700 Meter hoch gelegene Stadt aus der Luft kennen. »Auf einen Blick« sozusagen. Dabei wird man ihre Kessellage zwischen Khomas-Hochland, Eros- und Auas-Bergen erkennen.

Man braucht nicht lange zu überlegen, wo der City-Bummel beginnen soll, da doch der Blick immer wieder auf die Christuskirche fällt. Dieses Wahrzeichen Windhoeks befindet sich an der Kreuzung von Robert-Mugabe-Avenue (bis 1993 Leutweinstraße) und Peter-Müller-Straße. Ein schmucker architektonischer Blickfang, dessen Anfang allerdings unter schlechten Sternen stand.

Als man die Bauarbeiten ausschrieb, brach der Herero-Aufstand aus. 1907 wurde der Grundstein gelegt, drei Jahre später war das gefällige Sandsteinbauwerk mit den bleiverglasten Fenstern, einem Geschenk Kaiser Wilhelms, fertiggestellt.

Christuskirche in Windhoek

Die Christuskirche steht am Rand der »Keimzelle« von Deutsch-Südwest. Hundert Meter weiter dominiert die Alte Feste das Bild. Curt von François, der bei der Grundsteinlegung 1890 auch Dokumente und Münzen einmauerte, ist ihr geistiger Vater. Wo heute der Eros-Flughafen ist, entstand eigens für die Bauarbeiten eine Ziegelei, die täglich 3000 Steine brannte. Ein Jahr später hatten die rund 200 schwarzen Arbeiter die mächtigen Außenmauern fertiggestellt. 1892 standen die trutzigen Türme. Jonker Afrikaner und von François können sich die Vaterschaftsrechte teilen; der eine für den Namen, der andere für die Stadt selbst. Von François' Denkmal steht unterhalb der Alten Feste vor dem Gebäude der Stadtverwaltung. Festen Blicks schaute der Hauptmann bis 1993 auf die nach ihm benannte Straße. Dann tauschte man eines Tages die alten Straßenschilder gegen neue. »Sam-Nujoma-Drive« heißt Windhoeks Ost-West-Achse seitdem.

Doch zurück zur Alten Feste. Kontrastreich gegen das Weiß ihrer Mauern erhebt sich der imposante und fotogene »Reiter von Südwest«. Daß er die Unabhängigkeit überdauerte, ist ein Zeichen für den Versöhnungswillen der neuen Regierung. Das in Berlin gegossene Standbild wurde zu »Kaisers Geburtstag«, dem 27. Januar 1912 enthüllt. Das Reiterdenkmal ist ein guter Platz, um die Geschichte Revue passieren zu lassen.

Zum ehrenden Andenken an die tapferen deutschen Krieger, welche für Kaiser und Reich zur Errettung und Erhaltung des Landes während des Herero- und Hottentotten-Aufstandes 1903 bis 1907 und während der Kalahariexpedition ihr Leben ließen.

So ist es auf einer Plakette am Denkmal zu lesen. Es folgt die Auflistung von 1750 Toten. Die ungleich höhere Opferzahl der anderen Seite wurde – dem Geist der damaligen Zeit entsprechend – nicht erwähnt.

Man sollte abends auf der Terrasse des Restaurants im alten Fort sitzen, um den Panoramablick auf Windhoek zu erleben. Gegenüber steht das Gebäude der ehemaligen deutschen Grundschule. Heute beherbergt es die staatliche Museumsverwaltung. Weiter geht es auf der Robert-Mugabe-Avenue zur Hügelstraße. Sie bietet eine prächtige Aussicht auf Windhoek, Klein-Windhoek und den von Diplomaten bevorzugten Stadtteil Ludwigsdorf. Die südafrikanische Botschaft befindet sich dort, wo einst Jonker Afrikaner siedelte.

Folgt man der Hügelstraße, fällt der Blick auf den »Tintenpalast«. 1912 war dieser Verwaltungssitz von Deutsch-Südwestafrika fertiggestellt worden. Im Vergleich zu den anderen Kolonialbauten wirkt seine Architektur streng, ja ausgesprochen modern. Manche lamentierten damals über den beschwerlichen Anstieg zu den »Verwaltungsgöttern auf Windhoeks Akropolis«. Doch oben entschädigt, damals wie heute, die Aussicht. Jetzt ist der Tintenpalast Parlamentsgebäude. Nebenan befindet sich der Sitz des Premiers. Der 1964 konzipierte Bau spiegelt den damaligen Wohlstand Südafrikas wider. Die Flure im Erdgeschoß zieren Mosaike aus Mineralien und Halbedelsteinen, im Obergeschoß beein-

Curt von François:
Er gilt als der Gründer des modernen Windhoek

druckt ein Wandgemälde mit Motiven aus der Landesgeschichte. Will man vom »Thron der administrativen Götter« herabsteigen, geht man am besten auf der Peter-Müller-Straße Richtung Independence Avenue. Bis zur Unabhängigkeit hieß diese Schlagader Windhoeks »Kaiserstraße«. Das ist nun passé, auch im Bewußtsein der meisten. Doch manches aus alten Tagen blieb.

»Kronprinz 1902« steht über der Tür eines Hauses, in dem heute Schuhe verkauft werden. Es ist der Auftakt für eine der reizvollsten Häuserzeilen aus der Kolonialzeit. Architekt Sander, der zahlreichen Bauten sein Siegel aufdrückte, baute schon 1920 das Hotel Kronprinz in einen Geschäftsblock um. Das Gathemann-Haus schließt sich an. Auch dies ein Beispiel Sanderscher Architektur, die er 1930 für den Bürgermeister von Klein-Windhoek gestaltete. Das Erkrath-Gebäude nebenan läßt die Zeile wie aus einem Guß erscheinen. Gegenüber lädt der Zoopark zum Flanieren ein.

Dies war sumpfiges Land mit Wasserlöchern, die Tiere und Menschen gleichermaßen anzogen. Man fand hier Knochen und prähistorische Werkzeuge liest man auf einem Schild neben uralten Elefantenknochen. Um so beeindruckender ist gleich danach der Kontrast zur modernen und schicken Post Street Mall, die zum Flanieren und Feilschen mit Straßenhändlern einlädt.

Es fällt nicht schwer, einen Tag beim Windhoek-Bummel zu verbringen. Café Kaiserkrone in der Independence Avenue oder Café Central in der Trip Arcade sind dabei immer gut für einen Schwatz, ein Stück Schwarzwälder Kirschtorte oder ein gutes Essen.

Gestärkt wird man auf der kosmopolitischen Independence Avenue weiterbummeln. Vermutlich wird man an der Ecke Bülow-Straße einen Moment lang aufschauen – hier ist die Zentrale

Windhoek im ersten Viertel des Jahrhunderts. Im Bild das Erkrath- und Gathemann-Gebäude

des CDM-Diamantensyndikats. Seit der Unabhängigkeit werden die Schätze der Namib nicht mehr in Südafrika, sondern an dieser Stelle sortiert. Danach ist es nur noch ein Sprung bis zum Kudu-Standbild und dem alten deutschen Vermessungsamt (Oude-Voorpost-Building). Heute befindet sich hier das Reservierungsbüro für alle National- und Naturparks. Der 1912 fertiggestellte Bahnhof könnte das Ende eines Windhoek-Bummels sein. Das aber hieße, noch keinen Blick auf Windhoeks »Burgen« (siehe Seite 145/146) geworfen zu haben, oder auf den Ausspannplatz, an dessen Straßenrändern noch vor Jahrzehnten Ochsen- und Pferdegespanne ausgeschirrt wurden. Oder auf die alte Turnhalle, die im Verlauf der namibischen Unabhängigkeitsbewegung ab 1975 weltweit bekannt wurde. Nun, man wird feststellen, daß selbst ein Tag noch zuwenig ist für einen Bummel durch die kleine Hauptstadt des großen Landes.

Der Reiter von Südwest

Katutura – eine Stadt, in der man jetzt leben kann

Er heißt Claudius Tjatindi und spricht deutsch. Doch er erblickte das Licht der Welt auf der Schattenseite des sonnigen Landes. »Ich wurde in der alten Location geboren, wo heute der Stadtteil Hochlandpark ist.« Alte Location, sagt er, flüssig übersetzt aus dem Englischen »Old Location« (auch: alte Werft), ein Stadtteil Windhoeks, bei dessen Erwähnung einige noch immer böse Erinnerungen haben. »Ich weiß noch genau«, sagt der stattliche Herero mit dem keck übers Ohr geschobenen Südwester-Hut, »wie 1959 die Buren 13 von uns erschossen, weil sie nicht zwangsumsiedelt werden wollten.«

Das südafrikanische Apartheid-Regime wollte damals die gewachsene Schwarzensiedlung vom Rand der Innenstadt weghaben. Wer blickt schon gern auf Dreck und Armut! Man wählte statt dessen den mehr außerhalb liegenden Platz, heute bekannt als Katutura. Man fragte die Schwarzen nicht, sondern verfrachtete sie, wie Vieh. Gegen ihren Willen. Ihre neuen Häuser wurden gekennzeichnet mit *D* für Damara, *N* für Nama, *O* für Ovambo und *H* für Herero.

»Wir haßten das«, sagt Tjatindi, »wir wollten zusammenleben, mit wem es uns paßt. Wir nannten das Getto ›Katutura‹, ein Wort aus der Herero-Sprache: ›Ort, an dem wir nicht wohnen wollen‹, heißt das.«

Das ist nun mehr als ein Drittel Jahrhundert her. Gut 60 000 Menschen leben heute in Katutura. Täglich wächst die Zahl. Zehn Schulen gibt es und ein modernes Krankenhaus. Katutura ist schon lange kein Township mehr.

»Nach der Unabhängigkeit wurden die Straßen asphaltiert. Wir bekamen Straßenbeleuchtung, und die Schulen sind heute groß und modern. Wir lehnen Katutura nicht mehr ab ... nur, daß unsere Häuser klein sind – und teuer.« Rund 400 Rand (N$) zahlt Claudius Tjatindi für ein schlichtes Häuschen mit vier Zimmern. Gemessen am Einkommen ist das viel. Wer will, kann sich jetzt sein Haus von der staatlichen Verwaltungsgesellschaft kaufen. Doch nur wenige sind dazu in der Lage.

Vereinzelt erkennt man an den Häusern noch die Buchstaben der verhaßten rassischen Zuordnung, aber nur dort, wo man es nicht der Mühe wert fand, sie zu überstreichen. Heute kann jeder hinziehen, wo er will. Die Schranken setzen sozialer Status und Geldbeutel. Bei gleicher Arbeit liegen die Einkommen schwarzer Arbeiter 600 bis 1000 Rand (N$) unter denen ihrer weißen Kollegen. »Mit der Verbesserung des Lohngefüges ist man noch nicht ganz fertig«, sagt Tjatindi diplomatisch. Doch es gebe auch schwarze Millionäre in Katutura. Und darauf ist er stolz. Zum Beispiel auf den derzeitigen Bürgermeister von Windhoek. »Früher war er der Besitzer eines Musikklubs, in den wir immer zum Tanzen gingen, heute regiert er die Stadt.«

Der Tag der großen Hoffnungen, die Unabhängigkeit, lebt noch an den Wänden Katuturas fort. Als Wandmalerei. Als erhobene schwarze Faust mit der Überschrift *SWAPO*. In den neuen Nationalfarben. Oder einem ungelenk gemalten Porträt von Sam Nujoma. Man hatte den Menschen versprochen, nach der Unabhängigkeit würden sie in den Häusern der ehemaligen Herren wohnen. Das geschah nicht. Doch die Verbesserungen in Katutura sind beachtlich. Die »Stadt wider Willen« etabliert sich für viele zum Lebens-Mittelpunkt. Für einige aber ist sie nur eine Absteige auf dem Weg in eine ungewisse Zukunft.

»Die einfachen Häuser wurden früher als *Single Quarters* genutzt. Dort lebten ledige Kontraktarbeiter«, sagt mein Begleiter. Heute wohnen hier Wambo aus dem Norden, und das mit »Single« stimmt schon lange nicht mehr. Auf den Dächern der armselig aussehenden Behausungen liegen Tische, Stühle und eingewickelte Gegenstände, als hätte ein Wirbelsturm Möbel durch die Luft geschleudert. Er grinst: »Alles in Windhoek gekauft, das geht am Wochenende ins Ovamboland.«

An *Weekends* wird es lebendig. Schlag auf Schlag rollen mit Menschen randvoll gestopfte Minibusse, durchhängend, mit bedenklich x-beinigen Rädern, in den bevölkerungsreichen Norden am Kunene. Montag werden sie zurück in Katutura sein.

Wandmalerei: Ausdruck der Hoffnung für die Zeit nach der Unabhängigkeit

Claudius Tjatindi. Der Herero lebt in Katutura

Der Exodus vom Land in die Hauptstadt ist immens. Das bringt Probleme. Eins davon heißt Müll. Kaum jemand, der kürzlich noch im Busch lebte, ist gewohnt, seine Abfälle in Containern zu sammeln. Ich sehe Unrat am Straßenrand. Nicht weit davon stehen fast leere Müllbehälter. Doch Katuturas Gesicht hat sich schon verändert, vom staubigen, dreckigen Slum zum Wohnort. Staatspräsident Nujoma wohnte hier nach der Unabhängigkeit, und vor einem Wohnhaus des Transportministers weht heute die namibische Flagge. Schick ist auch die Villa des Bürgermeisters. Der Platz, wo arm und reich gleich sind, erinnert allerdings eher an einen steinigen Acker. Es gibt keine Pflanze auf dem Friedhof von Katutura. Nur Grabsteine mit Nummern. Früher lief um den Friedhof noch ein Maschendrahtzaun. Es blieben die Pfeiler. Die Lebenden hatten eine bessere Verwendung für den Draht.

»Vergiß die Vergangenheit, strebe nach Versöhnung, schaffe Frieden. Wenn das nicht gelingt, ist das Land zum Scheitern verurteilt«, sagte Namibias Ministerpräsident Hage Geingob zur Zukunft des Landes. Das gilt in besonderem Maß für Katutura. »Dies ist jetzt unser Zuhause. Unter diesen Umständen leben wir gern hier«, sagt Claudius Tjatindi. »Katutura«: Das ist jetzt eine Stadt, in der man leben kann.

Informationen: Windhoek und Umgebung

[i] Tourism Office, Independence Avenue (nahe Kudu-Standbild), P. O. Box 13346, Windhoek, Tel: (061) 284-9111. Geöffnet montags bis freitags: 7.30 bis 13 Uhr und 14 bis 16.30 Uhr.
Info-Stand: Post Street Mall, P. O. Box 1868, Windhoek, Tel: (061) 391-2058. Öffnungszeiten: wie oben. Reservation Office (für National- und Naturparks): Oude-Voorpost-Building, Ecke Moltke- und John-Meinert-Straße, Tel: (061) 36975.
Museen: State Museum, Alte Feste, Robert-Mugabe-Avenue, Tel: (061) 293-4376.
Owela Museum: Robert-Mugabe-Avenue (hinter der Bücherei), Tel: (061) 293-4376.
Büchereien: Public Library, Lüderitz-Str. 18, Tel: (061) 22-4163.
Buchgeschäft: »Der Bücherkeller« (The Book Cellar), Peter-Müller-Straße, P. O. Box 1074, Windhoek, Tel: (061) 31615. U. a. sehr gute Auswahl an Namibia-Literatur. Natürlich spricht man deutsch.
Touren: Oryx Tours, 6- bis 22tägige Safaris, P. O. Box 2058, Windhoek, Tel: (061) 217454, Fax: (061) 63417.
Stadtrundfahrten: City Tours Top Travel, P. O. Box 80205, Windhoek, Tel. und Fax: (061) 51975. Büro im Untergeschoß des Kalahari Sands Hotel.
Restaurants: Central Café, Trip Arcade, schmaler Abzweig von der Independence Avenue, gegenüber der Hauptpost. Tel: (061) 222-659. Café Kaiserkrone, Independence Avenue, Tel: (061) 230141. Café/Restaurant Schneider, Levinson Arcade, Tel: (061) 226304. Restaurant Fürstenhof, Rombergstr. 4, P. O. Box 316, Windhoek, Tel: (061) 37380.
Unterkünfte: Kalahari Sands Hotel, Independence Avenue, Tel: (061) 222300. Safari Hotel, Republic Road, Tel: (061) 38560. Hotel Thüringerhof, Ecke Independence Avenue/Bahnhofstr., Tel: (061) 226031. Fürstenhof Hotel, Rombergstr. 4, Tel: (061) 37380.
Pensionen/Gästefarmen: Pension Handke, Rossinistr. 3, Tel: (061) 34904. Pension Steiner, Welckestr. 11, Tel: (061) 224234. Finkenstein, 20 km außerhalb Windhoeks an der Straße zum Airport, P. O. Box 167, Windhoek, Tel: (061) 34751. Gästefarm Elisenheim, 15 km nördlich von Windhoek, P. O. Box 3016, Windhoek, Tel: (061) 64429. Gästefarm Düsternbrook, P. O. Box 870, Windhoek, Tel: (061) 32572.
Pkw- und Geländewagenvermieter: 1. Kessler 4X4 Hire, P. O. Box 20274, Tel: (061) 33451 u. 227638, Fax: (061) 224551, Pkw und Geländewagen. 2. Budget Rent-a-Car, P. O. Box 1754, Tel: (061) 228720 u. 22768, Fax: (061) 227665, Windhoek Flughafen, Tel: (0626) 40225
Camping: Daan Viljoen Game Park an der Straße C26 nach Swakopmund, knapp eine halbe Stunde Fahrzeit außerhalb Windhoeks. Sehr naturnahes Camping. Ebenfalls Bungalows. Buchung bei: Director of Tourism (siehe Anhang »Nützliche Anschriften«).

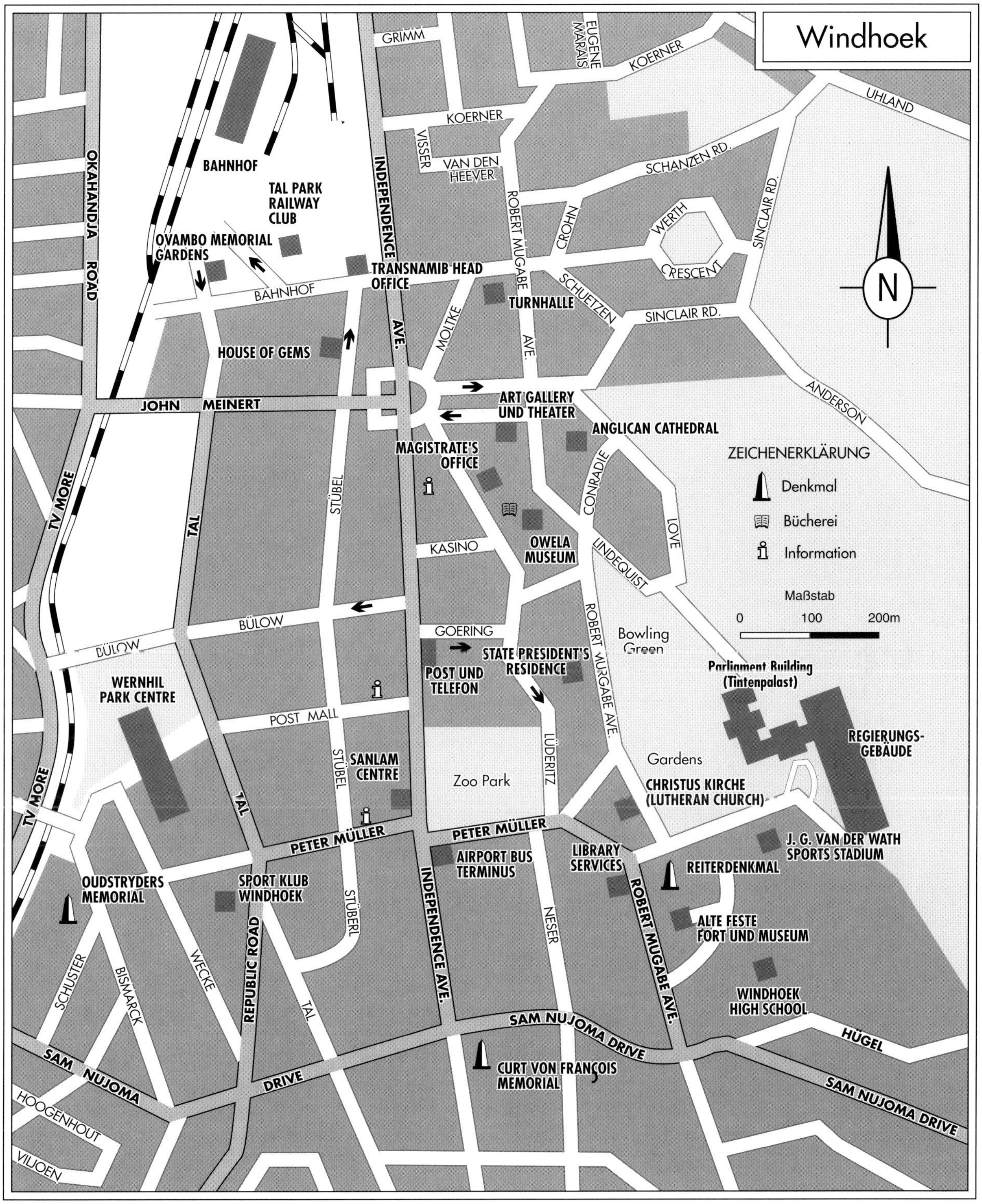

Windhoek
ZEICHENERKLÄRUNG
Denkmal
Bücherei
Information
Maßstab
0 100 200m
BAHNHOF
TAL PARK RAILWAY CLUB
OVAMBO MEMORIAL GARDENS
TRANSNAMIB HEAD OFFICE
TURNHALLE
HOUSE OF GEMS
ART GALLERY UND THEATER
ANGLICAN CATHEDRAL
MAGISTRATE'S OFFICE
OWELA MUSEUM
STATE PRESIDENT'S RESIDENCE
POST UND TELEFON
WERNHIL PARK CENTRE
Bowling Green
Parliament Building (Tintenpalast)
REGIERUNGS-GEBÄUDE
Gardens
Zoo Park
SANLAM CENTRE
CHRISTUS KIRCHE (LUTHERAN CHURCH)
J. G. VAN DER WATH SPORTS STADIUM
LIBRARY SERVICES
AIRPORT BUS TERMINUS
REITERDENKMAL
OUDSTRYDERS MEMORIAL
SPORT KLUB WINDHOEK
ALTE FESTE FORT UND MUSEUM
WINDHOEK HIGH SCHOOL
CURT VON FRANÇOIS MEMORIAL
GRIMM
EUGENE MARAIS
KOERNER
UHLAND
VISSER
VAN DEN HEEVER
ROBERT MUGABE AVE.
SCHANZEN RD.
SINCLAIR RD.
WERTH CRESCENT
CROHN
SCHUETZEN
MOLTKE
OKAHANDJA ROAD
INDEPENDENCE AVE.
BAHNHOF
JOHN MEINERT
ANDERSON
CONRADIE
LOVE
LINDEQUIST
KASINO
STÜBEL
TV MORE
TAL
BÜLOW
GOERING
POST MALL
LÜDERITZ
PETER MÜLLER
NESER
STÜBERL
REPUBLIC ROAD
WECKE
BISMARCK
SCHUSTER
SAM NUJOMA DRIVE
HÜGEL
HOOGENHOUT
VILJOEN
N

Im Schatten der Apartheid – Interview mit Präsident Dr. Sam Nujoma

Wie beurteilen Sie die Beziehungen zu Deutschland?

Nujoma: Sie sind exzellent. Wir freuen uns über die Hilfe, die wir für den Aufbau unseres Landes bekommen.

Ist sie ausreichend, um die Probleme zu beseitigen?

Nujoma: Nein. Wir leiden noch unter den Auswirkungen der Apartheid unter der südafrikanischen Besetzung.

Präsident Dr. Sam Nujoma

Welcher Art sind diese?

Nujoma: Sie müssen nur durch unsere Städte fahren, nur wenige hundert Meter von den Stadtkernen entfernt befinden sich die durch die Apartheid festgelegten und gebauten Wohnsiedlungen der schwarzen Bevölkerung. Sie wurden in den Zeiten der strikten Apartheid durch die Südafrikaner angelegt. In den ländlichen Gebieten ist dies besonders schlimm. Wir haben hier keine Schulen, keine Krankenhäuser, keine Industrie, keine Beschäftigung. Die Bevölkerung dort war nur ein Arbeitsreservoir für die Weißen in den Städten.

Was hat für Sie Vorrang?

Nujoma: Für mich ist schulische Erziehung ganz wichtig. Wer aber kilometerweit zu Fuß gehen muß, um eine Schule zu erreichen, verliert schnell die Lust dazu. Was in Europa für richtig angesehen wird, muß auch für uns in Afrika gelten. Also Schulen in die Dörfer.

Sie bitten um ausländische Hilfe. Gleichzeitig verprellen Sie das Auslandskapital, indem Sie eine Landreform planen. Wie paßt das zusammen?

Nujoma: Wir haben immer eine Landreform in unserem Programm gehabt. Wir haben den langen Kampf bis zur Unabhängigkeit vom Kolonialismus Südafrikas vor allem auch um Land geführt.

Wir müssen die Landreform durchführen. Es kann so nicht bleiben, daß fünf Prozent der Bevölkerung 85 Prozent des ganzen Landes ihr eigen nennen. Und von diesen fünf Prozent sind auch noch einige nie im Lande, sondern nur Besitzer des Landes, sie selbst aber sitzen im Ausland.

Wie viele sind das?

Nujoma: Wir haben in unserer nationalen Konferenz über die Landreform im Juli 1991 festgestellt, daß die 36,2 Millionen Hektar nutzbaren Landes von nur 4664 Farmern bewirtschaftet werden.

Weitere 33,5 Millionen Hektar werden von 150 000 Familien in anderer Weise als für die Landwirtschaft genutzt. Insgesamt haben wir 6292 Farmen erfaßt, davon gehören 6123 ausschließlich Weißen. Sie bewirtschaften 95 Prozent oder 34,4 Millionen Hektar des nutzbaren

Landes. Drei Millionen Hektar gehören deutschstämmigen Namibiern. 2,7 Millionen Hektar gehören 382 Farmern, die im Ausland wohnen, davon 0,9 Millionen Hektar Eigentümern in Europa, 1,7 Millionen Hektar Südafrikanern. Nur 181 Farmer sind schwarze Namibier, sie besitzen gerade einmal 2,9 Prozent der nutzbaren Fläche. Wer da nicht sieht, daß dies ungerecht ist, muß blind sein.

Und was würde passieren, wenn Sie keine Lösung finden?

Nujoma: Eine Revolution Schwarz gegen Weiß. Das wäre ganz unausweichlich. Eine Landreform ist daher unumgänglich, auch wenn es für viele sehr schmerzhaft sein könnte. Unser Kampf galt nicht nur der Unabhängigkeit von der weißen Kolonialmacht, er galt auch der Befreiung von den kolonialen Folgen für unser Volk.

Sind Sie mit dem Engagement der deutschstämmigen Namibier zufrieden?

Nujoma: Grundsätzlich ja.

Aber immer mehr deutsche Südwesterflaggen tauchen auf...

Nujoma: Das ängstigt mich nicht. Im Gegenteil, es zeigt, wie offen unsere junge Demokratie ist. Solange nicht zur Gewalt aufgerufen wird, stört mich das nicht. Ich bin mehr daran interessiert, daß die deutschen Geschäftsleute mehr Ausbildungsplätze zur Verfügung stellen, damit unsere schwarzen Mitbürger schneller aus den Überbleibseln der Apartheid befreit werden können. Die deutschstämmigen Namibier sind in der Lage, unsere schwarzen Mitbürger auszubilden. Sie sollten es mehr als bisher anbieten.

Was hat Vorrang in den Investitionsplänen?

Nujoma: Wir müssen Landwirtschaft und Tourismus fördern. Unsere Menschen dürfen nie hungern.

Mein Hauptaugenmerk gilt daher der Landwirtschaft – neue und bessere Produktionsformen müssen wir finden. Bis zum Jahre 2005 wollen wir Selbstversorger sein.

Das Interview führte Peter Brinkmann
Mit freundlicher Genehmigung der Süddeutschen Zeitung

Unter einem Klassenbaum ... Die Farmschule Baumgartsbrunn

Seine Erfolge sind so beachtlich, wie sein Lebensweg außergewöhnlich. Mancher andere würde sich mit Mitte 70 zum alten Eisen zählen. Helmut Bleks nicht. Wie könnte er ... Wo doch 700 Schulkinder zu »Mister Helmut« aufblicken. »Manchmal sage ich den Schülern hier: ›Ihr seid die Botschafter des neuen Namibia, ihr seid es, die

Helmut Bleks (Mister Helmut), *Gründer und guter Geist der Farmschule Baumgartsbrunn*

dieses Land formen werden.‹ Dann spüre ich einen Ruck durch die Kinder gehen, und ich weiß, sie werden ihren Weg gehen.«

Die Geschichte der Farmschule *Baumgartsbrunn* begann 1969, als der Konzernmanager Bleks einen Herzinfarkt bekam. »Die Ärzte rieten, ich solle möglichst auf die andere Seite der Erde, weg von Streß und Hektik...« Das machte das Ehepaar Bleks, indem es in Namibia die 7000 Hektar große Farm Baumgartsbrunn kaufte. Die

beiden begannen ihr Farmhaus selbst zu bauen. In russischer Gefangenschaft hatte Bleks auch als Maurer und Zimmermann gearbeitet. Hier sollte er einen weiteren Beruf erlernen, den des Schulleiters. »Seit damals habe ich keine Tablette mehr genommen. Ich bin hier gesund geworden.« Doch Farmer, was er eigentlich hier werden wollte, wurde er nicht. »Es gab damals ein Gesetz, wonach Kinder nur dort zur Schule gehen konnten, wo die Eltern Arbeit hatten und wohnten. Die meisten Eltern aber lebten auf dem Lande, und genau da waren keine Schulen.« So begann er auf Baumgartsbrunn mit einfachsten Mittteln eine private Farmschule für 20 Kinder zu bauen. »Viele schwarze Menschen wußten nicht so recht, was sie damit anfangen sollten, und für die weißen Farmernachbarn war es neu, im Khomas-Hochland eine Schule für schwarze Kinder zu haben. Fünf Jahre Mißtrauen. Doch das war nur am Anfang. Später brachten selbst die Farmer ihre Kinder hierher.« Aber mit dieser Akzeptanz begannen andere Schwierigkeiten. Die Nachfrage wurde zu groß.

Jahre später: Helmut Bleks blickt auf einen großzügig angelegten, modernen Schulkomplex. Fast 1,5 Mio. N$ betrugen die Investitionen. Neben der Schule gibt es eine Gärtnerei, Bäckerei, Schneiderei, Melkerei und Metzgerei. Wasser kommt aus einem eigenen 16 Kilometer entfernten Stausee. Und das liebe Geld? Seine Erfahrungen als Industriemanager dienen der Sache. Mehr als eine Million N$ kommen jährlich für die laufenden Betriebskosten zusammen.

»Die namibische Regierung, die Konrad-Adenauer-Stiftung und die Helmut-Bleks-Stiftung in München finanzieren unser Projekt etwa zu gleichen Teilen. Wir beginnen mit der Vorschule, darauf bauen Grund-, Real- und Berufsschule auf. 85 bis 90 Prozent aller Schüler sind Farmarbeiterkinder. Das Projektziel ist der Ausbildungsabschluß in einem handwerklichen Beruf.«

Doch immer wieder spürt er, daß hier Afrika ist. »...weil diese Menschen noch ganz stark im Gruppenbewußtsein verhaftet sind. Um das zu verdeutlichen – es ist nicht ungewöhnlich, daß neun Kinder, die jeweils ein eigenes Bett haben, sich alle in ein Bett quetschen, um jene Nähe zu spüren, die sie von daheim in der kleinen Gruppe kennen. Es ist aber auch wichtig, daß unsere Kinder zu selbstbewußten, starken Persönlichkeiten werden. Ich bin Anhänger der Waldorf-These: ›Du und ich sind wir‹, doch hier müssen wir eher umgekehrt sagen: ›Wir sind du und ich.‹«

Der Wunsch nach dem Füreinander war es, der zum Motor für Bleks' Erfolg wurde: »Eigentlich war es hier unmöglich, zu verhungern, weil man sich überall am Tisch dazusetzen konnte, ohne ›Danke‹ zu sagen. Das Wort gab es in den meisten Stammessprachen gar nicht. Es war selbstverständlich, sich in diesem kargen Land gegenseitig zu helfen, wo man konnte.« Das tat auch er. Viele weiße Farmer folgen heute Helmut Bleks' Beispiel. Auch das sind die Früchte einer Idee, die in den ersten Tagen nach seiner Ankunft in Namibia keimte, damals unter einem Klassenbaum...

Schneller als der Vogel Strauß ...
Motorradtour zwischen Kalahari und Namib

Fahrzeughersteller?« Die dunklen Augen in dem strengen Gesicht durchdringen mich. Doch mit der Antwort – »KTM« – gibt sich der schwarze Beamte am Grenzübergang zwischen Namibia und Botswana nicht zufrieden. Motorräder kommen nur selten an diese Grenze, Geländemaschinen schon gar nicht.

»In der *Kalahari*, genaugenommen zwischen *Mamuno* und *Maun* in Botswana, hatten wir die Qualitäten unserer Maschine bereits schätzen gelernt. Wir waren zuvor noch von einem alten Afrika-Hasen gewarnt worden, der die früher von Allradfahrzeugen gefurchte Strecke gefahren war: ›... mit den Packtaschen bin ich hängengeblieben, so tief war der Sand ...‹. Nicht so bei uns. Aufgehalten hatte uns nur ein Strauß, der kopflos vor uns flüchtete: Immer am Farmzaun entlang, brachte er es dabei auf stattliche 70 Stundenkilometer. Solche Geschwindigkeiten bereiten heute auch ungeübten Fahrern keine Probleme mehr: Der *Trans-Kalahari-Highway* wurde fast vollständig geteert; wieder ist eine Piste mit hohem Erlebniswert zu einer reinen Fahrstrecke geworden. Doch Pads wie der alte Highway sind in Namibia noch heute zu »erfahren«.

Namibia ist Wildnis – auch da, wo die Natur eigentlich gezähmt scheint, zum Beispiel auf einer der einladenden Gästefarmen. Ich erinnere mich noch an die nächtliche Begegnung mit dem kleinen Steppke dort: »Tannie, ek is bang. – Tante ich habe Angst.« Der zehnjährige Farmerssohn hatte hilfesuchend zur Reiseleiterin geblickt, und die schaute hilfesuchend auf uns. Es war dunkel, und das schützende Farmhaus lag mehrere Kilometer entfernt. In der Ferne lachten Hyänen, und den Kindern war gar nicht wohl. Was war geschehen?

Manche Dünen sind von der Naturschutzbehörde für den Freizeitspaß freigegeben

Der Farmer hatte seine drei Kinder und eine Touristenführerin, die nach neuen Ausflugszielen suchte, mit einem Allradwagen zur Erkundung in die Dünen gefahren. Nur abgeholt hatte er sie nicht... Später erfuhren wir, daß er bei der Antilopenjagd im Sand steckengeblieben war. Nun standen wir drei Motorradfahrer im Dunkeln, zusammen mit drei Kindern und einer jungen Frau. Kurzerhand luden wir alle auf unsere Motorräder und wühlten uns völlig überladen durch den Sand zurück zum Farmhaus. Einem deutschen Verkehrspolizisten hätte sich bei diesem Anblick das Nackenhaar gesträubt.

Namibias Schotterstraßen sind in gutem Zustand, das bestätigt auch der Geländemotorradfahrer, obschon die *Pads* manchmal so aussehen, als hätte jemand Wellblechplatten in die Fahrbahn gegraben. Am *Kunene*, dem Grenzfluß zwischen Namibia und Angola, dringen wir in das *Kaokoveld* ein, den nördlichen Teil der *Namib-Wüste*. Ein kaum noch erkennbarer Pfad windet sich über Steinstufen und Geröll in die faszinierende Bergwelt.

Unser Pfad in eine der bizarrsten und selten besuchten Gegenden Namibias besteht stellenweise nur aus verwehten Spuren und windet sich über Gesteinsstufen und Geröll. Für Reisende mit Allradauto mag diese Route als Zumutung erscheinen – für uns Motorradfahrer ist sie das Nonplusultra unserer Abenteuerreise durch das südliche Afrika.

Abends erreichen wir unser Ziel, den Fluß in der Wüste: *Kunene River*. Wir treffen hier Hans Schreiber, einen echten »Südwester«, einen der etwa 30 000 deutschsprachigen Namibier. Direkt an den *Epupa-Fällen* hat er das »Omarunga-Camp« in einem malerischen Palmenhain angelegt.

»Afrika-Stimmung« macht sich breit. Zum »Sundowner«, dem Abendschoppen, fahren wir mit Hans auf einen den Epupa-Fällen vis-à-vis gelegenen Berg. Zauberhaft dieser Blick auf den Kunene. Schäumend stürzt er sich über glattgewaschene Felsen. Natürlich sind die *Viktoria-Fälle* größer, die Niagara-Fälle bekannter, doch keine dieser Weltberühmtheiten ist schöner als der Epupa. So zumindest empfinde ich es diese Nacht. Auf Hunderten von Metern bildet der Fluß kleine Einzelfälle, stürzt sich über Urgestein, wobei die Aloen es hier und da geschafft haben, ihre Wurzeln in den Fels zu zwängen.

Nach dem »Sundowner« folgt »Braai« – Grillen nach Südwester-Art: Holz sammeln, Feuer anzünden, dann wird über der Glut Fleisch in gewaltigen Portionen gegart. Heute gibt es Steaks vom Eland, der größten afrikanischen Antilope. Gleichgültig, ob man in Südafrika oder Namibia ist – »Braai« ist in diesem Teil der Welt ritualisiert wie das Weißwurstessen in Bayern. Während die Steaks schmurgeln, erfüllen fremde Geräusche die afrikanische Nacht: Lachen von Hyänen und das Lärmen der Gekkos. Ein paar Männer erzählen spannende Geschichten vom Leben im »Veld«, der Buschsavanne.

Wir schlafen unter Sternen, nur durch Moskitonetze von dieser vitalen Natur getrennt. Eine Natur, die es hier noch wie zur Zeit der ersten Forscher vor Jahrhunderten zu entdecken gilt. Noch – denn ein riesiger Stausee soll hier dereinst entstehen. Bereits in wenigen Jahren wird eine 130 Meter breite Staumauer den Kunene zu einer Touristenattraktion stauen, einem See mit einer Wasserfläche von 300 Quadratkilometern. Es wird Wassersportmöglichkeiten geben, Hotels und alles, was zu einem »Touristenparadies« gehört. Die malerischen Fälle werden dann im See versunken sein, der erzeugte Strom aber wird Namibia mit Energie versorgen.

Ich hatte diesen Teil der Namib zuvor schon während der Regenzeit kennengelernt. Damals war ich verwundert, daß es hier keine Farmen gab: Kniehoch und sattgrün hatte das Gras gestanden. Es war eine Fabelwelt, ein Märchen mit blauem Himmel, grünen Tälern und Bergen, deren Farbe und Form ständig wechselte, ein Postkarten-Idyll. Jetzt ist mir, als hätte die Namib mich damals belogen. Heute zeigt sie ihr wahres Gesicht: Wenige Wochen nach dem Regen verschwindet das Grün im Gras, später verschwindet das Gras selbst. Übrig bleiben Steine, Schotter, der Sand und ein Naturstaub, der zu dem feinsten der Welt gehört. Eine Stelle im Damaraland nennt man »Staublöcher«. Das sind halbmetertiefe Mulden, unsichtbar unter einer glatten Oberfläche verborgen. Eben noch fährt vor einem ein Motorrad durch die klare Wüstenluft, plötzlich mahlen die Räder durch Staub, und wie aus dem Nichts steht da eine Wand – aus Staub. Er kriecht unter Motorradbrillen, zwischen die Zähne. Und auf einmal will jeder vorne fahren ...

Swakopmund, der Küstenort mit deutschem Fachwerk und der »Kaiser-Wilhelm-Straße«, ist für uns Motorradfahrer eine Oase. Doch diesmal nur für kurze Zeit. In dem häufig nebligen Küstenort wird es plötzlich heiß. »Ostwind« nennen die Swakopmunder das Phänomen, wenn durch die Straßen der kühlen Kleinstadt urplötzlich Sand und Hitze geblasen werden.

Einen besonderen Fahrspaß erleben wir südlich davon in den Dünen bei *Walvis Bay*. Die Fahrtechnik dafür lauschen wir den Wüsteninsekten ab: Kleine Käfer überleben in den riesigen Sandbergen nur, wenn sie ein paar Tricks anwenden: Entweder sie flitzen so schnell über den glühenden Sand, daß sie kaum Bodenberührung haben, oder sie graben sich blitzartig ein. Unsere Geländemaschinen machen es genauso: Mit genug Schwung bezwingen wir auch die höchsten Dünen. Fährt man zu langsam, wühlt sich die Maschine bis über die Achsen ein. Ein Surfer genießt die Dünen auf seine Weise: Rasant rauscht er mit dem Snowboard den steilen Sandhang hinab ...

Unser Weg zurück nach Windhoek auf der Straße durch die Zentral-Namib führt durch die Mondlandschaft des felsigen Swakop-Flußtales. Hier ist nichts lieblich oder nett. Die Landschaft wirkt wie die skurrile Kulisse eines Science-fiction-Films, wie ein menschenfeindlicher Planet: Das Gestein ist zerrissen, imposante Berge sind zu Felsbrocken und millonenfachem Schotter zerbröselt. »Land der Kontraste« nennt man Namibia gern. Dieser Tag zeigt mir wieder einmal, warum: Der untergehende Feuerball taucht die kargen Berge am Horizont in sanftes Rot, und das Urgestein der Namib beginnt zu leuchten; rot, braun – unbeschreiblich, diese Vielfalt der Wüste. Eine Herde von Springböcken macht währenddessen ihrem Namen alle Ehre. Anmutig, kaum mehr als hundert Meter von uns entfernt, springen sie in den glühenden Ball der Sonne hinein.

Ende der Motorradreise: Mehr als 6000 Kilometer Sand, Steine und Staub liegen hinter uns. Offensichtlich sieht man uns das an: »Seid ihr Monster?« fragt ein kleiner Junge, als wir uns behelmt und mit staubverdreckten Anzügen in der Zivilisation Windhoeks zurückmelden. Im

Umständlich und plump wirkt die Giraffe an der Tränke. Doch sie ist wachsam und fluchtbereit

Café Schneider beschließen wir unser Abenteuer bei Springbock-Steaks à la »Baden Baden« und urdeutschen Spätzle, selbstverständlich hausgemacht und handgeschabt. Koch und Besitzer Klaus Buchmann, mit einer Schwäbin verheiratet, hat am Bodensee die Gastronomie erlernt. Zurück in seiner namibischen Heimat kocht er jetzt nach deutschen Rezepten afrikanisch. Auch so etwas macht den Reiz Namibias aus.

Sonnenuntergang im Köcherbaumwald >

Informationen:
Tips für Trips mit Geländemaschinen

[i] **Organisierte Motorradtouren** in Afrika bieten: Explo-Tours, Arnolf Str. 134, 80634 München; mhs Motorradtouren, Donnersberger Str. 32, 80634 München; Peters Bike Tours, Rennweg 35, A-1030 Wien; Motorrad Reisen König, Konrad-Adenauer-Platz 8a, 53225 Bonn; Motorrad Reisen GmbH, Postfach 440148, 80750 München.

Luftsprung in der Namib

[i] **Transport der eigenen Maschine von Europa nach Namibia:** Informationen gibt das Air-Namibia-Büro in Bad Homburg, Tel.: (06172) 40660. Es ist sinnvoll, die Maschinen per Spedition (z.B. Trans World Cargo, Büro Hamburg, Tel.: (040) 546041) zu schicken, und zwar am besten schon eine Woche vor dem eigenen Flug: Dann sind die Motorräder sicher auch durch den Zoll und können bei der Spedition in Windhoek abgeholt werden. Ein Carnet des Passages (vom ADAC oder der IHK) sollte man unbedingt für die Maschinen haben, um Ärger mit dem Zoll bei der Ein- und Ausreise oder bei Ausflügen nach Botswana oder Simbabwe zu vermeiden.

Leihmotorräder: Informationen erteilt Pasjona Safari Reisen, Abtstor 19, 36037 Fulda, Fax: (0661) 79115).

Ein Wort zum Motorrad: Die in dem Bericht beschriebene Tour ist mit Soft-Enduros nur unter großen Anstrengungen zu meistern. Wir waren mit im KTM-Werk in Mattighofen speziell vorbereiteten LC4 unterwegs. Für genügend Sprit sorgten ein 21-Liter-Haupttank mit zwei 7-Liter-Seitentanks, beide von Acerbis. Trinkwasser – unbedingt nötig – hatten wir in 5-Liter-Acerbis-Tanks vor dem Lenker, und an der Lenkerstrebe je einen Liter Öl. Unter der Sitzbank versteckt waren Ketten und Schläuche, unter dem verstärkten Heck Ersatzhebel und Gaspatronen für Reifenpannen. An der Motoraufhängung waren Ritzel mitangeschraubt, im Innenrohr des Lenkers hatten wir fünf Meter Draht für alle Fälle.
Wer mit seinem Motorrad Probleme hat, findet im **Motorcycle Centre** in Windhoek Hilfe. Das Motorcycle Centre ist in Klein Windhoek, Ecke Klein Windhug Weg/Bowker Street, Tel: (061) 223405, Fax (061) 223068.

Tanken: An den Hauptstraßen gibt es ausreichend Tankstellen. Allerdings liegen diese für Motorradfahrer oft bedrohlich weit auseinander, 20-Liter-Tanks sind daher unbedingt erforderlich.

Motorradfahren in Naturparks: Bei einem Besuch auf Gästefarmen ist vorher abzuklären, ob Motorradfahrer willkommen sind. Naturparks sind generell für Motorradfahrer geschlossen. Dies betrifft nicht nur geschlossene Nationalparks wie die Etosha-Pfanne, sondern auch die Parks in Botswana. Eine direkte Fahrt von Maun zu den Viktoria-Fällen ist daher nicht möglich, da die Hauptstraße durch Wildparks führt: Die Strecke von *Victoria Falls* nach *Katima Mulilo* durch den *Chobe-Park* ist allerdings auch für Motorräder frei. Die Wildfarm von Bruno Nebe in der Nähe von Okahandja nimmt gerne Motorradfahrer auf (Buchung: Pasjona Safari Reisen, s. Leihmotorräder). Diese Gästefarm ist eine der wildreichsten in ganz Namibia.

Gut zu wissen: Der Motorradfahrer ist im südlichen Afrika – noch – gern gesehener Gast. Es liegt an uns, dieses Wohlwollen zu erhalten. In besonders sensiblen Bereichen sollte man sich entsprechend sensibel verhalten: In zahlreichen Dünenlandschaften bleiben beispielsweise Reifenspuren Jahrzehnte sichtbar. Wer hier vom Weg abbiegt, der schädigt die grandiose Landschaft für Generationen und zwingt die Behörden, immer mehr Gebiete für Motorradfahrer zu sperren.
Das Kaokoveld zum Beispiel sollte man daher nur mit fachkundiger Führung besuchen.

»Tour de Bourg«: von seltsamen Begegnungen mit trutzigen Burgen

Das Ding ist eine Fata Morgana. Eine Halluzination aus rotem Sandstein. Wir sind vom *Namib-Naukluft-Park* nach Maltahöhe gefahren, durch das Farmgebiet am Rande der Namib. Ein visionärer Farmer mag hier zwar fruchtbares Land entdecken, wir aber erkennen in Sand und Schotter nur die Züge der Namib. Und dann dieses! Ein richtiges deutsches Schloß, mit Türmen und Zinnen und Erkern, das vielleicht auf einen Bergrükken über den Rhein paßt, aber doch kaum in den Süden Afrikas. Wer kam nur auf die Idee, mitten in den Sand und Schotter am Rande der ältesten Wüste der Welt so etwas zu bauen? Ein adeliger deutscher Schutztruppen-Hauptmann, verheiratet mit einer reichen Amerikanerin! Eine Illustrierte hätte sich die Geschichte nicht besser ausdenken können: Hansheinrich von Wolf kam 1904 ins damalige Deutsch-Südwest. Bei einem Heimaturlaub drei Jahre später heiratete er Miss Jayta Humphrey, die Stieftochter des amerikanischen Konsuls in Dresden, eines Freundes von Kaiser Wilhelm II. Er kaufte Farmen auf, bis sein Besitz eine Fläche von 110 000 Hektar Fläche aufwies.

Und die Krönung war sein Farmhaus, das *Schloß Duwisib.* 1908 bekam der Architekt Wilhelm Sander den Auftrag. Eine gute Wahl, denn Sander hatte bereits die drei berühmten Burgen in Windhoek entworfen. Sander baute ein geschlossenes Viereck in wilhelminischer Neoromantik, also mit gotischen und Renaissance-Stilelementen. In der Mitte der Front liegt der Eingang in einem kleinen Turm. Durch das Tor mit Spitzbogen betreten wir die Vorhalle und gelangen in den Rittersaal. Jetzt scheint uns die Schloßidee gar nicht mehr so absurd: Hinter den Mauern aus lokalem Sandstein ist es angenehm kühl im Hause des von Wolf. Das Viereck bildet hinter dem Palas, wie der Rittersaal auch heißt, einen kleinen Garten, umrahmt von überdachten Wandelgängen. Wir sitzen wie auf einer herrschaftlichen Veranda zwischen Garten und Palas, schauen auf den lustigen Springbrunnen und die Palmen: Rittertum und Afrika, eine erhebende, wenn auch abenteuerliche Kombination. Von Wolf ist bei dem 250 000 Goldmark teuren Bauwerk auch bei Innenarchitektur und -einrichtung dem Stilmix treu geblieben. Durch romanische Fenster fällt das afrikanische Sonnenlicht auf den achteckigen Tisch auf drei Löwenbeinen – eine seit der Renaissance sehr beliebte Tischstütze.

Schloß Duwisib lohnt einen Besuch

Der Artillerie-Offizier Hansheinrich von Wolf war ein tatkräftiger Draufgänger und ein Pferdenarr. Die Pferdedarstellungen und Bilder im Rittersaal und auf der Galerie haben sicher nicht nur uns, sondern auch Cecil Rhodes bei seinem Besuch hier beeindruckt. In Steinwurfweite vom Schloß ist ein schöner Campingplatz, angelegt vom Ministerium für Naturschutz und Tourismus. Das Ministerium hat das Schloß 1979 zusammen mit 50 Hektar Land übernommen und nach umfangreichen Renovierungen 1933 feierlich wieder eingeweiht.

Dabei ist Duwisib nicht das einzige Schloß, das

»Ach, das war ein interessantes Experiment«: Jayta von Wolf in Schloß Duwisib

Ein Wahrzeichen stürzt – Mukarob

8. Dezember 1988: Der *Mukarob*, das meistabgebildete Symbol Namibias, stürzt zu Boden. Tags zuvor hatte es fast 22 Millimeter geregnet. Weich war der Boden und schwammig, da gab der Sockel des »Fingers Gottes« nach und brach.

Mukarob: Der Finger Gottes, bevor er stürzte

Es war das Ende einer Geschichte, die 280 Millionen Jahre zuvor begonnen hatte. Namibia war zu jener Zeit noch Teil des zerborstenen Urkontinents »Gondwanaland«. Dort tauten riesige Gletscher, deren Wasser Sand, Kies und Geröll in die Niederungen schwemmten. Nachfolgende Jahrmillionen buken, was heute als »Weißrand Escarpment« südlich von Mariental und östlich von Asab zu sehen ist. Doch jetzt leider ohne Mukarob: Er ist gestürzt.

Das hatte seine Gründe: Regenfälle zum einen und ein verwittertes, zerbröseltes Sedimentgestein, das, so ergaben spätere Untersuchungen, in Wasser gelegt, sich in 24 Stunden zu 50 Prozent auflöst. Der Auslöser kam am 7. Dezember 1988: Das 7500 Kilometer entfernte Aserbeidschan wird von Erdbeben erschüttert. Ihre Ausläufer erreichen den Mukarob. Den 450 Tonnen schweren und 12 Meter hohen markanten Felskopf mit einem Durchmesser von 4,5 Metern durchzieht ein leichtes Vibrieren. Doch das reicht: Sein eineinhalb Meter breiter Nacken bricht: Der »Finger Gottes« stürzt. Seine Story ist die der Erosion, die seit Milliarden von Jahren das Gesicht unserer Erde feilt, meißelt und immer wieder neu gestaltet. Auch, indem sie ein Wahrzeichen vom Sockel wirft.

in der Wüste den ahnungslosen Reisenden mit seiner Existenz verblüfft: *Nonidas* bei Swakopmund ist von ähnlicher Aberwitzigkeit. Doch die Geschichte dieses »Schlosses«, einer alten Zollstation, ist weit grotesker und moderner. Nonidas ist nämlich nicht eigentlich echt. Nonidas war ursprünglich nur ein kleiner Bau, die alte Zollstation. In den 60er Jahren begann ein Swakopmunder, die heruntergekommene Station zu renovieren, und ein Restaurant entstand. Doch seit wenigen Jahren ist das ungewöhnlichste Restaurant Namibias geschlossen. Historisch mag der Bau nichts hergeben, aber vor der Burg auf der Terrasse sitzen und auf den kleinen See im Swakop Rivier schauen, das wäre ein Erlebnis für sich.

In *Swakopmund* entdecken wir einige Gebäude, die durchaus von historischer Bedeutung sind, zum Beispiel die Sommerresidenz des Staatspräsidenten, nur wenige Meter vom Hauptstrand gelegen. Das langgestreckte, hübsch renovierte Haus diente nach der Jahrhundertwende als Kaiserliches Bezirksamt. Der eigenwillige Rundbogenstil gefiel seinerzeit nicht jedermann. Der letzte Gouverneur von Deutsch-Südwest, Seitz, bemerkte über diesen Palast, er sei »von außen nicht schön, und von innen dunkel«. Zumindest in der Einschätzung der Fassade irrte er gewaltig.

Was macht ein Schloß zum Schloß? Vor dem Bahnhof in Swakopmund lösen wir uns von Definitionsfragen: Dieser Bau von seltener Pracht und architektonischer Fragwürdigkeit ist für uns ein Schloß, wie im Märchen eben. Carl Schmidt legte den Bahnhof als ein Gemisch von Rundbogenstil und Renaissanceelementen an. Im Dachbereich des Hauptbaus sind Dachhäuschen angebracht, alle Giebel sind mit Akroterien oder Obelisken geschmückt. Schon in dieser ersten Bauphase

Begegnung mit halbzahmen Kudu

wurde der Bau als umfangreiches hübsches Bauwerk beschrieben, »dessen sich keine Mittelstadt in Deutschland zu schämen brauchte«.

Und es wurde noch toller: 1901 endet der Vertrag von Architekt Schmidt, sein Nachfolger wird Wilhelm Sander, der große Südwester Burgenbauer. Bis heute weiß kein Mensch, wie es Sander geschafft hat, den Bauherren den sinnlosen Turm in der Mitte des Gebäudes schmackhaft zu machen: Der aufwendige Turm mit Pyramidenhelm dient eigentlich nur dazu, Aufhänger für eine Uhr zu sein. Den Charakter des Bahnhofs beschreibt uns ein Fachbuch treffend als »illusorische Kulisse inmitten der Wüste«.

Wir lösen uns von dem Küstenstädtchen und fahren nach Norden, ins *Damaraland*, bis an die Grenze zum *Kaokoveld*. Bis hierher, bis nach *Sesfontein*, kontrollierte das deutsche Reich Südwest-Afrika. Es wurde also 1903 ein Fort gebaut, eine burgenähnliche Befestigung.

Unser nächstes Ziel ist die Feste Namutoni im Etosha-Nationalpark. Doch nicht mit der Architektur wollen uns hier die Hinweistafeln beeindrucken, sondern mit der Geschichte von sieben Soldaten der Schutztruppe: 500 Wambo griffen am 28. Januar 1904 den Grenzposten an – die sieben konnten sich den ganzen Tag mit ihrer überlegenen Bewaffnung des Ansturms erwehren. In der Nacht gelang die Flucht, nur einer der Soldaten wurde verletzt. Das Fort aber wurde am folgenden Tag vollständig zerstört.

Im November kamen die Deutschen zurück und hißten über den Ruinen in der Wüste die Kriegsfahne der kaiserlichen Marine. Das neue Fort steht bis heute, und wir Touristen werden mit Geschichtskitsch unterhalten. Dennoch: Wo wir heute wohnen, wurde zu Schutztruppenzeiten gekocht, gebacken, geschmiedet oder wurden Büchsen repariert. In solchem Ambiente muß man wahrlich nicht jede Nacht in Afrika verbringen, aber als Abwechslung nach einem Tag Fotosafari ist das durchaus empfehlenswert. Wir kehren zurück nach Windhoek. Die Landeshauptstadt ist auch Haupt-Burgenstadt Namibias. Hier hat Architekt Wilhelm Sander seine Meisterstücke abgeliefert. Die »Burgentour« beginnt an der Schwerinsburg. Sie liegt auf dem Weg nach Klein Windhoek auf dem Felsen rechts der Straße und erhebt sich majestätisch über der Stadt. Heute ist sie Residenz der italienischen Botschaft.

Sperlingslust nannte man zunächst das Gebäude, zu dem ein 1892 von der Schutztruppe erbauter Turm gehörte. Im ersten Jahrzehnt unseres Jahrhunderts war Sperlingslust ein Ausflugslokal. Doch zwei Versuche, mit der Gastronomie Geld zu verdienen, scheiterten, und Dr. Hans Bogislav, Graf von Schwerin, kaufte 1913 die »Bergruine«. Sander nutzte die felsige Umgebung des Gebäudes und schuf eine mittelalterliche Höhenburg. Das Bauholz für die mächtigen Balken ließ Sander aus Deutschland kommen.

Wie in mittelalterlichen Burgen üblich, waren beispielsweise die beiden Wohnräume im Palas ohne Flure verbunden. Alle Räume gingen ineinander über. Durch drei Zwillingsfenster mit Überfangbögen müssen die Botschaftsgäste einen einzigartigen Blick auf das moderne Windhoek genießen können. Wir wünschen uns die alte Nutzung als Lokal wieder, und ziehen weiter.

Sander muß es ähnlich gegangen sein, als er die *Schwerinsburg* ihrem Besitzer überlassen mußte. Ganz in der Nähe der *Schwerinsburg* ließ er ein Junggesellenheim entstehen, auf einem Grundstück, das einen ebenso grandiosen Rundblick erlaubt. Wer hier wohnt, kann einen wohl einmaligen Sun-Downer erleben.

Der dreigeschossige Donjon, also der Hauptturm dieser Burg, wird – im Gegensatz zum klassisch mittelalterlichen Donjon – bewohnt. Die Ecktürme werden von Zinnen gekrönt, Kegeldächer decken sie ab. Die Burg ist als *Heynitzburg* bekannt, angeblich benannt nach Margarethe von Heynitz, der Frau des Grafen von Schwerin. Denn der kaufte auch diese Burg. Die Burg befindet sich heute in Privatbesitz.

Sander zieht also weiter, wir auch. Gegenüber der Heynitzburg baut der Burgenarchitekt Namibias wieder einen Donjon. Der ist diesmal rund, mit fünf Metern Durchmesser. Vom Turmzimmer aus bieten gekuppelte Fenster Ausblick in alle vier Himmelsrichtungen. Und endlich heißt eine Burg nach seinem Erbauer. Die *Sanderburg* schließt das kleine Burgenviertel in Windhoek ab. Noch heute üben die in Afrika eigentlich völlig deplaziert wirkenden Burgen eine seltsame Faszination auf uns aus. Als der Architekt Sander der jungen Stadt seinen stilistischen Stempel mit seinen Türmen und Mauern aufdrückte, muß das Bild noch eindrucksvoller gewirkt haben. Weder rechts noch links lenkten andere Bauten den Blick ab, schon aus der Ferne waren die Burgen hoch auf dem Fels zu sehen, inmitten von afrikanischer Flora.

Die Fantasie mischte kräftig mit: Bahnhof in Swakopmund

Informationen: Schloß Duwisib und andere

Streckenbeschreibung: Die »Tour de Bourg« läßt sich ausgezeichnet als Rundreise gestalten. Die meisten architektonisch bemerkenswerten Gebäude befinden sich an allgemein interessanten Plätzen. Die Tour kann daher auch Ergänzung einer »normalen« Safari sein.

Unsere Tour de Bourg beginnt in Windhoek. Wer sich nicht nur für die »klassischen« Burgen, sondern auch für außergewöhnliche deutsche Architektur aus der Zeit des beginnenden Jahrhunderts interessiert, der sollte dann weiter nach Süden fahren, bis nach Lüderitzbucht, rund 370 Kilometer. Hier warten unter anderem das Woermann- und das Goerke-Haus auf den Besucher. Mehr dazu im Kapitel »Lüderitzbucht – die Felsenstadt« (s. S. 172 ff.)

Von Maltahöhe aus führt die Tour de Bourg auf der guten und reizvollen Sandpad C14 nach *Swakopmund*, eine schöne Tagestour mit knapp unter 500 Kilometern.

Wer die grandiose Tafelberg-Landschaft des Damaralandes schätzt, sollte 600 km über *Torra Bay* und *Palmwag* nach *Sesfontein* fahren. Im Zielort Sesfontein wurde das nordwestlichste Fort der deutschen Schutztruppe 1994 gerade wieder aufgebaut. Von hier führt der Weg über Kamanjab (230 km) und Outjo zum Etosha-Nationalpark. Ab Kamanjab ist die Straße bis zum Park geteert; insgesamt sind es 740 Kilometer von Sesfontein nach Namutoni.

Von Namutoni aus kommt man bequem auf der Teerstraße über Tsumeb, Otjiwarongo und Okahandja zurück nach Windhoek, eine problemlose Fahrt von etwa 530 Kilometern.

Der Süden – Diamanten, Dünen, Wüstenflüsse

Verendete Oryxantilope in der Namib

Das Geheimnis des Sossusvlei

Nein, man muß kein Wüstenfuchs sein, um von ihm gefesselt zu sein. Wer daran zweifelt, sollte sich selbst durch weichen Sand arbeiten und da, wo vielleicht alle zehn Jahre wie eine Fata Morgana ein Wüstensee entsteht, zwischen verwitterten, tot wirkenden Kameldornbäumen die Bilderbuchlandschaft betreten. Er wird auf den Dünen ins Rutschen geraten, manchmal schneller zurück- als vorankommen. Doch dann wird er den scharfen Dünenkamm erreichen und sein Blick wird über ein unendliches Meer von Sandgipfeln gleiten: spitze, runde, scharfkantige, sanft geschwungene. Und dann wird er sich in den warmen Sand setzen und schauen. Er wird genießen. Er wird überwältigt sein. Und vermutlich wird er sich fragen, warum er nicht schon früher hierherkam.

Das ist das Geheimnis des Sossusvlei.

Schon die Anfahrt ist ein Erlebnis, egal von wo man kommt. Sei es von Maltahöhe, Windhoek oder Walvis Bay.

In Windhoek war ich gestartet, war Farmpads gefolgt, die auf der Karte kaum mehr waren als dünne Striche. Plötzlich, unvermittelt hatte ich am Rand einer Abbruchkante gestanden, an der ich die Wüste förmlich riechen konnte. Das klingt erstaunlich, ist aber typisch. Dunst lag über dem Land im Westen, diffus lag es in einer aufgewirbelten Wolke aus Wüstenstaub. Vorsichtig folgte ich der steilen Straße den *Spreetshoogte-Paß* hinab. Von Kilometer zu Kilometer wurde es wärmer. Schon schlug mir der Atem der Sandwüste entgegen. Und dann dieses Nest. *Solitaire*. Ein Roadhouse an der Schnittstelle der großen Wüstenstraßen. Ein paar weiße Häuser. Eine Tankstelle, Kneipe und Wasserstelle. Das Empfinden von Einsamkeit bleibt unvergeßlich, genauso wie wenig später der Blick auf das Schild mit der Aufschrift »Abendruh«. Eine Pad führt zu der malerisch vor Geröllfeldern liegenden gleichnamigen Farm.

Morgenwanderung in den Dünen des Sossusvlei

Der Staub nimmt zu, trotz Sonne wirkt das Blau des Himmels jetzt fahl. Ein Geier hockt auf einem Baum, ignoriert die Oryxantilope, die unmittelbar unter ihm des Weges zieht. Dann grüßt ein einladendes Parktor: »Sesriem Camp«.

Willkommen in der Bilderbuchwüste. Rund 300 Kilometer erstreckt sie sich zwischen den *Koichab-* und *Kuiseb Riviers*. 140 Kilometer dehnt sie sich zum Inland hin aus. Man sagt, das Sandmeer der Namib bedecke die Riesenfläche von 32 500 Quadratkilometern Der größte »Sandkasten« Namibias ist knapp so groß wie Nordrhein-Westfalen.

Der schwarze Parkranger reicht mir das Parkticket. »Unsere Highlights sind der Sesriem Canyon und das Sossusvlei, eine Wüstenpfanne, in der Wasser steht.« Doch er schmunzelt. »Allerdings erlebten wir das 1986 zum letzten Mal – und auch davor war der See zehn Jahre trocken.«

Tsauchab heißt er, der dieses Gaukelbild schafft, ein Trockenfluß, der in den Naukluft-Bergen seinen Lauf beginnt. Nach langer Reise ergoß er sich einst in den Atlantik. Das war, bevor die durstige Namib ihm einen Riegel vorschob – in Form riesiger Dünen.

Sossusvlei ist heute Teil des *Namib-Naukluft Parks*. Während der kurzen Episode, in der Weiße hierher vordrangen, sah es Abenteurer, Prospektoren und Farmer. Sie bedienten sich mit Land. Für den Besucher heute ist Sossusvlei eher ein Naturdom der Besinnung. Er kommt, um die neben der Etosha-Pfanne wohl beeindruckendste Sehenswürdigkeit dieses Landes zu erleben – und Stille.

Wer die Sanddünen der Sahara, Asiens, Amerikas und Australiens kennt, wird es bestätigen; diese hier zählen zu den außergewöhnlichsten Leckerbissen ihrer Art.

68 Kilometer lang ist die Fahrt vom Parktor zum Vlei, dem Trockensee. Und so, als habe die Wüste schon die Anfahrt effektvoll inszeniert, steigert sich die landschaftliche Dramatik von Kilometer zu Kilometer. Gleich zu Anfang kommt die *Elim-Düne* auf einen zu. Hier befand sich vor Jahren noch die gleichnamige Farm. »Die Rinder und Schafe müssen Survival-Künstler gewesen sein«, denkt man, während einem die Fantasie Bilder von fetten Ostfriesenkühen in saftigem Gras vorspielt. Dünen begrenzen das flache, plateauartige Land zur Rechten, zur Linken sind es scharfkantige, gefaltete Berge. Vielleicht noch zwei Millionen Jahre, dann wird die Zeit auch sie zu Staub gemahlen und der Wind sie zu Dünen geformt haben.

Schon stoppt man, denn hinter einer Abbruchkante hat sich der nur selten strömende Macher sein Bett gerichtet. Bäume markieren den Verlauf des Tsauchab Riviers. Drei Oryxantilopen nutzen ihren Schatten, stehen regunglos wie Statuen, das Hinterteil den Bäumen zugewandt.

Keine hier ist so berühmt wie »Dune 45«; ein Schild weist den Weg zu ihr. Natürlich folge ich ihm und verstehe, warum jeder hier auf den kleinen Knopf seines schwarzen Kastens drückt. Sie ist nun mal fotogen: sternförmig, mit scharfkantigen Graten und ein paar Bäumen genau dort, wo es sich gut fürs Foto macht. Die letzten fünf Kilometer zum Sossusvlei sind pures Allradvergnügen. Ich stoppe den Geländewagen und steige auf die unmittelbar an die Piste grenzenden Dünen. Einen Moment lang komme ich mir wie ein Eindringling vor. Der Fuß zermalmt fragile Sandgebilde, ausdrucksvolle waschbrettartige Muster, vom Wind modelliert. Doch mit der Gewißheit, daß dieses kleine Wunder mit den Winden der Nacht neu entstehen wird, wandere ich weiter.

Sesriem Canyon, wenige Fahrminuten vom Parktor entfernt, heißt der andere Schauplatz der Natur. Eine 30 Meter tiefe Schlucht, einen Kilometer lang und an der schmalsten Stelle nur knapp zwei Meter breit. »Sesriem«, so nannten sie die Buren, weil man sechs Ochsenriemen aneinander knüpfte, um vom Canyonrand aus Wasser zu schöpfen. Das braucht man heute nicht mehr – im Kühlschrank der Parkverwaltung gibt es kalte Softdrinks.

Ballonfahrt über der Wüste

Vonwegen lautloses Gleiten. Wenn Eric Gas gibt, brüllen die Brenner. Meterhohe Flammen schlagen in den Körper des Ballons. Und gehorsam macht das Riesengefährt einen Satz. Dann ist es still, man gleitet, man durchlebt den uralten Traum der Menschheit vom Fliegen. Über der Namib ist er von besonderer Faszination.

Vom Sesriem Camp war ich der Pad 862 nach Süden gefolgt. Hier befindet sich Eric Hesemans Namib Sky Adventure Safari auf dem Gelände der *Namib Rand Game Ranch*, einer privaten Wildfarm von 120 000 Hektar Größe.

Es ist früher Abend, als ich dort ankomme. Die Dezemberwinde hatten während des ganzen Tages die Luft mit Staub geschwängert. Das sind ungünstige Voraussetzungen für einen Flug. »Wir starten morgens um sechs. Das ist die stillste Zeit zwischen Sonnenaufgang und dem Auffrischen der Morgenwinde«, sagt Eric. Dabei serviert er gegrillte Oryxsteaks, während ein Springbock munter zwischen uns herumtrippelt. Plötzlich stößt er mit den Vorderläufen hoch und trommelt mit seinen zierlichen Hufen auf den Rücken eines Hundes. »Bambi«, das Findelkind, großgezogen mit der Flasche, genießt hier Narrenfreiheit. Währenddessen versinkt die Sonne, blaß wie der Mond. Schon Momente später aber zeigt sie, was in ihr steckt. Die ersten Wölkchen färben sich rot, und dann steht der Himmel in Flammen.

Nach der Vertreibung aus seinem Geburtsland Zaire, einer Irrfahrt über Ruanda und Botswana fand Eric in Namibia ein neues Zuhause. »Vor Jahren inspirierte mich ein Film über Ballonfahrten in Kenia. Das war der Anfang für mein eigenes Geschäft.«

Am nächsten Morgen hat sich der Sandsturm gelegt. Über dem Horizont lauert der anbrechende Tag als rotglühender Halbkreis vor der weichenden Nacht. Unser Ballonkorb liegt auf der Seite. Darunter, ausgerollt, befindet sich der riesige, aber schlaffe Flugkörper. Zwei große Brenner speien Warmluft. Schon wölbt sich der Ballon. Ein Sprung in den Korb. Und man gleitet, immer höher, bis auf 2000 Meter. Deutlich erkenne ich von Oryxantilopen ausgetretene Wechsel, aber auch das Begleitfahrzeug, das uns am Boden folgt.

Start zum Höhenflug über die Wüste

Mark Paxton ist der Manager der Namib Rand Game Ranch, wo Erics Höhenflüge beginnen. Bevor die Wildfarm entstand, gehörte das Gelände acht Farmern, denen eine 15jährige Dürre letztlich den wirtschaftlichen Garaus machte. »Mein Job ist es, hier den Übergang von der Schafsfarmerei zur Wildfarm zu vollziehen, trennende Zäune zu entfernen und mich darum zu kümmern, daß das Wild ausreichend Wasser vorfindet«, sagt Mark, der acht Jahre lang als Ranger im *Etosha-Nationalpark* Erfahrungen gesammelt hat. 2000 Oryxantilopen, 700 Springböcke und 60 Strauße waren das Ergebnis der letzten Zählung hier. Raubtiere wie Leoparden, Hyänen, Luchse und Wildkatzen genießen ein Bleiberecht. »Es gibt sehr viele Leoparden. Aber sie sind überaus scheu. Während der letzten vier Jahre habe ich keinen einzigen selbst gesehen. Nur zahlreiche Spuren ...«

Der Tierbestand der Ranch ist dermaßen groß, daß auch Wild an andere Naturparks verkauft wird. Ich frage Mark Paxton, wie man die Oryxantilope fängt. »Mit Fahrzeugen treiben wir die Herden aus den Dünen aufs Plateau, wo wir das ausgesuchte Tier absondern. Dann nehmen wir es, ähnlich wie beim Sandwich, zwischen die Fahrzeuge, greifen die Antilope bei den Hörnern und drosseln die Geschwindigkeit.« Er lächelt.

Mark Paxton und sein alter Freund Henry

»Ein paar Spieße gehen bei dem Ganzen auch schon mal ins Autoblech ... und in die Passagiere. Oryxantilopen sind mit ihren Hörnern ungemein treffsicher. Wenn du ein Tier in die Enge treibst und einen Stein nach ihm wirfst, wehrt es den mit der Geschicklichkeit eines Florettfechters ab.« Ich folge Mark von der Veranda seines Hauses nach draußen zu dem Schädel einer Antilope.

»Das hier war Henry, ein alter Oryxbulle, der sich früher gern tagsüber bei uns im Garten aufhielt, Gras fraß, unter den Bäumen ruhte und nur noch nachts in die Wüste ging. Eines Tages fand ich ihn, tot. Offenbar war er einem anderen Bullen unterlegen. Dessen degenspitzes Horn war Henry mitten durch die Brust gegangen.«

Ade Bilderbuchdünen, ade Namib Rand Game Ranch. Langsam rolle ich weiter gen Süden, immer entlang dem Rand der Wüste. Meine Weggefährten sind Oryxantilopen und Strauße. Während der nächsten Fahrtstunden begegnet mir kein Auto. Wo auf Erden gibt es noch soviel Freiheit der Straße und Natur pur, wie hier am Rand der Diamantenwüste!

Informationen: Sossusvlei-Ballonflug

[i] *Sossusvlei* und *Sesriem*: Director of Tourism (siehe *Nützliche Anschriften).*

Ballonfahren: Namib Sky Adventure Safari, P. O. Box 197, Maltahöhe, Tel: (0 66 32) 57 03.

Anfahrt: Start in Windhoek auf C26 Richtung Walvis Bay, Abzweig auf D1265 (C24), D1275 via Spreetshoogte-Paß zur C14, weiter auf Straßen 36 und 826 nach Sesriem. Ballonfahrten: an Straße 826, siehe Ausschilderung.

Camping: *Sesriem-* und *Naukluft Camps*, jeweils 8 Stellplätze. Sehr begehrt. Rechtzeitig im voraus buchen. Übernachtungsmöglichkeiten für Ballonfahrten auch in der Namib Rand Game Ranch.

Kraftstoff: Solitaire und Sesriem Camp.
Es bietet sich die Weiterfahrt auf der 826 nach Schloß Duwisib an.

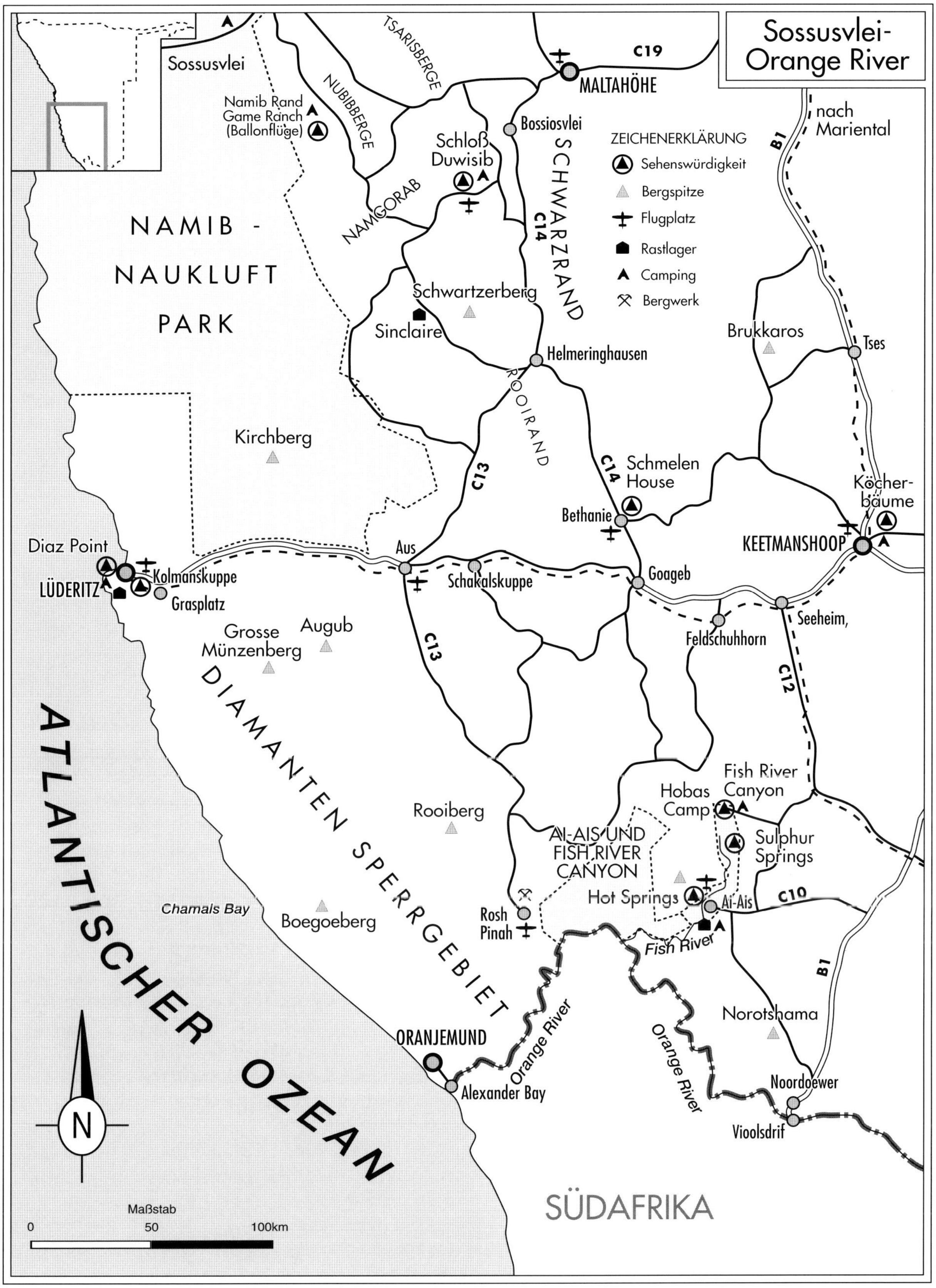
Sossusvlei-
Orange River
Sossusvlei
Namib Rand
Game Ranch
(Ballonflüge)
TSARISBERGE
NUBIBBERGE
NAMGORAB
Schloß
Duwisib
MALTAHÖHE
C19
Bossiosvlei
SCHWARZRAND
C14
nach
Mariental
B1
ZEICHENERKLÄRUNG
Sehenswürdigkeit
Bergspitze
Flugplatz
Rastlager
Camping
Bergwerk
NAMIB -
NAUKLUFT
PARK
Schwartzerberg
Sinclaire
Helmeringhausen
Brukkaros
Tses
ROOIRAND
Kirchberg
C13
Schmelen
House
Bethanie
Köcher-
bäume
KEETMANSHOOP
Diaz Point
LÜDERITZ
Kolmanskuppe
Grasplatz
Aus
Schakalskuppe
Goageb
Seeheim,
Feldschuhhorn
Grosse
Münzenberg
Augub
C12
DIAMANTEN SPERRGEBIET
ATLANTISCHER OZEAN
Rooiberg
Fish River
Canyon
Hobas
Camp
AI-AIS UND
FISH RIVER
CANYON
Sulphur
Springs
Hot Springs
Ai-Ais
C10
Chamais Bay
Boegoeberg
Rosh
Pinah
Fish River
Norotshama
ORANJEMUND
Orange River
Alexander Bay
Noordoewer
Vioolsdrif
N
Maßstab
0
50
100km
SÜDAFRIKA

Die Wüste lebt

Die *Namib*, die vermutlich älteste Wüste der Welt mit pittoresken Sanddünen, Gebirgen und Schotterflächen, ist eins der großen Wunder der Erde. Der zwischen 80 und 160 Kilometer breite Wüstenstreifen mit seinem hyperariden Klima erstreckt sich parallel zur namibischen Westküste. Wissenschaftler sagen, dies sei eins der wenigen Wüstengebiete unserer Erde, in dem sich umfassendes Tierleben zwischen vegetationslosen Dünen und toten Steinen entwickelt habe. Viele Arten wirbelloser Lebewesen wie auch Wirbeltiere führen im kühlen Untergrund der Sanddünen ein seltsames, geschütztes Leben, während die Sandoberfläche, nur wenige Zentimeter darüber, oft 80 Grad heiß wird. Die riesigen Wanderdünen werden von beinlosen Eidechsen, schwimmfüßigen Gekkos, Spinnen, flügellosen Tenebrioniden (Schwarzkäfern) und Sandvipern bewohnt, die sich bis zum Kopf eingraben, um ihrer Beute aufzulauern. Einer der merkwürdigsten Jäger ist der Goldene Maulwurf, der blind durch den lockeren Sand schwimmt und das Versteck seiner Opfer durch Vibration entdeckt.

Die Quelle für die pflanzlichen und tierischen Wüstenbewohner sind aber nicht Wasserlöcher, Flüsse oder Regen, sondern der Nebel hier. In rund hundert Nächten jährlich steigen über dem kalten Benguelastrom Nebelschwaden auf, die als Wolken landeinwärts ziehen und dabei das lebensnotwendige Naß spenden. Während der vergangenen hundert Jahre wurden in der Zentral-Namib im Mittel jährlich nur 14 Millimeter Regen gemessen. Durch Nebel abgesetzter Niederschlag jedoch kann das Doppelte erreichen. Eine Spezies flugunfähiger Käfer kondensiert dann auf ebenso raffinierte wie originelle Weise mit schräggestelltem Körper den Nebel, um danach die auf dem Körper zusammengelaufenen Tautröpfchen zu trinken. Manche Dünenbewohner wagen sich nur zur Feuchtigkeitsaufnahme nach draußen. Anders meistert die Oryxantilope die Hitze. Sie ist der Survivalkünstler unter den Säugetieren. Ihr Gehirn und aufgeheiztes Blut kühlt sie durch ein Kühlsystem feiner Äderchen im Nasen- und Stirnbereich.

Die Wüste ist voller Gegensätze; man kann binnen kürzester Zeit verdursten oder in einer Wasserflut, die nach starken Regenfällen aus dem Hochland durch die Trockentäler stürzt, ertrinken. Ebenso ist erstaunlich, daß die nördliche Namib das einzige stark aride Gebiet unserer Erde ist, in dem Elefanten, Giraffen, Nashörner und Löwen leben.

Der ständige Überlebenskampf zwang auch die Pflanzen, sich fantasievoll anzupassen. Das geschieht zum Beispiel durch ein ausgedehntes Netzwerk feiner Wurzeln unmittelbar unter der Oberfläche. Die auf der Pflanze gesammelten Tautröpfchen rollen an Blättern und Stamm bis zur Erde, wo die Feuchtigkeit von vielen Haarwurzeln aufgesogen wird. Da ist z. B. die Flechte »Omphalodium convolatum«. Sie wurzelt nicht auf Felsen wie viele ihrer Artgenossen, sondern läßt sich vom Wind über die Sandfläche tragen, bis sie eine Erdfurche gefunden hat. Ein aufregendes Erlebnis ist die Begegnung mit einer blühenden »Hoodia currori«. Diese Sukkulente (wasserspeichernde Pflanze) mit petunienähnlichen lachsfarbenen Blüten verbreitet einen Aasgeruch, der Insekten anlockt, die bei dieser Gelegenheit auch gleich die Bestäubung erledigen. Die »Buschmannkerze (Sarcocaulon marlothii)« hat dunkelrosa Blüten und schützt sich mit Dornen. Ihre namensgebende Besonderheit ist eine durchscheinende, mit Wachs getränkte Rinde, so daß man die Pflanze wie eine Kerze benutzen kann. Das bekannteste pflanzliche Wahrzeichen der Namib jedoch ist die »Welwitschia mirabilis«, das »lebende Fossil«. Der Österreicher Friedrich Welwitsch entdeckte sie 1859. Noch 130 Jahre später gibt sie der Wissenschaft Rätsel auf. Die Welwitschia gedeiht nur auf einem schmalen Wüstengürtel zwischen der Zentral-Namib und Südangola. Man nimmt an, daß die ältesten Exemplare schon mehr als 1500 Jahre alt sind. Ihre langen, ledrigen, vom Wind zerfransten Blätter sind wie ihre Samen beim Wild als Futter begehrt.

Aber auch unter der Erdoberfläche wartet man geduldig auf den nächsten Regen. Manche Pflanzensamen müssen zehn oder mehr Jahre ausharren, bis er eintrifft. Doch schon ein einziger satter Guß von vielleicht zehn Millimetern mag genügen, um sie keimen zu lassen. Zwei Wochen später ist die Namib eine blühende Landschaft. Und wieder 14 Tage später wiegen sich ausgewachsene Grasbüschel im Wind, steigen Wölkchen federleichter Samen empor. Das Warten auf den nächsten Regen beginnt.

Von *Gobabeb* aus wird Wüstenforschung betrieben. Die *Namib Research Station* wurde 1963 vom österreichischen Entomologen Charles Koch gegründet, dessen Arbeit auch nach seinem Tod fortgesetzt wird und immer wieder neues Wissen über diese faszinierende Wüste liefert.

Vertrautes in Afrika: Gästefarmen

Sie heißen »Burgsdorf«, »Immenhof«, »Finkenstein« und »Wüstenquell«. Sie bieten vertrauten Komfort und Gastlichkeit. Doch draußen vor der Tür ist Afrika. Das macht den Charme namibischer Gästefarmen aus.

Nördlich von *Mariental* hatte mich der Hinweis »Anib Lodge 24 km« neugierig gemacht. In einem großen Garten mit Büschen, die sich unter der Last von Hibiskusblüten bogen, mit Palmen und leuchtenden Flamboyantblüten befindet sich die von Anka und Claus Schulz betriebene blitzblanke und komfortable Anib Lodge. Von Haus aus sind die beiden Farmer. Auf ihrer 7000 Hektar großen Farm »Reußenland«, einer der rund 2800 namibischen Schafsfarmen, hatten sie ihr Lebtag Karakule gezüchtet. Doch wegen Trockenheit und Absatzeinbrüchen auf dem Pelzmarkt mußten sie sich nach einer zusätzlichen Erwerbsquelle umsehen. »Ich bin hier im Land geboren«, sagt Claus Schulz, »... obwohl meine Eltern 1928 eigentlich nach Kanada auswandern wollten. Doch ihr Schiff hatte im Hamburger Hafen einen Defekt. Da sie nicht genug Geld hatten, um 14 Tage in einem Hotel zu wohnen, entschieden sie sich blitzschnell für das erstbeste andere Auswanderungsschiff. Es brachte sie nach Südwestafrika ...«

Um uns herum in den Bäumen der Anib Lodge lärmen Vögel. »Anib ist ein Nama-Wort für Vogel.

Gepard auf der Ameib Guest Ranch

Unser Logo ist der Kameldornbaum mit zwei großen Webervogelnestern«, sagt Schulz.

Der Kameldornbaum erfüllt in Namibia aber auch noch andere Zwecke: »Am Heiligabend ist er unser Weihnachtsbaum. Wir schmücken ihn mit Kerzen und Lametta.«

Andere Länder, andere Sitten: »Gewöhnlich zünden wir die Kerzen verkehrt herum an, denn bei 30 Grad Hitze hängen sie schon bald mit den Köpfen nach unten ...«

Ballonfahren auf der Namib Rand Game Ranch >

V5-HAA

Wandern auf der Farm Namtib

Didip wohnte rund 500 Meter vom Farmhaus entfernt in einem Nebenhaus. Es war Weihnachtsabend. Lautstark und feuchtfröhlich feierte er mit Familie und Freunden an einem Kameldornbaum, dessen Kerzen bei 28° Grad Hitze in alle Himmelsrichtungen wiesen.

Walter, der Farmbesitzer, der mit seiner Familie einen eher stimmungsvollen Abend verbringen wollte, fühlte sich durch das Gejohle gestört. Er bat um Ruhe. Ohne Erfolg. Stunden später, die Kerzen waren vor Hitze zerflossen, hatte Didip offenbar den Höhepunkt seiner Stimmung erreicht. Erbost griff Walter zum Jagdgewehr, legte an und schoß in die Luft. Urplötzlich trat Ruhe ein. Didip fiel auf den Boden und rührte sich nicht mehr.

Alle schrien: »Didip ist tot!« und liefen wie aufgescheuchte Hühner herum. Es dauerte geraume Zeit, bis Didip sich bewegte und aufstand.

»Ein Wunder ist geschehen – Didip ist auferstanden«, riefen sie. »Mister, warum hast du geschossen?« klang es aus der Nacht, und Walter sah nur zwei funkelnde Augen.

»Ein Leopard wollte die Ziegen reißen«, antwortete Walter, »aber den habe ich wohl nicht getroffen.«

Nach diesem Ereignis wurde es ruhig, und die Weihnachtsnacht war nicht nur sternenklar, sondern auch himmlisch still. Walter holte neue Kerzen aus dem Kühlschrank, und der Kameldorn-Weihnachtsbaum begann noch einmal zu leuchten.

Silvester verbrachte Walter mit seiner Familie im rund 220 Kilometer entfernten Lüderitz. Als er Anfang des Jahres auf die Farm zurückkehrte, lief sein Haushahn mit gesenktem Kopf durch den Gemüsegarten ... seine zehn Hennen waren verschwunden! Didip, zur Rede gestellt, antwortete listig: »Weißt du, Mister, der Leopard, den du in der Weihnachtsnacht nicht erwischt hast, ist zurückgekommen und hat alle zehn Hühner aufgefressen.«

Mein Freund Walter, der die Farm noch heute betreibt, ist ein prächtiger Geschichtenerzähler. Ein Zufall hatte mich vor Jahren auf meiner ersten Namibiareise zu ihm geführt. Jetzt, Jahre später, besuchte ich ihn mit meiner Frau und meinem Freund Erik erneut.

Der Herbst im südwestlichen Afrika zeigte sich bei unserer Ankunft von seiner dramatischsten Seite: Am Tag lagen die Temperaturen bei 30 Grad, abends türmten sich die Wolken zu grandiosen Wolkengebirgen, in denen Gewitter tobten. Stimmungen wie im Bilderbuch. Sonnenuntergänge wie auf Ansichtskarten. Nachdem wir die Farmluft ausreichend geschnuppert hatten, beschlossen Erik und ich, einen zur Farm gehörenden Berg zu besteigen. Was für ein Abend – ein Gewitter mit dramatischen Wolkenbergen war aufgezogen. Wir wollten dieses Schauspiel vom Logenplatz unseres Riesenfelsens aus genießen. Eine Nacht wollten wir auf dem Berg verbringen, dessen Form mich an den Spielsteinhaufen eines Riesen erinnerte. Walter sah unserem Vorhaben skeptisch entgegen. Das Wetter zog alle dramaturgischen Register: mit Wolken, die sich unendlich weit nach oben türmten, mit Farbsymphonien von Dunkelblau bis Grün, gemischt mit geheimnisvollem Schwarz, und Wolkenlöchern, durch die die Sonne Lichtblitze zu Boden schleuderte.

Unsere Frauen fuhren uns mit dem Geländewagen bis an den Rand der Felsen, gaben uns ein paar gute Ratschläge auf den Weg und verabschiedeten sich. Abenteuerlust war bei uns zweifellos vorhanden, nur die Klettererfahrung fehlte. Doch das unbeständige Wetter trieb uns an. Das Spiel von Licht und Schatten in den Wolken machte mich nervös. Nur Erik schwärmte: »Wäre das nicht ein Motiv zum Fotografieren ...!« Allerdings – unsere Kameras waren tief unten in den Rucksäcken verstaut. Fast zwei Stunden dauerte der Aufstieg. Oben präsentierte sich das Land in einer Wetterinszenierung, wie ich sie nie zuvor erlebt hatte. Die Namib wurde wie mit Streifen durch den Regen gezeichnet. Sonnenstrahlen zwängten sich durch die Wolken und strahlten wie Spotlights in die Landschaft. Auch uns streiften sie, und ich fühlte mich wie im Rampenlicht

Namibias Felsformationen zählen zu den reizvollsten auf Erden

des großen Namib-Theaters. Unsere Igluzelte bauten wir zwischen Felsen, die uns Schutz gewähren sollten. Währenddessen näherte sich die Natur-Show ihrem Höhepunkt: In die Götterdämmerung schob sich der Ball der untergehenden Sonne. Erik und ich hantierten jetzt hektisch mit unseren Kameras. Film rein – Film raus, oder doch besser einen empfindlicheren nehmen? Wir kletterten noch ein paar Meter höher, und hätte ich eine Trittleiter dabeigehabt, ich hätte sie benutzt.

Plötzlich war das optische Spektakel vorbei. Der gemütliche Teil des Abends folgte: Mit unseren kleinen Halogen-Taschenlampen suchten wir in unseren Rucksäcken nach dem Abendessen: drei Sorten Kekse, ein Glas Gürkchen, ein Liter Wasser im Wassersack und als besondere Belohnung für die Strapazen für jeden eine Dose Bier. Ich fand auch eine Serviette. Warum ich die bloß eingepackt hatte ... Erneut war Wind aufgekommen. Wir krochen in unsere Jacken und genossen die Mixtur aus Keksen, Dramatik, Gurken, warmem Bier und waschechtem Abenteuer. Erik zauberte seine irische Flöte hervor und spielte Klänge, die dieser Berg nie zuvor vernommen hatte.

Walter hatte uns gewarnt: »Oben am Berg leben Leoparden, und Klippspringer werden um eure Zelte tanzen.« Doch nichts dergleichen tat sich. Vielleicht mochten sie die Flötentöne nicht. Dann brach die Nacht herein, der Wind entwikkelte sich zu einem Sturm, und aus dem Wetterleuchten wurde ein Gewitter. Es schüttete pfenniggroße Tropfen auf unsere Zelte, und ich hatte das Gefühl, an einem Unternehmen beteiligt zu sein, das Zelte bis zur Zerreißprobe testete. Zuguterletzt bedeckte uns ein Sturm mit feinem Sand aus der Namib. Vier Stunden harrte ich zwischen Zeltstangen und Rucksack aus, bis ich vor Erschöpfung einschlief. Hart war es auf dem Boden, denn auf Luftmatratzen hatten wir beim Packen verzichtet. »... harte Jungs können auch auf dem Boden schlafen ...« Um sieben Uhr wachten wir auf. Vonwegen »harte Jungs«, sämtliche Knochen taten mir weh. Wir packten und machten uns zum Abstieg bereit, denn frühstücken wollten wir auf der Farm. Der Abstieg ging schnell vonstatten – schließlich winkten Frühstückseier, Brot und Kaffee.

Als wir das Farmhaus betraten, sahen wir, glaube ich, aus wie zwei, die die Wüste bezwungen hatten.

Cord Cordes von der Farm Bodenhausen mit Tochter. Er züchtet Hannoveraner Pferde und bietet Reittouren an

Informationen: Gästefarmen

[i] Nähere Informationen sind beim namibischen Fremdenverkehrsamt (s. »Nützliche Anschriften«) erhältlich. Beherbergungsführer für Touristen anfordern.
Gästefarmen: Sinclair Tel.: (0 63 62) 65 03, Burgsdorf Tel.: (0 66 32) 13 30, Finkenstein Tel.: (0 61) 3 47 51, Niedersachsen Tel.: (06 28) 11 02, Ameib Ranch Tel.: (06 22 42) 11 11.

[i] Anib Lodge, P. O. Box 800, Mariental, Tel.: (06 68) 1 24 21.
Anfahrt: Von Windhoek auf B1 nach Süden. 11 km nördlich von Mariental auf C20 (Richtung Stampriet) abbiegen. Nach 24 km ist die Anib Lodge erreicht.

[i] *Gästefarm Namtib*, Renate und Walter Theile, P. O. Box 19, Aus 9000/Namibia, Tel. 0 63 62/66 40 (Farmline: Nennen Sie der sich meldenden Telefonistin in Bethanien die Rufnummer). Die Unterkünfte bestehen aus einfachen Zweibett-Bungalows mit eigener Dusche und WC. Insgesamt stehen fünf Bungalows zur Verfügung; gegessen wird Südwester Hausmannskost, die Mahlzeiten werden in ungezwungener Atmosphäre im Farmhaus eingenommen. Strom gibt es nicht auf der Farm; abends wird der Generator angeworfen. Es brennt dann nur Licht im Farmhaus, wo der gemütliche Teil des Tages beginnt: mit Geschichten aus Namibia.
Anfahrt: Von Windhoek (B1) über Mariental, (C19) Maltahöhe, (C14) Helmeringhausen, (C13) Richtung Aus bis zur Abbiegung auf die Pad 707, dann noch ca. 45 km bis zur Farm (insgesamt ca. 650 km).

Lage: *Namtib* liegt am östlichen Rand der Namib-Wüste in einem abgeschiedenen Tal, umgeben von den Tirasbergen. Das Farmgelände umfaßt ca. 16 000 Hektar – mit Wildtieren wie Oryxantilopen, Springböcken, Kudus und Straußen. Auf Wanderungen begegnet man Klippspringern, Pavianen, Löffelhunden und Erdwölfen sowie zahlreichen Vogelarten.
Touren: Auf leichten wie auch extremen Touren erlebt man in den noch unberührten Bergen unverfälschtes Namibia: rote, durch Erosion bizarr geformte Granitformationen, weite, gelbe Grasflächen, baumbestandene Rivierläufe, malerische Köcherbäume – und immer leuchten im Hintergrund die der Farm vorgelagerten Dünen der Namib-Wüste.
Man kann im eigenen Pkw Rundfahrten auf der Farm machen oder mit dem Farmer im offenen Geländewagen Pirschfahrten unternehmen. Reitern stehen Pferde zur Verfügung.

»Grand Canyon« Afrikas: am Fish River

Der Rand des *Fish River Canyon* ist eine der spektakulärsten Aussichtsterrassen im südlichen Afrika. Schon ein paar Fakten lassen Großes ahnen: 161 Kilometer lang ist der Canyon, stellenweise ist er bis zu 2,7 Kilometer breit, und seine Tiefe schwankt zwischen 457 und 549 Metern. Mit 800 Kilometern ist der *Fish River* der längste Fluß Namibias, nicht allzu weit südlich von hier entleert er sich in den *Oranje-Fluß*. Das allerdings nur während der Regenzeit.

Ein Morgen am Fish River Canyon. Langsam steigt die Sonne und nimmt der Schlucht ihren Reliefcharakter. Schon verwischt das heller werdende Licht Farben und Konturen. Manche vergleichen ihn mit dem berühmten Grand Canyon des Colorado, drüben in Amerika. Dessen Dimensionen erreicht er allerdings nicht.

Über 50 Millionen Jahre grub er sich hier Meter für Meter ein. Heute fließt der Fluß 500 Meter unterhalb jener Stelle, an der er einst begann. Während Regenfällen demonstriert er, was er seit jeher tat; wühlt hier Erde auf, reißt dort ein Stück Fels raus, rastlos schiebt er Sand und Geröll vor sich her in Richtung Meer. So modellierte er eine Plateau-Landschaft, deren Herzstück er selbst darstellt. *Fish River* – eigentlich ist das ein merkwürdiger Name für einen Fluß, der nur gelegentlich Wasser führt. Und doch, in seinen Felsauswaschungen leben fünf verschiedene Fischarten, eine davon ist der Karpfen. Die Kombination von Wasser und Nahrung zog auch schon früh Menschen an. Im Jahr 1928 untersuchten Archäologen 27 Ausgrabungsstätten. Fünf davon waren mehr als 50 000 Jahre alt. Noch im letzten Jahrhundert kämpften hier Nama und Herero um Weidegründe, auch die deutsche Schutztruppe zog es in den Canyon. Mindestens einen ließ er nicht wieder los. Das Grab des Schutztruppenleutnants Thilo von Trotha ist heute für Wanderer ein markanter Punkt auf dem 80 Kilometer langen Wildnispfad nach *Ai-Ais*.

Parallel zum oberen Canyonrand führt ein drei Kilometer langer Autopfad vom Aussichtspunkt zum »Hikers Point«. Hier beginnt der Fußmarsch runter in den Bauch der Erde. Ein Schild informiert: »Start hiking trail, 8,5 km«.

Fish River Canyon

Gleich danach tastet man sich Schritt für Schritt, langsam und an einem Seil sichernd, in die Tiefe. Eine ungewöhnliche Bergwanderung, bei der man gleich zu Beginn, solange man noch frisch ist, den Abstieg erledigt. Nach einer Stunde ist das Ufer des *Fish River* erreicht. Auch von hier wirkt die Canyonlandschaft spektakulär. Ein einsamer kleiner Vogel läßt sich am Ufer nieder und weckt Neidgefühle; benötigt er doch nur ein paar Flügelschläge, um wieder auf der oberen Canyonkante zu sein.

Der Tageswanderer, der für den Aufstieg doppelt soviel Zeit wie für den Abstieg braucht, wird immer wieder rasten. Er wird den spärlichen Schatten vorstehender Felsen suchen, seine Hand wird nach der Wasserflasche tasten. Das Herz wird ihm bis zum Hals schlagen, und der Atem wird heftig gehen. Doch dann ist das erlösende Stahlseil erreicht. Plötzlich, wie der wippende Schlag einer Peitsche, schlängelt sich eine Schlange über den Weg. Sekundenbruchteile später ist sie unter einem schützenden Stein verschwunden. Der Fish River Canyon ist der Lebensraum von Kudus, Leoparden, Bergzebras und Schlangen, unter anderem der Puffotter. Mit 60 verschiedenen Arten ist die Vogelwelt hier am vielseitigsten in ganz Namibia. Doch der Gang in den Fish River Canyon ist auch ein Blick in das sich ständig wandelnde Gesicht unserer Erde.

Informationen: Hobas, Ai-Ais, Fish River Canyon Trail

[i] Director of Tourism, Windhoek (siehe »Nützliche Anschriften«).

Hobas Camp: 12 km vom Aussichtspunkt und 15 km vom Hikers Point entfernt. Zehn sehr reizvolle schattige Plätze mit Feuerstellen. Ganzjährig von Sonnenauf- bis Sonnenuntergang geöffnet.
Ai-Ais, eine komfortable Oase in einer Steinwüste. Um die Jahrhundertwende war hier ein Lager der deutschen Schutztruppe-Soldaten. Auch sie schätzten, was schwarze Stämme lange vor ihnen genossen hatten: Ai-Ais, »dampfendes Wasser«, so bezeichneten die Urbewohner das 60 Grad heiße Thermalwasser, das hier aus dem Boden tritt. Heute ist Ai-Ais ein von der Nationalparkverwaltung unterhaltenes Resort (geöffnet vom 2. Freitag im März bis 31. Oktober) mit Thermalbad, komfortablen Zimmern und einem Campingplatz.
Wandern auf dem Fish River Canyon Trail: Er ist einer der populärsten Pfade in diesem Teil der Welt. Länge: Über ca. 80 km führt er durch die schönsten Abschnitte des Fish River Canyons. Startpunkt: 12 km von Hobas Camp, Ende in Ai-Ais.
Dauer: 4–5 Tage.

Unterkünfte: nicht vorhanden. Man schläft auf dem Sand oder im Zelt.

Zulässige Wandermonate: Wegen extremer Sommerhitze und Flutgefahr sind Wanderungen nur vom 1. Mai bis 31. August gestattet.

Nützlich zu wissen: Nur Gruppen von drei bis 40 Teilnehmern sind zugelassen. Mindestalter: 12 Jahre. Vor Beginn muß ein ärztliches Gutachten über körperliche Leistungsfähigkeit (nicht älter als 40 Tage) vorgelegt werden. Man sollte nicht während der heißen Tageszeit von 11 bis 15 Uhr wandern. Wasser wird aus Wasserlöchern geholt. Desinfektionstabletten (z. B. Micropur) sollten mitgeführt werden.
Der Fish River Canyon Hiking Trail ist sehr beliebt. Es wird täglich nur eine bestimmte Anzahl Wanderer zugelassen. Rechtzeitig bei [i] buchen und dabei die Karte »Wandern und Zeltlagern in der Fischfluß-Schlucht« (deutsch) erbitten.

Alternativ: Private Unternehmen bieten in einem anderen Flußabschnitt Touren auf dem »Fish Eagle Trail« an. Gondwanda Tours Namibia, P. O. Box 690, Keetmanshoop, Tel. und Fax: (06 31) 38 92.

Paviane; ihre Gebisse sind selbst bei Raubkatzen gefürchtet

Kanufahrt im Grenzbereich: Oranje-Fluß

Der Alte führt ein strenges Regiment am großen Strom. Ein dominierender Pavian mit starkem Gebiß. Starr, wie eine Statue, hatte er schon immer auf der roten Klippe gesessen und über sein Volk gewacht, wie jetzt. Es wird Abend am Fluß. Sein Affenvolk sammelt sich, um Schutz zu finden. Nur zwei Junge balgen und streiten sich. Wie ein Blitz fährt der Alte dazwischen. Drohend reißt er seinen Rachen auf. Das genügt. Stille. Der Alte kratzt sich behäbig das Fell und scheint aufs neue zu erstarren. Bis auf die Augen. Denn die verfolgen wachsam das Treiben unten am Fluß.

Dort brennt ein Lagerfeuer. Sein Schein huscht über die braungebrannten Gesichter von 12 Paddlern, bei denen Geschichten die Runde machen. Über Afrika natürlich. Und behutsam, samtweich, fast unmerklich senkt sich die Nacht.

George ist der Guide hier. Seit ein paar Jahren führt er Gäste per Kanu über den *Oranje-Fluß*. »Er ist einmalig«, schwärmt er. »An keiner Flußmündung der Welt liegen mehr Edelsteine als an seiner.« Richtig. Doch die kleine Gruppe zwischen den sechs am Ufer liegenden Kanus sucht andere Schätze.

Oranje-Fluß oder *Orange River* ist Namibias *southern frontier*. Politische Entscheidungen paßten sich seinen Eigenwilligkeiten an. So folgt auch die gemeinsame Staatsgrenze zwischen Namibia und Südafrika jeder Unberechenbarkeit dieser »Mother of all Rivers«. Er ist eine Quelle des Lebens, für die wilden Tiere wie die vereinzelten Farmer hier. Buschmänner nannten ihn ehrfürchtig »Garib«, großer Fluß. Man muß dieses Land gesehen haben, muß durch Staub und verdorrte Büsche gefahren sein, um zu verstehen, was er für die Menschen hier bedeutet, wo nur die Härtesten der Harten im Pflanzen- und Tierreich überleben.

Andries, ein gemütlicher Farmer aus Grootfontein, wollte schon immer Oranje-Wasser schmekken. Jetzt hat er Gelegenheit dazu. Doch Stromschnellen sind hier außerhalb der Hochwasserperiode selten mehr als nur ein spritziges Vergnügen. Andries wirft ein Stück Treibholz ins Lagerfeuer. Funken stieben, treiben den Sternen entgegen, die wie ein kaltes Funkenmeer am Südhimmel stehen. Der Farmer sieht das Land mit anderen Augen als der Tourist. Wo die das Flußufer begrenzenden Berge es zulassen, gedeihen Baumwolle, Datteln, Luzerne. Rosinen und Sultaninen sind das Hauptprodukt am Lebensspender Orange River. Er entspringt in den Bergen Lesothos, wird gespeist durch den Vaal und endet seine 2000-km-Odyssee in *Oranjemund*. Zumeist ist er glasklar. Sein Wasser läßt sich trinken. Wie alle Flüsse Namibias, die von Ost nach West fließen, ist auch er bilharziosefrei. Still und ohne nennenswerte Hindernisse für Paddler mäandert er durch dieses zerfurchte Land, in dem noch Leo-

Traumtrip auf dem Oranje-Fluß. Sein Wasser ist glasklar und trinkbar

parden, Antilopen und Gazellen leben. Ein idealer Fluß für Kanuwanderungen.

Seinen Namen erhielt er vor 200 Jahren von seinen europäischen Entdeckern. Ihnen folgten Flußpiraten und Banditen. Ein Captain Afrikaner und sein »Erster Offizier«, ein Pole namens Stephanus, der in Kapstadt im letzten Moment vom Galgen flüchtete, waren die schlimmsten. Doch das ist Geschichte. Stoff für die Stunden am Lagerfeuer. Und während der Fluß seine Reise nach Westen mit Gurgel- und Schmatzgeräuschen begleitet, beginnt oben am Felshang plötzlich und unvermittelt dieses grelle Gekreisch der Affen. Doch nur für Sekunden.

»In Vollmondnächten ist gelegentlich der Teufel los«, sagt George. »Ihre Jungen verwechseln die Mondscheibe dann mit der Sonne und werden aktiv. Doch die Strafe folgt auf dem Fuß. Schon sind die Alten über ihnen und züchtigen sie mit Schlägen und Bissen.« Doch Affen sind auch zärtlich und fürsorglich. Manchmal allerdings geht das zu weit – wenn es um Menschenbabys geht.

»Gelegentlich stehlen Paviane Babys, weil sie glauben, die Kinder hätten ihre Eltern verloren. Kürzlich hatten wir so eine verrückte Geschichte bei einer Familie aus Heidelberg in Südafrika. Nichts Böses ahnend sitzen die Eltern im Camp, während unmittelbar hinter ihnen ein Pavian ihr Kind raubt. Der Vater verfolgt ihn eineinhalb Stunden. Manchmal schleift der Affe dabei das Kleine am Arm hinter sich her. Zum Glück hat die Geschichte ein *happy end*. Der Vater kann sein Kind fast unverletzt in die Arme schließen.«

Am anderen Morgen: Ein paar dürre Zweige in die Glut der letzten Nacht gelegt, zwei-, dreimal gepustet, schon leckt eine kleine Flamme über ausgedörrtes Holz. Aromatisch duftender Rauch kräuselt durchs Lager. Schon regen sich hoch oben am Fels die ersten Paviane.

Auch die kleine Schar am großen Fluß hat ihren Rhythmus gefunden, hat Routine gekriegt. Die Hände sind schwielig und rissig geworden, die Kleidung trägt die Patina des Abenteuers, die Gesichter die Bräune Afrikas. Man fühlt sich wie ein Voyageur auf großer Fahrt.

Im Kanu auf dem Oranje-Fluß

Seit Tagen folgen wir dem Oranje-Fluß durch die von ihm selbst gestaltete Landschaft. Man meint, solche Szenerie aus Wildwestfilmen zu kennen: mit Geröllkegeln wie im Monument Valley, mit Tafelbergen, die das Ufer begrenzen, und Felswänden, die die Erosion der Jahrtausende in gigantische Schutthaufen verwandelte.

Westlich von *Noordoewer* waren wir gestartet. 12 Personen aus manchen Ecken der Welt; Eng-

land, Holland, Deutschland, Südafrika und Namibia. Eine gemischte Gruppe, in der nur wenige Kanuerfahrung hatten. Zehn Tage sollte die Reise durch diesen Spalt der Erde gen Westen gehen.

Geführt werden wir von George, dem Griechen aus Zaire, den politische Wirren ins südliche Afrika verschlagen haben, und Ian, der aus Simbabwe stammt.

Als lizenzierter Großwildjäger in Botswana hatte er betuchte Touristen auf die richtige Fährte gebracht.

Schon schieben sich die Strahlen der aufgehenden Sonne über die Felsen. Oben am Hang wird es lebhaft. Es raschelt, Felsen kullern, Paviane keckern, kichern, kreischen, grunzen, bellen und schreien. Sie sammeln Insekten und Körner oder zupfen sich Parasiten aus dem Fell. In unserem Camp geht es stiller zu.

Um neun Uhr sitzen wir wieder im Boot. Der Tag ist wie die anderen zuvor; mit dem betörenden Blau des Himmels, dem Rotbraun der zerklüfteten Felsen und dem satten Grün der Uferpflanzen. Stille, bis auf den Schrei eines Vogels und dem leisen Murmeln des Wassers. Es scheint, als drifteten die Spitzen der Berge an uns vorbei, und nicht wir an ihnen.

Rötlich, gelblich und grünlich schimmert das Gestein, zerbröselt durch die destruktive Kreativität der Natur.

An den Tagen zuvor hatten wir leichte Stromschnellen durchfahren. Hier scheint das Wasser zu stehen. Spiegelglatt ist es. Feiner Dunst liegt über dem Land. »Pitsch, pitsch«, sacht tauchen Paddel ins Wasser, doch nur mühsam kommen die Kanus voran. Das ist die Zeit für Beobachtungen.

Ein paar Dutzend Reiher verharren regungslos am Ufer. Auf Flußfelsen lauern Kormorane, Enten und Gänse ziehen durch das Wasser, und Fischadler gleiten über das Tal dieses uralten Rivers. Er ist weniger ein Fluß für Wildwasserabenteurer, auch wenn seine *Augrabies Falls* die sechstgrößten Wasserfälle auf Erden sein sollen. Sie befinden sich im südafrikanischen Teil, wo sich in Spitzenzeiten pro Minute 405 Millionen Liter Wasser 85 Meter donnernd in die Tiefe stürzen. Buschmänner nannten die Fälle »Platz des großen Lärms«.

Hier im Westen spürt man von ihren Turbulenzen nichts, hier, zwischen Südafrika und Namibia, taucht man ein in die Stille der Wüste, wird man selbst zum Grenzgänger zwischen Zeit und Raum.

Grenzgänger zwischen Südafrika (rechts) und Namibia (links): der Oranje-Fluß

Informationen: Oranje-Fluß

[i] und Buchung: Drifters, P. O. Box 48434, Roosevelt Park, RSA 2129, Tel.: (0 11) 8 88-11 60, Fax: (0 11) 8 88-10 20. River Runners, P. O. Box 583, Constantina, RSA, Tel.: (0 21) 7 05-62 29. Die Unternehmen sind in Südafrika beheimatet.

Fluß-Info: Der *Oranje-Fluß* ist nicht als Wildwasserfluß klassifiziert, obwohl es je nach Wasserstand mehr oder weniger stark ausgeprägte Stromschnellen gibt. Grundsätzlich ist er auch für Anfänger geeignet. Es lohnt sich, den einen oder anderen Uferberg zu besteigen.

Ausrüstung: Persönliche Artikel, Matratze und Schlafsack sind selbst mitzubringen. Kopfbedekkung, Sonnenbrille und Sonnenöl nicht vergessen.

Kamera: Es wird mit Sicherheit Wasser ins Boot kommen. Eine Unterwasserkamera wäre ideal. Geeignet sind auch wasserdichte Beutel für Kameras. Im Fotofachhandel nachfragen.

Köcherbaum und Geisterstadt: von Keetmanshoop nach Kolmanskuppe

Es ist Verlaß auf sie. Kitschig schön sinkt die Sonne. Wie es sich für gute Fotos eben gehört. Langsam verändert sich ihr Ball von Gelb über Orange hin zu sattem Rot. Hektik bei den Fotografen, die Position und Objektive wechseln. Die Stelle mit Namibias meistfotografierten Sonnenuntergängen geizt nicht mit jenen dramaturgischen Gags, die der Stoff für gute Fotos sind. Als würden Geister ihre Arme in den Himmel schieben, recken *Köcherbäume* die schlanken Äste in das Rot der aufziehenden Nacht. Die ältesten von ihnen bereits seit 300 Jahren. Schon berührt der Feuerball den Horizont. Erleichterung bei den Fotografen. Schnell werden noch zwei, drei Schüsse hinter ihr hergesetzt, dann beginnt der beschauliche Teil des Abends am Köcherbaumwald.

Wie eine stumme Armee stehen die Bäume zwischen schwarzen, hitzeabsorbierenden Findlingen. Bis zu neun Metern hoch werden sie. Buschmänner und Nama höhlten ihre faserigen Stämme aus und verwandten sie als Köcher für Pfeile. Daher der Name: »Kokerboom«, zu deutsch »Köcherbaum«. Die Geisterlegion im Köcherbaumwald stimmt ein auf die Reise zu Namibias eindrucksvollster »ghost town«.

350 Kilometer trennen *Keetmanshoop* und *Lüderitz*. Ein paar Kilometer vor dem Küstenort liegt das eigentliche Ziel der Tagesetappe: Kolmanskuppe, eine Stadt, die ihr Fundament auf Sand und Diamanten baute. Trügerisch beide. Diamanten und Menschen gingen. Sand wurde zum Leichentuch der Stadt.

»Kaiserliches Postamt« steht noch immer über der Tür. Doch drinnen schiebt mir die freundliche Bedienstete des Touristenbüros von *Keetmanshoop* einen Stadtplan über den Tresen. »Und den Adler nicht vergessen ...«, legt sie mir ans Herz.

Schnurgerade durch die Wüste. Die Straße nach Lüderitz

Hier begann der Diamantenboom: Bahnhof Grasplatz

Den finde ich im Park, als deutschen Reichsadler auf einer Gedenksäule. Missionare der Rheinischen Mission hatten hier nach 1860 eine Kirche erbaut. 1890 spülte sie jedoch das *Aub Rivier* fort. 1895 errichtete ein Missionar Fenchel gemeinsam mit Mitgliedern seiner Nama-Gemeinde eine neue. Mehreren hundert Gläubigen bot sie Platz, doch nur bis 1950, dann verfiel sie. »Leider benutzten kulturlose Elemente das Gotteshaus als Nachtquartier und für Trinkgelage«, steht heute in einer Broschüre des Denkmal-Komitees. Das änderte sich, als man mit viel Fleiß und Geld die alte Kirche in ein Museum umfunktionierte.

Keetmanshoop liegt an den *cross roads* des Südens; hier treffen sich die Straßen zum Kalahari-Gemsbok-Park im Osten, nach Süden zum *Oranje-Fluß* und *Fish River Canyon* und nach Westen, Richtung *Lüderitz* und *Kolmanskuppe*.

Ein Tag im Januar. »Keetmanshoop 36 Grad Celsius, Lüderitz maximal 22 Grad«, dröhnt der Wetterbericht aus dem Autolautsprecher. Fast schnurgerade führt das Band der Straße nach Westen, zu der kühlen Stadt am Meer. Man wird sich auf dieser Reise in die Einsamkeit fragen, was die Pioniere wohl bewog, hierherzukommen: der Lockruf des Abenteuers, der später auch Diamanten und Reichtum versprach? Ein zweifelhaftes Versprechen, denn selbst der Diamantenkönig von Südwest starb 1947 mit nur ein paar Mark in der Tasche. Was also ist es?

Die Straße folgt jetzt dem Verlauf der Eisenbahn. An einem Bahnhof entdeckt man das Namensschild »Schakalskuppe«. Bereits 1906 war die Eisenbahn zwischen Lüderitz und *Aus* fertiggestellt worden. Also fing damals alles an. Denn ohne Bahnlinie hätte es keinen Bahnmeister mit seinem schwarzen Gehilfen gegeben – der aber entdeckte den ersten Diamanten...

Wind fegt über den kargen Boden. Staub wirbelt, tanzt in Säulen durch die Luft, sackt zusammen. An den Wänden des verlassenen Steinhäuschens am *Buchholzbrunn-Rivier* bröckelt der

Geschichte zum Anfassen: Geisterort Kolmanskuppe

Putz. Zwei mächtige Köcherbäume stehen wie vergessene Wächter vor den Ruinen des Gestern. Hier am Rand der Diamantenwüste holt sich die Natur Schritt für Schritt zurück, was ihr der Mensch unter Fluchen, Schweiß und Schmerzen abgerungen hat. Wie mit dem Lineal gezogen erscheint das Band der Straße auf der Weiterfahrt. Man schmunzelt bei dem Schild »Grasplatz« neben einem verlassenen Bahnhofsgebäude – wo weder Grashalme noch grüne Blätter den Goldton dieser Wüste beleben. Doch hier wurde mit dem allerersten Diamantenfund Geschichte gemacht. Momente später ragt wie eine Fata Morgana eine Kirche aus dem unvermittelt einsetzenden Küstennebel.

Lüderitzbucht ist erreicht, eine Stadt am Ende der Welt; im Osten begrenzt von der heißen Namib und im Westen durch den Benguelastrom. Und doch fühlt man sich hier sofort zu Hause. »Sie müssen nur die Bergstraße runterfahren, rüber über die Nachtigall-Straße und dann weiter bis zur Hafenstraße.« Die freundliche Dame mit dem akzentfreien Deutsch lebt seit ihrer Geburt in Lüderitz. Jetzt schiebt sie mir mit einer launigen Bemerkung den Stadtplan mit der Anfahrt zur Haifischinsel über den Tisch. Gegen die Felsinsel mit dem großzügig angelegten Campingplatz klatscht träge das Meer. Im Hintergrund tutet ein Frachter. Jemand grillt selbstgefangene Fische. Und über Wohnmobilen, Zelten und Geländewagen gleiten Pelikane und Flamingos.

Lüderitzbucht muß für die meisten Deutschen zur Jahrhundertwende so weit weg gewesen sein wie der Mond. Vermutlich wäre das auch so geblieben, hätte nicht August Stauch, eben jener Bahnmeister von »Grasplatz«, 1908 den richtigen Riecher gehabt. Als ihm eines Tages sein schwarzer Arbeiter Zacharias Lewala einen interessanten Stein brachte, begann es plötzlich in Augusts Augen zu glitzern. Er legte die Eisenbahneruniform ab und ward fortan der Diamantenkönig von Südwest. Eine Kleinstadt wurde nun vor den

August Stauch, der »Diamantenkönig« von Südwest

Toren von *Lüderitzbucht* in den Sand gesetzt. Ihr Name: *Kolmanskuppe*. Geld spielte keine Rolle: Ein Schwimmbad entstand zwischen Sanddünen, ein großes Theater zog bald schon Gäste von weither an, und man ließ Bäume aus purem Sand wachsen.

Die Eintrittskarten, die heute im Touristenbüro verkauft werden, tragen den Aufdruck »Geisterstadt Kolmanskuppe«. Vor der gespenstischen Kulisse der Museumsstadt parken jetzt Wohnmobile und Geländewagen neben wie vergessen dastehenden Loren und Arbeitsmaschinen.

»Zur Jahrhundertfeier des Kaufs von Lüderitzbucht im Jahr 1983 wurde die alte Kegelbahn renoviert«, sagt die Fremdenführerin. Wie damals prangt ein handgemaltes Schild an der Wand: »Kegelklub Gut Holz – 1927«. Das waren die fetten Jahre.

Zur Blütezeit lebten 300 Europäer hier und 800 Wambo-Arbeiter. Die Planer hatten Weitsicht

Informationen: Köcherbaumwald – Lüderitz

[i] Keetmanshoop: Southern Tourist Forum, P. O. Box 21 25, Keetmanshoop, Tel.: (06 31) 20 95.

[i] Lüderitz: Lüderitz Foundation, Bismarckstraße, Lüderitz (Karten für Kolmanskuppe und *Elizabethbucht*), Tel.: (03 31) 25 32.

Köcherbaumwald: auf dem Gelände der Farm Garganus, Anfahrt: von der B1 nördlich von Keetmanshoop auf C16 Richtung Aroab abzweigen. Nach 1 km auf Straße Nr. 29 (Ausschilderung »Kokerboomwoud« 13 km) einbiegen. Ebenfalls dort: »Giants Playground«. Sehenswerte Felsformationen.

Kolmanskuppe: Besichtigungen: Montags – freitags: 8 bis 12 und 14 bis 16 Uhr. Samstags: 8.30 bis 12 Uhr. Dauer der Tour: 1 Stunde.

Camping/Hütten: Unmittelbar am Köcherbaumwald einfacher Platz mit Toilette und Dusche. Hütten befinden sich auf dem Farmgelände.
Lüderitzbucht: Camping auf *Shark Island* (Haifischinsel).

Straßenzustand: Weitgehend Asphalt. Die letzten schottrigen Abschnitte zwischen Goageb und Aus werden immer kleiner. Spektakulär ist der Streckenabschnitt westlich von Aus, wo sich das dunkle Asphaltband schnurgerade und malerisch vom Hochland durch die Namib zur Küste zieht. Zur Zeit des »Südwesters« wird hier der Sand waagrecht über die Straße gepeitscht. Gelegentlich ist dann mit Sandverwehungen zu rechnen. Räumfahrzeuge sind im Einsatz.

Tankmöglichkeiten: Keetmanshoop, Goageb, Aus, Lüderitz.

Achtung – Sperrgebiet: Westlich von Aus erstreckt sich südlich der Straße das »Sperrgebiet I.« Die riesige Diamantenförderzone darf nicht betreten werden. Im Norden ist der Namib-Naukluft-Park. Es besteht jetzt die Möglichkeit, Wildpferde zu sehen. Die zähen und erstaunlich kleinen Tiere gelten als Nachkommen der Schutztruppe-Pferde und jener des Barons von Wolf (siehe Schloß Duwisib).

gezeigt. Sie prophezeiten Kolmanskuppe eine Lebensdauer von 50 Jahren. Das Totenglöckchen begann jedoch schon nach 30 Jahren zu läuten. Die meisten Bauten, die heute in dem von September bis Februar von Südwesten herangepeitschten Wüstensand ersticken, sind zwischen 1908 und 1910 errichtet worden. In den ersten sechs Jahren bis zum Ausbruch des Ersten Weltkriegs wurden mehr als fünf Millionen Karat Diamanten gefördert. Die Storys aus jenen Tagen klingen nach Jack London und Klondike-Goldrausch: Ein Jahr nach seiner großen Entdekkung, 1909, fand Stauch mit einem Professor Scheibe auch das legendäre *Idatal*. »... Diamanten lagen wie Pflaumen auf dem Boden...«, schrieb Scheibe später. Das war das Fundament, auf dem man Kolmanskuppe baute. Lüderitz profitierte davon, wurde eine Boomtown, in der man Barmädchen mit Diamanten bezahlte. Dann kam der Einbruch: Stillegung während des Ersten Weltkriegs. Anschließend purzelten die Diamantenpreise. Die neun großen deutschen Gesellschaften wurden von der südafrikanischen Consolidated Diamond Mines aufgekauft. Deren Geologen wurden schon bald 250 Kilometer südlich von Kolmanskuppe an der Mündung des Oranje-Flusses fündig: 1936 entstand der Minenort *Oranjemund*, der in Spitzenzeiten zwei Millionen Karat Diamanten pro Jahr förderte.

Boomtowns wurden zu *Ghosttowns*. Anfang der 50er Jahre wurden endgültig alle Minenaktivitäten nach Oranjemund verlegt.

Kolmanskuppes stattliche Herrenhäuser ertrinken heute im gierigen Sand. Man steigt über Dünen in erste und zweite Stockwerke, robbt drinnen über meterhohe Verwehungen durch Salons, in den einst Chopin erklang und die ersten Radionachrichten aus altväterlichen Kästen krächzten. Und so, als hätte jemand für den Western »Spiel mir das Lied vom Tod« Regie geführt, liegt eine weiße Badewanne filmgerecht vor der Kulisse einer fensterlosen Villa.

... heute beherbergt es das Touristenbüro von Keetmanshoop

Lüderitzbucht: die Felsenstadt

Ich verstehe gar nicht, warum alle Welt immer nur nach Swakopmund fährt. Abgesehen vom Trubel in der Weihnachtszeit erfüllen sich alle netten Klischees von der »deutschen« Küstenstadt eigentlich in *Lüderitzbucht*, mehr als in der Primadonna Swakop. »Viel zu weit weg«, könnte jetzt einer sagen. Na und? Es wird ja niemand gezwungen, die 865 Kilometer von Windhoek an einem Tag auf der Teerstraße abzuspulen. Schon die großen Entdecker suchten den Weg hierher, wie der Portugiese Bartolomeu Diaz. Er nannte den Fleck *Angra Pequeña*, die kleine Bucht. Und auch der Landweg von Windhoek nach Lüderitz ist noch heute ein Erlebnis, Urlaub von Anfang an. Und dafür gibt es gleich mehrere lohnende Varianten. Auch den Flug.

Aber wer fliegt, versäumt diese Fahrt. Vor allem versäumt er das richtige Gefühl der Ankunft. Die letzten Kilometer vor Lüderitzbucht, die Strecke durch das Diamanten-Sperrgebiet, suchen in ihrer Eintönigkeit in ganz Namibia ihresgleichen. Kurz hinter der Geisterstadt Kolmanskuppe taucht es plötzlich auf, dieses graue Fleckchen Fels, mit dem die deutsche Geschichte Namibias beginnt – Lüderitzbucht, die Felsenstadt. Einige Häuserspitzen sind schon in der Ferne zu entdecken.

Dahinter ist das Meer zu erahnen, eine Verheißung nach der langen Wüstenetappe. Dann verschwinden Häuser und Atlantik wieder, Steine und Sand verdecken die Sicht. Irgendwie haben die Menschen hier von Beginn der Besiedelung an vergessen, die Steine zwischen den Häusern wegzuräumen oder wenigstens zu bearbeiten.

Nichts: Bis heute begradigt der Bauherr gerade so viel Fels, wie das Haus braucht. Rechts und links, vorne und hinten – überall Fels. Selbst die Kirche sieht auf Bildern immer so aus, als stände sie irgendwo in der Einöde, dabei liegt sie mitten in der Stadt. So heißt sie auch äußerst treffend »Felsenkirche«.

Vielleicht ist es der wirtschaftliche Niedergang, der das faszinierende Stadtbild von Lüderitzbucht bewahrt hat: Als in anderen Städten das geleistet wurde, was wir heute als »Bausünde« bezeichnen, hatte in Lüderitz keiner Geld, alte Gebäude einzureißen, um eine »moderne« Stadt entstehen zu lassen.

Doch was immer der Grund für diese eigenartige städtebauliche Vorgehensweise ist, Lüderitz hat dadurch an Charme gewonnen, an Flair und Charakter. In die nackten Felsen aus Granit und Schiefer schmiegen sich die Kolonialhäuser der kleinen Stadt, vor den Toren der Stadt tost auf der einen Seite der wilde Atlantik, auf der anderen Seite türmt sich direkt hinter den Häusern ein zerklüftetes Meer aus Fels auf, nur an wenigen Stellen mit Sand bedeckt. Ein südafrikanischer Architekt hat es einmal treffend beschrieben: Die hübschen Gebäude sind in einem natürlichen Amphitheater auf einen fixen Brennpunkt hin ausgerichtet, auf die Haifischinsel und den Roberthafen. Diese Stadt ist anders, völlig andes als andere Orte in Namibia oder sonstwo auf der Welt.

Wenn es ein Namibier einmal so richtig ruhig haben möchte, so spottet man in Windhoek, dann fährt er zur Lüderitzbucht. Am Sonntagnachmittag ist es schwierig, eine Tasse Kaffee und ein Stück Kuchen zu kriegen, auf der Straße streunt ein Rudel Hunde herum, und sonst niemand. Irgendwo läßt sich der Kaffee dann doch auftreiben, und überhaupt: Wer hat sonst schon eine ganze Stadt nur für sich alleine? Und es gibt auch am Sonntag genug anzuschauen. Statt Schaufensterbummel ist in Lüderitz eben Häuser- und Umgegend-Bummel angesagt. Zum Beispiel zur Haifischinsel direkt vor der Stadt. Die *Haifischinsel* ist eigentlich eine Halbinsel, denn sie ist durch einen Damm mit dem Festland verbunden. Als Südwestafrika deutsche Kolonie wurde, beanspruchte England alle Inseln vor der Küste, also auch die Haifischinsel. Daher füllten die Lüderitzer einfach das schmale Stück Meer auf, damit gehörte die Haifischinsel zum Festland und war deutsch. So fährt man heute mit dem Auto dorthin, zum Beispiel zum Gedenkstein für den Bremer Kaufmann Adolf Lüderitz.

Und die Häuser in Lüderitz! Die meisten Gebäude sind geprägt vom Stil der wilhelminischen Epoche und vom Jugendstil: Fachwerkgiebel, Erker, Bogenfenster – und immer der Zwang, zwischen den Felsen einen Platz zu finden. Es macht halt einfach Spaß, durch eine Stadt zu streichen, in der die Straßen nicht im rechten Winkel zueinander stehen, in der Häuser und Stadtbild nicht zuerst von Norm und Nutzen geprägt sind, sondern von handwerklichem Können und Fantasie.

Das *Woermann-Haus* zum Beispiel, ein in der Grundanlage schlichter Bau, der aus dem Fels gewachsen zu sein scheint. In gewisser Hinsicht ist er das wirklich: Um Platz für das Gebäude zu schaffen, mußten – logisch in Lüderitz – Felsen weggesprengt werden. Die Brocken, die dabei entstanden, bilden die Mauersteine bis zum ersten Stock. Das Dach wird von einem Flaggenmast und einem Krähennest gekrönt, wobei diese Ausstattung mehr der Nachrichtenübermittlung als der Zierde diente. Die schönste Seite ist die Nordseite: Im sturmgeplagten Lüderitz ist dies die wettergünstigste. Hier glänzt das Woermann-Haus mit zwei Erkern und drei Balkonen im ersten Stock,

Mehr Experimentierfreudigkeit in der Architektur ist am *Goerke-Haus* zu entdecken. Von außen wird das Haus geprägt durch einen viereckigen Turm, doch von jeder Seite sieht es anders aus. Die Vorhalle ist kreuzgewölbt, das Treppenhaus wird durch Bogen von der Halle getrennt. Sie werden von einer Säule getragen, die mit deutlicher Schaftschwellung Anklänge an ägyptische Säulenformen erkennen läßt. Die Treppenpfosten sind eigenständige Kompositionen. Der Beschreibung eines Fachbuchs über Baukunst ist nichts hinzuzufügen: »Es ist, als ob eine Metamorphose eines zahnfriesartigen Kastens auf eine gotische Fiale stattgefunden hat.« Das Goerke-Haus besticht mit seinem Zusammengestoppelten spitzen und flachen Dachkonstruktionen, Überhängen, Erkern, und das alles in Blau unter einem roten Dach – Beschreibung zwecklos, nur Anschauen hilft.

Wir ziehen weiter zu dem Bau, der die seltsame Stadt am nachhaltigsten prägt, diese Stadt am »Strand der Hölle«, wie der Seefahrer Bartolomeu Diaz die Küste hier nannte: die *Felsenkirche.* Eingezwängt zwischen den groben Steinen reckt sich der an der Gotik orientierte Bau nach oben. Zum einen ist die Gotik hier praktisch, weil die Kirche dadurch schlank gen Himmel strebt und deshalb nicht soviel Fels weggesprengt werden mußte, zum anderen war bei der Grundsteinlegung 1911 die Gotik in Europa wieder modern. Klare, frische Formen zeichnen die Kirche aus.

Doch es sind nicht nur die Häuser, die den Charme der kleinen Bucht *Angra Pequeña* ausma-

Lüderitz, die charmante Felsenstadt

chen. Es ist auch die Mondlandschaft um den Ort herum. Nach Süden aus der Stadt heraus Richtung Große Bucht führen von der Hauptstraße immer wieder schmale Pads zu kleinen Sand- oder Felsbuchten. Einige Buchten bieten einen malerischen Blick auf Lüderitz – so ähnlich müssen die Seefahrer nach schwerer See die Stadt gesehen haben. In der Sturmvogelbucht gilt es eine alte Walfangstation zu erkunden, und dann kommt schon *Diaz Point*.

Dieser Platz, an dem eine Nachbildung des Kreuzes steht, das Bartolomeu Diaz 1488 hier aufstellte, gilt als touristische Pflichtübung. Zehn Minuten reichen für dieses »Monument« trotzdem. So lange braucht es etwa, über die elegante Holzbrücke zu schreiten und über Steintreppen den Felsen zu ersteigen, auf dem das Kreuz steht. Ein schöner Platz zwar, aber der Fußweg zur *Eberlanzhöhle* gibt erheblich mehr her: Einige Meter über Schotter die Felsen hinauf, und dann zwischen den Steinen zum Meer, zu felsigen Stellen, an denen der Atlantik mit Macht und Getöse seine Kraft an den Felsen mißt – ein faszinierendes Schauspiel aus Schaum und Gischt.

Auf dem Weg weiter lassen sich mit dem Fernglas auf der kleinen *Halifax-Insel* Pinguine beobachten, in einer anderen Bucht faszinieren Großvögel mit Flug- und Landekunststückchen. Und

Elisabethbucht, eine Geisterstadt, deren Hoffnung sich einst auf Diamanten gründete

dann geht es zur *Großen Bucht* an der Südspitze der Halbinsel südlich von Lüderitz. Hier trübt eigentlich nur das eiskalte Atlantikwasser den Badespaß ein wenig. Was gehört zum Lüderitzbuchter Charme noch? Natürlich die Geisterstadt Kolmanskuppe und der *Achatstrand*. Achate sind hier zwar nicht mehr zu finden, aber der acht Kilometer lange Strand ist so schön, daß er den Namen verdient. Warum also fährt alle Welt nach Swakopmund? »Weil Lüderitzbucht so weit ist?« Na und! Lüderitz bietet viel zuviel, um es nur nach der Länge der Anreise zu beurteilen. Selbst die Diamanten-Sperrgebiet hat Löcher: Die Kolmanskuppe Tour Company (KTC) hat nämlich die Genehmigung, einige Gebiete in der verbotenen Zone zu besuchen, eine Tagestour, die sich lohnt. An Kolmanskuppe vorbei geht die »Bogenfels-Abenteuer-Safari« tief hinein in die verbotene Zone, durch den Sand, in dem in Diamantenform ein Vermögen liegt.

Die *Robbenkolonie* in der *Atlasbucht* stellt Cape Cross im Norden in den Schatten. Aber es geht weiter, zu den beiden Diamantenorten *Elisabethbucht*. Richtig, beide Orte, denn zum einen führt der Weg durch die heutige Anlage, die modernste Diamantenmine der Welt, während der andere die Geisterstadt ist, das alte Elisabethbucht. Hier herrscht eine völlig andere Atmosphäre als in Kolmanskuppe, nicht nur, weil es hier keine Sanddünen gibt. Die vom Wind völlig durchlöcherten Wände sind für Fotografen ein Dorado: Beim Bau der Stadt wurde Salzwasser verwendet, die Ziegel sind bei zahlreichen Mauern inzwischen weggefressen. Was übrigbleibt, sind die facettenartig wirkenden kariösen Zementfugen. Und auch der Weg nach *Pomona* steht der KTC offen, vielleicht die interessanteste Geisterstadt im Sperrgebiet. Zur Mittagspause erreicht man den riesigen Bogenfels, der sich wie ein Eingangstor in den Atlantik spannt.

Lüderitz wäre keine Hafenstadt, gäbe es nicht auch maritime Freizeitmöglichkeiten. Bei gutem Wetter trägt eine Segeljacht den seefesten Besucher an Inseln vorbei, bis hinunter zum Bogenfels. Ich verstehe gar nicht, warum nicht alle Welt nach Lüderitzbucht kommt.

Informationen: Lüderitz und Umgebung

Anreise: Auf der Teerstraße sind es von *Windhoek* aus rund 800 km, von *Keetmanshoop* etwa 330 km. Kürzer und interessanter sind Sandpads von Windhoek oder *Swakopmund* durch die *Namib* bis nach Aus. Im Juli gibt es für Eisenbahnfans eine Nostalgiefahrt Keetmanshoop – Lüderitz mit einer alten Dampflok.

Kaufmann Adolf Lüderitz: Mit ihm begann die Geschichte von Deutsch-Südwest-Afrika

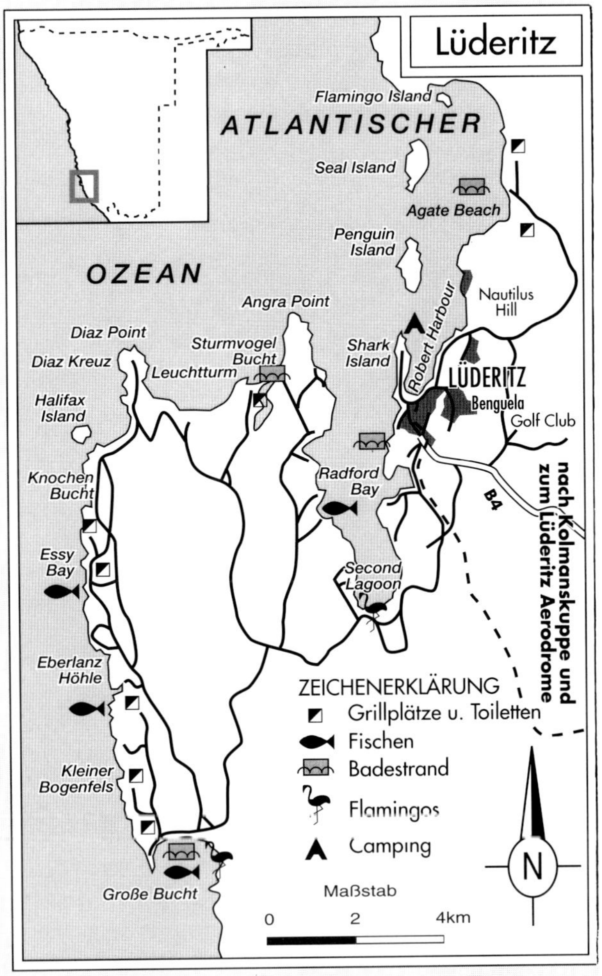

Übernachtung: Drei eher einfache Hotels stehen zur Auswahl: Kapps Hotel in geschichtsträchtigen Räumen, das modernere Bay-Viev-Hotel und das familiäre »Hotel zum Sperrgebiet«. Das Sperrgebiet-Garni-Hotel hat Atmosphäre und kann als Geheimtip gelten. (Tel.: 06331-2856, Fax: 2976, Box 373 Lüderitzbucht). Auf der *Haifischinsel* ist ein sehr schön angelegter und gepflegter Campingplatz der Naturschutzbehörde. Buchung ist schon in Windhoek möglich, Private Bag 13267 Windhoek 9000, Tel.: (061) 36975.

Restaurants: Spezialitäten in allen Restaurants sind natürlich Fisch und Meeresfrüchte, es gibt aber überall auch ausgezeichnete Fleischgerichte. Kapps Hotel und das Bay View haben für die Hausgäste eine gute Küche. Empfehlenswert ist auch das Restaurant der Rest Camps. Was den Bungalows fehlt, bietet das Restaurant: gepflegte Atmosphäre, gutes Essen und eine schöne Terrasse. Mitten im Ort findet sich das »On The Rocks Restaurant« mit einem guten Angebot an Fisch und Meeresfrüchten.

[i] Die Kolmanskop Tour Company (KTC, P. O. Box 357 Lüderitz, Tel.: (06331) 2445, Fax: 2526) bietet mehrere Ausflüge an: Führungen in der Geisterstadt Kolmanskuppe, Halbtages- und Tagesfahrten ins Diamantensperrgebiet: bis zum Bogenfels, zur Robbenkolonie bei der Atlasbucht und zu den Geisterstädten Pomona und Elisabethbucht. Zum Bogenfels wird auch eine Fahrt mit einer Segeljacht angeboten. Nähere Informationen und Buchungen: Lüderitz-Stiftung, Box 233, Tel.: (06331) 2532.

Extrateil: Unter Buschmännern

Ilse Schatz

Den Großteil meines Lebens verbrachte ich auf Farmen. Während meiner Jugend war das im *Grootfontein*-Distrikt, später heiratete ich einen Farmer, und wir zogen auf die Farm Otjiguinas, welche an den Otjikoto-See grenzt. Hier lebte ich unter Hainom-Buschmännern.

Wie jede Farmersfrau hatte auch ich einen engen Kontakt zu meinen Mitarbeitern und deren Familien. Waren sie krank, kamen sie zu mir, wurde ein Baby geboren, so mußte die »Missis« dabeisein. Und je älter ich wurde, um so mehr interessierten mich auch ihre Sitten und Bräuche. Oft kam es vor, daß ich sie abends tanzen und singen hörte. Sobald meine Kinder schliefen, trieb mich die Neugierde zu ihnen. Oft war es dunkel, wenn ich in ihre Nähe kam. Doch da den wachen Sinnen eines Buschmannes nichts entgeht, hatte mich schon bald einer von ihnen entdeckt. Schlagartig hörten Tanz und Gesang auf, und ich ging meist enttäuscht zurück nach Haus. Manchmal aber setzte ich mich zu ihnen und hoffte, sie würden weitermachen. Doch vergebens. Fragte ich den Medizinmann Garugu Khumob nach dem Grund, so antwortete er: »Missis, du bist weiß, du verstehst das, was ich mache, doch nicht.«

Inzwischen lebte in meinem Haushalt ein sehr begabter Hainom-Jüngling. Er war auf unserer Farm geboren, hatte einige Jahre in Tsumeb die Schule besucht und sich auf den Namen Gustav taufen lasen. Er sprach perfekt Afrikaans, und wir zwei verstanden uns prächtig. Mit ihm eröffnete ich auf Ojiguinas eine kleine Buschmann-Schule, deren Lehrer er wurde. In dieser Aufgabe ging er auf, und die Kinder der Farmarbeiter lernten mit Eifer Lesen und Schreiben. Oft fragte ich ihn nach den Sitten und Bräuchen seines Stammes, und er verriet mir, wann und wo Zeremonien stattfanden.

Eines Tages berichtete er ganz aufgeregt: »... heute abend werden drei Medizinmänner Kranke heilen.« Die Neugierde trieb mich hin, und als mich an diesem Abend der Medizinmann Garugu erblickte, brach er die Zeremonie nicht ab, sondern bot mir erstmals nach fast 20 Jahren wortlos einen Baumstumpf als Sitzgelegenheit an und fuhr mit seinen Ritualen fort.

Dieser Tag war der Durchbruch. Von da an ließ er mir immer Bescheid sagen, wenn ein Fest oder eine Heilung geplant war.

Anfangs war ich der Auffassung, daß das, was ich auf der Farm sah und hörte, die allgemeinen Sitten und Bräuche der Hainom-Buschmänner seien. Doch schon bald kam ich dahinter, daß von »allgemein« keine Rede sein konnte. Wie denn auch, wo doch die Buschmänner nie ein geschlossenes Volk mit einem einzigen Oberhaupt gewesen sind. Immer hatten sie in Sippen nach den individuellen Bräuchen ihrer kleinen Gemeinschaften gelebt. Die Buschmänner auf unserer Farm stammen von den Namutoni, Otjikoto, Tsumeb, Guinas und Bobos. Doch selbst bei ihnen stieß ich auf große Unterschiede:

»Sitzend, verschnürt und in einem runden Loch bestatten wir unsere Toten so, daß sie mit dem Gesicht zur aufgehenden Sonne schauen«, sagte mir der Buschmann von Otjikoto. »Ein Toter wird sitzend verschnürt in ein verlassenes Erdferkelloch gesteckt, welches man gut mit Steinen verschließt, aber sein Gesicht muß dabei nach Westen weisen, denn so wie die Sonne im Westen schlafen geht, so soll der Tote nun auch ruhen«, sagte der von Namutoni.

Das Wort Hainom heißt »Baumschläfer«. Wegen der Moskitos schliefen die Leute in der Regenzeit in Bäumen, in deren Astgabeln und Zweigen sie ihre Schlafstatt bauen. Unter dem Baum stellten sie einen aus Holz oder Bast gefertigten Rauchfang auf, in dem sie ein Feuer aus Tambutti-Holz machten. Der Rauch dieses Holzes ist sehr beißend, und die Moskitos hassen ihn. Und wie beabsichtigt zog der Rauch hoch in den Baum und vertrieb die Moskitos. So kamen die Hainom zu ihrem Namen.

Die Hainom des Karstfeldes lebten in Sippen, von denen jede ihr eigenes Oberhaupt hatte. Keiner der Sippenangehörigen durfte sein Grenzgebiet überschreiten, sonst wäre er mit der benachbarten Sippe in Konflikt gekommen. Verwundete zum Beispiel ein Jäger bei der Jagd ein Tier, das dann ins Nachbargebiet flüchtete, so durfte er es nicht weiter verfolgen. Das Oberhaupt der am Otjikoto-See lebenden Sippe hieß Gakoweb. Doch alle nannten ihn nur Otjikoto. Das war nun mal sein Spitzname. Otjikoto ist ein Ovambo-Wort, und die Hainom nannten damals jenen See, der heute den Namen Otjikoto-See trägt, »Gaisis«, was soviel wie »etwas Erschreckendes« bedeutet. Offenbar hatten sie vor dem tiefen, immer wassergefüllten Loch Angst.

Diese Menschen des Buschlandes waren nicht an Wasser in großen Mengen gewöhnt. Lebten sie doch zumeist nur von Regenwasser, das in den Felsspalten der Berge zu finden war. Einfallsreich wie sie sind, drehten sie aus Bast und Fasern lange Seile, an denen sie Straußeneierschalen befestigten, und schöpften so das Wasser aus tiefen Felsspalten. Waren die Spalten zu eng, so knoteten sie an das Seilende Kräuselgras. Dieses tauchten sie in das Wasser, zogen es rasch hoch und sogen die Feuchtigkeit aus den Halmen.

Der Medizinmann

Garugu Khumob, der Medizinmann auf unserer Farm, war während des Herero-Krieges in der Gegend von Tsumeb geboren worden. Sein Vater hieß Karisoab und seine Mutter Khumos mit Nachnamen. Bei den Frauen endet der Familienname immer mit »s« und bei den Männern mit »b«.

Bei den Buschmännern kann ein Medizinmann ein Kind seiner Schwester, gleichgültig ob Junge oder Mädchen, als Nachfolger bestimmen. Allerdings macht er das nur im Notfall, denn er bevorzugt Kinder, die bereits in den ersten Lebensjahren schwer krank waren. Sie müssen mindestens vier Tage lang in tiefer Ohnmacht gelegen haben. Es könnte allerdings auch jemand zur Nachfolge berufen werden, der vom Blitz getroffen und doch lebend durchgekommen war.

Bei den Hainom gibt zumeist die Tante mütterlicherseits dem Neugeborenen seinen Namen. Man nennt diese Tante »Megis«. Sie spielt im Leben des Kindes fast eine größere Rolle als seine eigene Mutter. Auch Garugu war als Kind immer mit seiner Megis in den Busch gegangen, um Beeren, Knollen, Honig und all die tausend anderen Dinge zu sammeln, die das scharfe Auge eines Buschmanns zum Überleben in der Wüste entdeckt. Seine Megis lehrte ihn, eßbare Pflanzen, aber auch die Gefahren des Busches zu erkennen.

Garugu, der Medizinmann

Garugu brachte beste Voraussetzungen für einen Medizinmann mit: Der Bruder seiner Mutter war ein großer Medizinmann, und er selbst war als Kind sehr krank gewesen. In der Pubertät hatte es begonnen: Fürchterlich waren die Schmerzen gewesen, die von seinen Knien in den Körper hochgestiegen waren. Er wurde ohnmächtig, und die Leute sagten, seine Seele sei schon auf dem Weg zu Gamab, dem Gott der Hainom. Doch Gamab gab ihm seine Seele zurück.

Nach diesem Ereignis ging sein Onkel, der Medizinmann, nur noch allein mit ihm in den Busch und unterwies ihn in der Weisheit der Medizinmänner.

Garugu war in der Siedlung auf unserer Farm die Respektsperson. Seine Hütte lag so, daß jede Frau, die Wasser holen wollte, an ihr vorbeigehen mußte. Alle, auch die jüngeren, brachten ihm selbstgebastelte Ketten und Gehänge aus Perlen, die er bei seinen Zeremonien trug.

Ich war so angetan von Garugus Medizinmannornat, daß ich gerne ein Bild gehabt hätte. So überredete ich ihn, sich doch einmal im vollen Schmuck am Tag zu zeigen, damit wir eine Aufnahme machen könnten. Garugu wollte zunächst nicht, und ich versprach ihm allerlei schöne Dinge. Heute, wo ich die Buschmänner in all den Jahren besser kennengelernt habe, würde ich so einen Wunsch nicht mehr aussprechen. Trotz allem – ich bin heute froh, daß ich solch ein Bild von ihm besitze.

Eines Tages erklärte Garugu sich bereit und erschien im Medizinmannschmuck. Die anderen beiden Medizinmänner waren erbost, da die Sonne Garugu nun im Ornat sehe, und warnten ihn: »Das bringt Unglück über die Farm und ihre Bewohner.« Er ließ sich trotzdem fotografieren und nahm die Geschenke an. Einige Tage später, wir waren gerade bei meinen Eltern, rief dort ein Nachbar an. Wir sollten sofort nach Hause kommen, bei uns stürben Hainom-Kinder. Als wir ankamen, war ein Baby schon tot, und drei weitere Kinder lagen schwer erkrankt darnieder. Die Medizinmänner hatten die Kinder schon behandelt, indem sie ihnen mit glühenden Stöckchen Brandmale auf Rücken und Brust aufdrückten, damit die Krankheit durch den Schmerz aus dem Körper fliehe. Wir wollten die Kinder sofort ins Hospital bringen, doch die Hainom weigerten sich. Sie behaupteten, das sei die Rache der Götter, weil Garugu sich im Schmuck der Sonne gezeigt hatte. Doch mein Mann nahm die Kinder mit ins Hospital. Zum Glück konnten die Ärzte sie retten. Wir atmeten auf, denn wären die Kinder im Hospital gestorben, hätten die Buschmänner uns das nie verziehen.

Viele Jahre war Garugu unser Schaf- und Ziegenhirte und verbrachte den Rest seines Lebens bis zum 13. März 1987 auf Otjiguinas. Im hohen Alter hatte er nur noch eine weiße Filzmasse auf dem Kopf. Sein schwarzes Kräuselhaar war verschwunden, dafür wurde sein weißer Bart immer länger. Er lief ganz gebückt auf einen Stock gestützt, holte aber noch täglich seinen Eimer Wasser und sein Bündel Holz selbst, wobei er oft schwankte. Ich konnte das eines Tages nicht mehr mit ansehen und schimpfte mit seinen Mitbewohnern: »Schämt ihr euch denn nicht, einem alten Mann nicht zu helfen!« Entsetzt antworteten sie mir: »Missis, willst du denn, daß er stirbt?! Wenn er nicht täglich diese Arbeit verrichtet, stirbt er, denn mit der Arbeit kämpft er doch gegen den Tod an.« Wieder einmal hatte ich eine der Regeln dieses bemerkenswerten Volkes kennengelernt. Und alle Hainom bestätigten mir: »Noch nie ist einer von uns so alt geworden wie Garugu, der große Medizinmann.«

Der weise Garugu erzählt

»Anfangs gab es nur Männer auf dieser Welt. Eines Tages ging ein junger Hainom in aller Frühe auf die Jagd. Dabei stieß er auf einen großen Ahnenbaum, um den herum wunderschöne junge Menschen tanzten. Merkwürdig – hinten sahen sie aus wie Männer, doch vorn ergaben sich ein paar deutliche Abweichungen … nie zuvor hatte er schließlich Frauen gesehen. Bei ihnen war eine alte Ahnfrau, die sie bewachte, und als die Sonne aufging, klatschte sie in die Hände, wonach alle in dem Baum verschwanden. Aufgeregt rannte der Jäger nach Hause und erzählte den Männern, daß es Menschen gebe, die vorn anders aussähen als sie. Sie waren alle sehr erregt und machten sich daran, hübsche Puderdosen aus Schildkrötengehäusen, welche sie mit Straußeneierplättchen verzierten, herzustellen. Endlich waren sie fertig. Lange vor Sonnenaufgang legten sie sich anderntags auf die Lauer. Der Tanz wiederholte sich, doch als die Sonne herauskam, klatschte die Ahnfrau wieder in die Hände, und alles war vorbei. Dasselbe wiederholte sich Tag für Tag. Doch dann passierte es ... Die Ahnfrau war eingenickt. Das war die Chance der Männer. Sie machten sich vorsichtig bemerkbar, winkten die Frauen zu sich her, schenkten ihnen die Puderdosen, und gemeinsam machten sie sich auf leisen Sohlen davon.

Noch heute steht im Land der Buschmänner ein großer Baum, der weit in den Himmel ragt. In seiner Krone befinden sich unzählige Vogelnester, in denen sich die Seelen der Verstorbenen nach dem Tod vorübergehend aufhalten. Die Seele eines Medizinmannes verweilt drei Tage darin, erst dann steigt sie zu Gott Gamab auf. Am Fuße dieses Baumes aber wohnt in einem Loch eine splitternackte Uralte. Sie bewacht das Leben. Nur sie läßt die Seelen der Hainom-Kinder aus dem Baum, damit sie geboren werden können. Dies ist dieselbe Alte und dies ist derselbe Baum, an dem einst die Hainom-Männer ihre Frauen bekamen.«

Noch heute ist es so, daß Frauen ihre Babys in der eigenen Hütte bekommen. Männer und Kinder haben dabei keinen Zutritt und dürfen sich auch nicht in der Nähe aufhalten. Zumeist liegt die Gebärende, halb sitzend, in den Armen einer älteren Frau. Ihr zur Seite hocken alte Frauen, die sich, wenn die Wehen einsetzen, hinter dem Rükken der Schwangeren die Hände reichen und kräftig gegen deren Rücken drücken. Zwei weitere halten ihre Schenkel. Kommt das Baby auf die Welt, fängt eine ältere Frau es auf und läßt es erst mal, so wie es ist, am Boden liegen. In diesem Moment müssen alle Anwesenden stark rauchen, bis schließlich die Hütte fürchterlich verqualmt ist. Das hindert die Geister des Bösen daran, über das Neugeborene herzufallen. Währenddessen befühlen die Frauen immer wieder die pulsierende Nabelschnur, die nach einer Weile über einem Stück Holz oder Stein mit einem scharfen Gegenstand durchgeschnitten wird. Ein just geborenes Hainom-Mädchen sieht verblüffend weiß aus. Es wird nicht gewaschen, sondern mit einer Mischung aus zerstampften Blättern und Fett eingerieben. Damit säubert man es, gleichzeitig erhält das Neugeborene dadurch eine rötlichbraune Farbe. Währenddessen bespricht eine alte Frau ein schon parat liegendes Milchhölzchen. Dieses Milchhölzchen, das an einem Lederriemen befestigt ist, legt die Alte der Mutter um den Hals, damit sie immer genug Milch für ihr Baby hat. Dann saugt die Alte die Brust der Mutter an und legt ihr das Baby zum Trinken daran.

Hainom Buschmann-Mädchen in der ersten Hälfte des Jahrhunderts

In all den vielen Jahren erlebte ich nur eine einzige komplizierte Geburt. Als die alten Buschmann-Frauen letztlich keinen Rat mehr wußten, willigten sie ein, die Gebärende zu einem weißen Arzt zu bringen. Ich lud sie in mein Auto und fuhr sie zum Hospital. Die schwarzen Schwestern nahmen ihr zunächst einmal den traditionellen »Tsurib«, den jede Hainom-Frau wegen der Fruchtbarkeit um den Leib trägt, aus hygienischen

Gründen ab. Darüber war die Hochschwangere todunglücklich. Sie flehte: »Missis, bleib bei mir, die Schwestern sind nicht von meinem Stamm.« Inzwischen war der weiße Arzt gekommen. Ich beugte mich gerade über sie, um ihr Mut zuzusprechen, dabei bekam sie mich mit beiden Händen am Hals zu fassen und ließ mich nicht mehr los. Immerzu stammelte sie: »Missis, bleib bei mir!« Sie klagte, ihr würde in dem hohen Bett schwindlig, wenn sie herausschaue. Der Arzt hatte Verständnis und erlaubte mir, dazubleiben. Die Geburt gelang. Doch die junge Mutter war entsetzt, daß man ihr Kind badete und hinterher noch in ein Körbchen legte und nicht in ihre Arme. Sie war einfach todunglücklich. Dies war eine andere Welt für sie – auch die Toilette. Sie bat mich, ihr Pfeife und Tabak zu besorgen, was ich wohlweislich nicht tat, denn ich weiß, wie elegant Hainom-Frauen nach dem Genuß der Pfeife um sich spucken.

Ich erinnere mich noch an den 13. Januar 1958, als Thuera auf unserer Farm das Licht der Welt erblickte. Als das Kind laufen lernte, verließ der Vater die Mutter, und auch diese zog los, um sich einen anderen Partner zu suchen. So wurde das Mädchen von ihren Großeltern erzogen. Die Jahre vergingen, und Thuera wurde elf Jahre alt. Es war der 3. Mai 1969, ein Tag, an dem auf Otjiguinas zunächst alles seinen gewohnten Gang ging – bis plötzlich die Frauen der Buschmann-Siedlung ihren Kirrikirri-Ruf ausstießen. Die Männer unterbrachen ihre Arbeit, und bald ging es von Mund zu Mund: »Thuera ist erwachsen!« Sofort wurde sie in eine Hütte eingesperrt und durfte nicht mehr sprechen. Über ihren Kopf hängte man ein Tuch, damit ihr Antlitz verdeckt war. Stumm wurden ihr Essen und Trinken in die Hütte gestellt.

Früher verbrachte ein Mädchen so drei Tage in der Hütte, heutzutage muß sie sich bis zum nächsten Samstag gedulden, da die meisten Sippenangehörigen arbeiten und erst am Samstagmittag frei haben. Während jener Woche tanzten die Frauen um die Hütte herum, sangen, klatschten und schrien: »Kirrikirri!« »Bei diesem Schrei werden Thuera die Ohren aufgehen!« sagten sie. »Kinder haben noch taube Ohren, erst mit dem Erwachsensein öffnen sie sich.« Das ist auch der Grund, weshalb Buschleute ihre Kinder kaum erziehen, da sie sich sagen: »Es ist doch zwecklos, sie hören ja sowieso nichts.«

Am 10. Mai 1969 kam Thueras großer Tag im Leben. Im Laufe der letzten Woche hatte man die ganze Sippschaft und auch ferne Bekannte benachrichtigt. Mehr als 100 Hainom nahmen an der Feier teil.

Nachmittags brachte man eine Ziege in Thueras Hütte und hielt ihr Maul an das Ohr des Mädchens. Unvermittelt biß eine Frau der Ziege ins Ohr, diese schrie mörderisch – wodurch Thuera die Ohren aufgingen. Anschließend wurde die Ziege erwürgt, denn die Gurgel darf nicht beschädigt werden, und Blut soll auch nicht fließen. Vorsichtig trennte man das Magenfett in einem Stück heraus und stülpte es, warm wie es war, Thuera über den Kopf. Am Ende zackte man Ecken heraus, um daran bunte Perlen zu befestigen. Vorn, über die Stirn, hängte man ihr die noch gefüllte Gallenblase der Ziege. Das alles sollte Thuera Glück bringen.

Es war ein großes Fest. Die ganze Nacht wurde gefeiert. Vor Thuera tanzten junge Männer, die eindeutige Sexbewegungen vorführten. Im Morgenrot mußte Thuera einen Eimer Wasser holen und ein Bündel Holz, das sie stolz und mit erhobenem Haupt trug. Sie war jetzt in die Gemeinschaft der Frauen aufgenommen und durfte wieder sprechen.

Die Schlange des Todes und andere eigenartige Geschichten

Unser erstes Kind war ein Junge, ein süßer Bursche, an dem wir und sein Großvater täglich unsere Freude hatten. Am Tag vor seinem Geburtstag beschlossen wir, nach Grootfontein zu fahren, um ihn dort fotografieren zu lassen.

Es war Samstag, und wie immer an diesem Tag

fuhren die Buschmänner mit einem Wasserbehälter zu unserem Farmfriedhof, um die Wasserfässer dort aufzufüllen. »Es haben zwei große Schlangen in einem Wasserfaß gekämpft, und das kündigt den Tod an. Wir haben beide getötet.« Ich beruhigte sie, störte mich nicht weiter an ihrer Geschichte, und wir fuhren los. Genau 14 Tage später wurde unser Sohn auf Otjiguinas beerdigt. Er hatte Diphtherie bekommen, und der Arzt hatte die Krankheit nicht gleich erkannt.

Dann ist da noch die Geschichte der Naitjuse. Die schon erwähnte Thuera ist ihre Enkeltochter. Sie hatte das Mädchen großgezogen und liebte es abgöttisch. Eines Tages kamen einige Hainom-Frauen angerannt: »Missis, Thuera ist mit uns in den Busch gegangen, um Beeren zu sammeln. Doch plötzlich fiel sie um und war tot.« Ich eilte hin und stellte fest, daß der Puls noch ging. Wir luden sie ins Auto, Oma und Freundin stiegen mit ein, und so brachten wir sie ins Hospital. Sie kam schon bald wieder zu sich, konnte reden und wirkte normal. Da der Arzt meinte, Thuera solle noch einige Tage zur Beobachtung im Hospital bleiben, fuhr ich zurück nach Hause, während Oma und Freundin bei Thuera blieben. Doch abends rief jemand aus dem Hospital bei mir an. »Die Oma ist tot!«

»Das kann doch nicht sein ... Sie meinen doch sicherlich Thuera, denn die Oma war ja nicht krank!« sagte ich. Doch es stimmte. Die Großmutter und Thueras Freundin waren abends zu ihrer Sippe gegangen, um dort zu übernachten, als plötzlich die Alte sagte: »Meine arme kleine Thuera soll nicht sterben, lieber will ich tot sein.« Kaum hatte sie das ausgesprochen, fiel sie auch schon tot um. Der Arzt stellte Herzschlag fest.

Unsere Telefonleitung ging der Länge nach durch das Maisfeld. Es hatte stark geregnet, so daß wir mit dem Traktor nicht auf den Acker konnten. Daher jäteten die Frauen das Unkraut im Mais. Plötzlich zog ein Gewitter auf, und die Frauen machten sich auf den Heimweg. Da schlug der Blitz zwischen ihnen ein, und eine von ihnen blieb tot liegen. Die anderen rannten in panischer Angst zu uns.

Wir holten schnell den Mann der Getroffenen und fuhren zur Unglücksstelle. Dort lag die Frau, tot, ihre Kleider schwelten noch. Mit Sand löschten mein Mann und ich das Feuer, während der Mann der Getöteten unbeteiligt dabeistand, sich eine Pfeife anzündete und sagte: »Es ist Gamabs Wille!«

Hainom Buschmänner als Strauße getarnt bei der Jagd

Mit ihr auf dem Acker gewesen war ihre verheiratete Tochter, die zwei kleine Kinder hatte. Die junge Frau war zu Tode erschrocken und behauptete, jetzt kein Gesicht mehr zu haben. Sie lag seitdem nur noch mit verhülltem Gesicht in der Hütte und kümmerte sich weder um die Kinder noch um ihren Mann. Ich ging mit einem Spiegel zu ihr, um zu zeigen, daß ihr Gesicht noch da sei – doch sie reagierte nicht. Nach diesem Ereignis behaupteten die Buschmann-Frauen, die Telefonleitung hätte Gott Gamab erzürnt, worauf er einen Blitz geschickt habe. Von jener Stunde an betrat kein Buschmann mehr das Maisfeld. Schließlich ließ mein Mann die Leitung verlegen. Danach war die Welt wieder in Ordnung.

Gelegentlich, wenn ich zur Buschmann-Siedlung ging, um dort jemanden zu besuchen, traf ich auf ein entzückendes Baby in den Armen seiner Oma. »Ach, was hast du für ein süßes Enkelkind«, sagte ich, worauf die Alte sofort auf das Baby einschlug, welches natürlich fürchterlich zu brüllen begann. Ich begriff nun gar nichts mehr und erzählte es meinem Mann. Der sagte nur: »Die Alte spinnt.« Erst später kam ich dahinter, daß die Geister der Hainom nicht sehen, jedoch hören können. Wenn nun ein Geist hört, wie entzückend so ein Kind aussieht, will er es natürlich haben und läßt es sterben. Aus Angst davor schlug die Oma das Kind, denn einen Schreihals wollen die Geister natürlich nicht.

Eines Tages besuchte ich wieder die Hainom in ihrer Siedlung und stellte mit Entsetzen fest, daß ein Baby fürchterlich mager war. Ich fragte die Mutter, ob es krank sei. Sie zeigte auf ihre Brust und sagte: »Ich habe keine Milch.«

»Was«, sagte ich, »jeden Tag werden doch die Kühe nur gemolken, damit eure Kinder Milch bekommen!« Sie wich aus und antwortete, sie hätte weder Fläschchen noch Schnuller.

»Das hättest du mir doch sagen können. Komm mit mir ins Haus, ich gebe dir, was du benötigst.«

Damals war unser Frank noch ein Baby. Und so gab ich der Mutter von der Babykost ab. Zweimal noch erschien sie, dann nicht mehr. Ich ließ ihr ausrichten, daß sie, wenn sie zu faul sei, doch ihre großen Kinder schicken solle. Das tat sie. Wenn ich die fragte: »Wie geht es eurem Baby?«, hieß es: »Gut!« Ungefähr 14 Tage später erklang eine Totenklage. Die Frauen jammerten und sangen in schrillsten Tönen. Ich fragte, wer gestorben sei, und bekam zur Antwort: »Das Baby.« Als ich hinging, um die Mutter zu trösten, saß sie vor der Hütte und schrie: »Mein Kind ist tot!« Die kleine Leiche lag in der Hütte, und als ich sie sah, warf es mich fast von den Beinen. Da lag ein winziger, zum Skelett abgemagerter Mensch mit greisenhaftem Gesicht, und als ich den Körper anfaßte, knisterte die Haut wie Pergamentpapier. Ich war entsetzt und fragte die Mutter, ob das Baby etwa die Kost verweigert hätte. Sie hätte mich doch rufen können, um das Kind ins Hospital zu bringen. Da lachte sie und meinte: »Missis, reg dich nicht auf, das Baby war von Anfang an nicht gesund, und da habe ich das Essen dem vor ihm Geborenen gegeben.«

Woraufhin sie wieder ihren Klagegesang anstimmte. Sie töteten nie selbst, sondern ließen unerwünschte Babys verhungern. Früher zum Beispiel haben sie bei Zwillingen das eine im Busch ausgesetzt, wenn sie nicht genug Milch für beide hatten. Schnell holte sich das Raubwild seine Beute.

Der Tanz des Medizinmannes

Garugu trug am Körper kaum mehr als eine winzige kurze Hose. Sein Oberkörper war nackt, nur behängt mit Schmuck. Dieser bestand aus Ketten von Beeren, Straußeneierschalen, Glasperlen und Grassamen. Auf der Brust trug er an einem Lederriemen die schon erwähnte kleine Trommel. Außerdem hatte er einen Lederbeutel mit Knochenteilen und Tierhaaren, dazu ein Pulver, das er bei Zeremonien zum Qualmen brauchte. Diesen Rauch inhalierte er, so geriet er schneller in Ekstase.

Der Tanz der Medizinmänner ist fantastisch, jeder Muskel im Körper tanzt mit, das Zwerchfell rast, man kann es deutlich am Bauch erkennen. Manchmal hatte Garugu Straußenfedern in der Hand, manchmal auch nur einen Kuhschwanz, den er beim Tanzen im Takt hin und her schwenkte. Schon fing er an zu niesen. Das war ein untrügliches Zeichen für den Beginn der Ekstase. Das Niesen wurde immer häufiger, er schwankte, rannte und torkelte allein in den Busch, und niemand folgte ihm.

Garugu erzählte mir einst, daß es die Pflicht eines Medizinmannes sei, singend zu sterben. Ich fragte ihn: »Wie merkst du denn, wann du mit dem Totengesang anfangen mußt?« Er antwortete: »Wenn dort mein Becher mit Wasser steht und ich zu schwach bin, ihn zu erreichen, um meinen Durst zu stillen, so beginne ich zu singen. Je mehr ich dahinsieche, um so schneller werde ich singen, immer schneller, so wie ein Pferd, das galoppiert. Plötzlich breche ich ab, und dann bin ich tot.«

Bei den Hainom gibt es viele Tabus, die allerdings von Sippe zu Sippe unterschiedlich sind. Ruft nachts eine Eule, sagen die einen: »Ein guter Freund kommt zu Besuch.« Für andere hingegen bedeutet es Unglück. Doch alle sind sich darin einig: »Wer Löwenfleisch ißt, muß sterben.« Leopard wird von allen außer dem Medizinmann gegessen. Die Innereien aber bekommen nur die Alten. Hasen sind für Männer und Kinder da, nicht jedoch für Frauen. Es dauerte recht lange, bis wir merkten, daß die Frauen nicht das Ziegenfleisch aßen, das wir ihnen gaben. Ziegen kannten sie ja nicht von alters her, und so war das Fleisch für die Weiblichkeit tabu. Offenbar siegte mit der Zeit der Fleischhunger aber doch, denn heute essen sie es.

Einer unserer Buschmänner verwandte jedes Jahr seinen Urlaub dazu, in der Etosha-Pfanne ein Zebra zu erlegen. Nur dieses Mal kam er vom Urlaub nicht zurück. Es war Zufall, daß ich ihn eines Tages beim Magistrat in Begleitung von Polizisten, einen Zebrakopf als Corpus delicti in

Buschmänner: Sie sind klein, zäh und Meister des Survival

der Hand, in den Gerichtssal marschieren sah. Da das Beweisstück vorhanden war, bekam er eine Haftstrafe fürs Wildern in der Etosha-Pfanne. Hinterher erzählte er mir, daß er das schon viele Jahre mache, denn wenigstens einmal im Jahr müsse er Zebrafleisch essen, sonst werde er sterben.

Eines Tages lud mich Garugu zu einer Knabenweihe ein. Bevor das Fest stattfand, wurden die Knaben am ganzen Körper eingepudert und mußten mit einem sehr schnell laufenden Mann noch vor Sonnenaufgang in den Busch gehen. Entdeckte man Wild, so mußte der Knabe sich auf dem Bauch liegend heranschleichen und das Tier schießen. Traf er, so mußte er schnell das Fleisch zur Siedlung bringen und es den Alten geben. Er selbst durfte nur das Fleisch hinter der Rippe, dort wo das Herz sitzt, essen. Alles andere war für ihn tabu.

An diesem Abend saßen die Frauen auf der einen Seite und ihnen gegenüber die Männer und zwei Knaben, deren Alter ich auf 15 Jahre schätzte. Auf einer Bank befanden sich Garugu und ein fremder Medizinmann, beide in vollem Zeremonienschmuck. In der Mitte loderte das Feuer.

Die Frauen und Männer sangen, dazu klatschten die Frauen, und die Medizinmänner begaben sich tanzend in die Kreismitte. Nach einer Weile bewegte sich Garugu tänzelnd aus dem Kreis heraus. Er legte jeder verheirateten Frau die Hand auf den Kopf, griff an ihre Brüste und dann unter ihren Rock.

Die Knaben saßen währenddessen still im Kreis der Männer. Garugu suchte sich dann unter diesen Frauen diejenige heraus, die an Kinderlosigkeit litt. Immer wieder tastete er ihren Körper ab, griff ihr mehrfach unter den Rock – und plötzlich hatte er etwas gefunden. Er hielt es verschlossen in seinen Händen, begann wie ein Betrunkener zu torkeln und nieste. Der Fremde nahm Garugu um die Taille, um ihn zu stützen, denn er drohte zu fallen. Dann torkelten beide Medizinmänner in den Busch. Dort öffnete Garugu die Hände und warf das Böse weit von sich und schimpfte lautstark hintendrein.

Garugus Tod und Erbe

Als Garugu bereits sehr alt war, klagte er, er finde keine Ruhe, da er nicht wisse, wem er seinen Medizinschmuck vermachen könne. Als ich ihn so traurig sah, sagte ich: »Gib ihn doch mir, ich verspreche dir, ihn gut zu verwahren.« Erschrokken wehrte er ab. »Nein, Missis, du darfst niemals meinen Schmuck anfassen, denn du verstehst nicht zu beten wie ein Medizinmann. Du würdest jede Nacht von bösen Alpträumen heimgesucht werden und dann immer schweißgebadet aus dem Schlaf aufschrecken. Das hielten deine Nerven nicht aus, und du würdest seelisch zugrunde gehen. Du hast doch einen Mann und vier Kinder. Das kann ich euch nicht antun.«

Überall sah sich Garugu verzweifelt nach einem Nachfolger um, fand aber keinen, dem er seinen Schmuck und sein Wissen weitergeben könnte. So ließ er eines Tages seinen jüngeren Bruder kommen. Fast 14 Tage verbrachten die beiden in seiner Hütte. Er weihte seinen Bruder allerdings nicht in die Kunst des Heilens ein, sondern lehrte ihn zu beten, damit er Garugus Seele zu Hilfe rufen könne, falls nachts die Geister über ihn herfielen, denn Garugu hatte bestimmt, daß sein Bruder den Schmuck an sich nehmen solle. So nahm der Bruder den Hauptschmuck mit der heiligen Holztrommel fort, dazu fast seinen ganzen Besitz, wie auch die gute Wäsche, seine Uhr und die Schuhe, die wir ihm zu Weihnachten geschenkt hatten. Garugu ging jetzt nur noch am Stock und sah in seinen zerlumpten Kleidern schlimm aus. Doch die Buschmänner vertrauten nach wie vor seiner Kraft. Hatte jemand Schmerzen, so hielt Garugu seinen Stock ins Feuer und brannte damit die schmerzende Stelle aus.

Da er auf Otjiguinas keine Familie hatte, kümmerten sich Hatsuni und ihr Mann um ihn. Sie brachten ihm täglich sein Essen und wuschen ihn. Ab Januar 1987 konnte er nicht mehr laufen und rutschte nur noch auf den Knien. Er weigerte sich jetzt, gewaschen zu werden. Stattdessen rieb er seinen Körper mit der Asche der Feuerstelle ein. Er aß nur noch mittags und schlief die meiste Zeit in seiner Hütte. Am 13. März 1987 wollte er auch mittags nichts essen. Um halb drei Uhr nachmittags ging Hatsuni nochmals mit Essen zu ihm, doch Garugu verweigerte es erneut. Er wollte nur schlafen. So ging sie zu den Frauen aufs Maisfeld. Als Hatsuni abends heimkehrte, schien er zu schlafen, doch dann bemerkte sie, daß er tot war. So behielt der Medizinmann Garugu das Geheimnis, ob er tatsächlich singend gestorben war, für sich.

Immer wenn ich verreist war, hatte ich Bekannten Geld für einen Sarg gegeben für den Fall, daß Garugu während meiner Abwesenheit sterben würde. So auch dieses Mal. Man kaufte den Sarg und transportierte ihn nach Otjiguinas. Hatsuni und ihr Mann wuschen Garugu nur das Gesicht und die Hände, die er auch an diesem Tag mit Asche eingerieben hatte. Dann zogen sie ihm die Kleidung an, die er noch besaß: zwei Hemden, eine zerlumpte Hose, über die sie eine etwas bessere Hose zogen. Seine Schuhe hatte er wohl zu nahe ans Feuer gestellt, jedenfalls waren sie halb verkohlt.

Auch dem toten Medizinmann stellte man ein Kohlebügeleisen auf die Brust, damit er nicht so schnell verwese. Dazu legten sie ihm einen schweren Stein auf den Körper, damit die Leiche sich nicht so aufblähe. So fanden unsere Bekannten ihn vor und halfen, ihn einzusargen. Der Sarg blieb offen, und während der ganzen Nacht sangen die Frauen Klagelieder.

Nach einer Beerdigung brennen unsere Hainom-Buschmänner noch heute die Hütte der Verstorbenen nieder – nicht jedoch Garugus Hütte, denn der Rest seines Schmuckes lag ja noch darin. Sie hatten angenommen, sein jüngerer Bruder würde zur Beerdigung kommen und die restlichen Habseligkeiten an sich nehmen. Doch nichts geschah. Immer wieder ließ man ihm ausrichten, er solle den Schmuck holen, damit die Hütte verbrannt werden könne. Vergeblich. Aus Angst, Kinder könnten verbotenerweise eindringen und mit dem Schmuck spielen, setzen sich täglich alte Frauen in die Nähe, um das zu verhindern. Etwa ein Jahr später kam eine Windhose über die Siedlung gerast und riß Garugus Hütte ein. Meine 200 Ziegen weideten zu jenem Zeitpunkt gerade in der Nähe. Sie drangen in die zerstörte Behausung ein und zerknabberten den Schmuck. Am nächsten Tag lag eine Ziege verendet in der Hütte.

Wie ein Lauffeuer sprach sich die Geschichte im ganzen Bezirk herum – seit diesem Tag wurde mir keine Ziege mehr gestohlen. Das war das Vermächtnis des großen Medizinmanns Garugu Khumob.

Informationen kurzgefaßt

Wild- und Erholungsparks

Namibia verfügt über ein gut ausgebautes Netz staatlicher Parks mit preisgünstigen Bungalows und Campingplätzen. Nachfolgend einige Kurzporträts mit den wichtigsten Hinweisen. Für weitergehende Informationen sollte der »Beherbergungsführer für Touristen« (in Deutsch) beim namibischen Fremdenverkehrsbüro angefordert werden. Anschrift: siehe »Nützliche Anschriften«. Gelegentlich sind die Unterkünfte, insbesondere während der Sommerferien (Dezember bis Januar), lange im voraus ausgebucht. Daher: rechtzeitig reservieren. Das klappt auch vorzüglich vom Heimatland aus, zum Beispiel per Fax. [i] Director of Tourism, Reservations, P. O. Box 13 267, Windhoek, Tel.: (0 61) 3 69 75 (Reservierungen), (0 61) 3 38 75 (Informationen), Fax: (0 61) 22 49 00. Das Reservierungsbüro befindet sich im Oude-Voorpost-Gebäude, Ecke John-Meinert- und Moltkestraße schräg gegenüber dem bekannten Kudustandbild in der Independence Avenue.

Ai-Ais, warme Quellen: Das Resort von Ai-Ais liegt am Fish River im Süden Namibias. Zu erreichen über B1 und C10. Attraktion: heiße Quellen mit Pool. Es gibt Übernachtungsmöglichkeiten und Campingplätze, einen Laden, Post, Restaurant und Tankstelle. Öffnungszeiten: vom 2. Freitag im März bis 31. Oktober täglich von Sonnenauf- bis Sonnenuntergang.

Caprivi-Naturparks: Der *Caprivi Game Park* erstreckt sich im Nordosten Namibias von *Bagani* bis *Kongola*. Mit *Mahango-*, *Mamili-* und *Mudumu National Parks* befinden sich in dieser Region drei weitere lohnende Naturparks. Unterkünfte: *Lianshulu Lodge* in Mudumu, *Popa Falls Camp* und *Suclabo Lodge* bei Mahango. Weiterer Service nur in den größeren Ortschaften Caprivis.

Daan-Viljoen-Wildpark: Sehr beliebter Park an der C28 Richtung Swakopmund, nur 26 km von Windhoek entfernt. Tierbeobachtungsmöglichkeiten. Morgens wird man gelegentlich von Pavianen geweckt, die neugierig die Mülltonnen inspizieren. Tagesbesucher müssen den Park bis 18 Uhr verlassen haben. Übernachtungsgästen stehen Rundhütten (Frühstück im Preis inbegriffen) und Zeltplätze zur Verfügung. Der Park ist das ganze Jahr über geöffnet. Motorräder sind nicht zugelassen.

Etosha-Nationalpark: Okaukuejo, Halali und Namutoni heißen die drei Camps. Ein viertes ist im Westteil geplant. Großzügige Campingplätze und Hütten unterschiedlichen Standards. Läden, Restaurants, jeweils ein Schwimmbad und Tankstellen. Highlight des Parks sind die wilden Tiere. Die Anordnung »Motorräder nicht erlaubt« ist angesichts der Löwenpopulation hier verständlich. 60 km/h Höchstgeschwindigkeit.

Groß-Barmen (warme Quellen): Attraktion des nahe Okahandja gelegenen Parks sind warme Quellen (Mineralbäder, Thermalschwimmbad). Ferner: Unterkünfte, Campingplatz, Laden, Restaurant und Tankstelle. Das ganze Jahr über geöffnet. Motorräder nicht zugelassen.

Hardap-Erholungsstätte: Nordwestlich von Mariental, erreichbar auf Straße Nr. 93, befindet sich der *Hardap-Damm* mit einem weitläufigen Bungalowkomplex oberhalb des Stausees. Hardap bietet sich als Stopp auf dem Weg von Windhoek nach Ketmanshoop beziehungsweise Lüderitz an. Tagesbesucher haben bis 18 Uhr Zugang. Im Angebot: Rasthäuser, Campingplatz, Laden, Restaurant, Tankstelle und Schwimmbad. Ganzjährig geöffnet. Motorräder sind nicht zugelassen.

Hobas und Fish River Canyon: Das unter schattenspendenden Bäumen gelegene Hobas Camp ist Ausgangspunkt für den Fish River Canyon. Es liegt rund 10 km vom Canyon-Aussichtspunkt und 12 km vom Trailbeginn entfernt. Mehrtägige Wanderungen sind nach vorheriger Genehmigung nur von Mai bis Ende September gestattet. Im Camp gibt es zehn Stellplätze. Keine Bungalows/Zimmer. Ganzjährig geöffnet.

Kavango River: Popa-Fälle – Lauschiges kleines und sehr gepflegtes Camp am Ufer des Kavango River im Caprivi-Zipfel. Es gibt Hütten und Campingplätze. Motorräder sind nicht zugelassen. Das Camp ist das ganze Jahr von Sonnenauf- bis Sonnenuntergang geöffnet.

Kreuzkap-Robbenreservat: An der D2301 nördlich von Swakopmund gelegen. Täglich außer freitags von 10 bis 17 Uhr geöffnet. Keine Unterkünfte. Um die Robben nicht zu stören, sind Haustiere hier nicht zugelassen. Gleiches gilt wieder einmal für Motorräder.

Lüderitzbucht: Die Naturschutzbehörde befindet sich in der Schinzstr., geöffnet montags bis freitags von 8 bis 13 und von 14 bis 16.30 Uhr. Camping auf der Haifischinsel (Shark Island).

Besichtigung des Geisterortes Kolmanskuppe: Eintrittskarten müssen vorab bezogen werden bei: Lüderitz-Stiftung, Bismarckstr. 2, P. O. Box 233, Lüderitz, Tel.: (0 63 31) 25 32.
Für Fahrten ins Sperrgebiet Elisabethbucht, Robbenkolonie, Pomona und Bogenfels, bitte frühzeitig an »Kolmanskuppe Touren« wenden. Tel.: (0 63 31) 24 45, Fax (0 63 31) 25 26.

Namib-Naukluft-Park: Eins der großen Highlights Namibias. Gewöhnlich unterteilt man den ganzjährig geöffneten Park in vier Abschnitte:
1. *Namib* zwischen Kuiseb- und Swakop Rivier, 2. *Naukluft*, 3. *Sesriem* und *Sossusvlei*, 4. *Sandwich Harbour*.
Zu den unbedingt besuchenswerten Attraktionen gehören die fantastischen Dünen von Sossusvlei, der ausgewaschene Sesriem Canyon, die »Flamingobucht« Sandwich Harbour (nur mit Allradantrieb erreichbar), die Mondlandschaft im Naukluft-Gebiet sowie die Welwitschia-Route. Es gibt eine Fülle von Campingplätzen. Beliebt, aber oft sehr früh ausgebucht, ist das Sesriem Camp nahe Sossusvlei. Unterkünfte (Hütten oder Zimmer) gibt es nicht. In der Tat sollte man den Park unter dem wunderbar klaren Himmel der Namib erleben. Motorräder sind nicht erlaubt.

Skelettküstenpark: Nördlich von Swakopmund über C34 zu erreichen. Unterkünfte nur in Terrace- und Torra Bay. Terrace Bay: sowohl Zimmer als auch Camping. Torra Bay ist nur vom 1. Dezember bis zum 31. Januar geöffnet. Zelt- und Wohnwagenplätze. Auch hier: Haustiere und Motorräder sind nicht zugelassen.

Von-Bach-Erholungsstätte: Bei Okahandja gelegener Freizeitpark. Wassersportmöglichkeiten und Angeln. Ganzjährig von Sonnenauf- bis Sonnenuntergang geöffnet. Sowohl Hütten als auch Campingmöglichkeiten. Keine Motorräder.

Waterberg-Plateau-Park: Touristisches Kernstück des Parks ist das nach einem früheren Naturschutzbeamten benannte *Bernabé-de-la-Bat-Rest-Camp*. Sehr großzügige, gepflegte Anlage unmittelbar unterhalb des Waterberg-Plateaus. Camping und sehr komfortable Bungalows. Vom Camp ca. halbstündige Wanderung hoch zum Plateau. Für längere Märsche wird ein Permit benötigt. Täglich von Rangern geführte Fahrten mit 4WD in den Plateau Park. Lohnend. Gute Tierbeobachtungsmöglichkeiten. Keine Motorräder.

Erholungsgebiet Westküste: Nördlich von Swakopmund befinden sich die bei Anglern sehr beliebten Camps von »Meile 14«, »Meile 72«, »Meile 108« und »Jakkalsputz«. Sehr einfache Anlagen mit Duschen unmittelbar am Meer. Man ist hier Selbstversorger.

Glossar: Südwester-Deutsch

Die deutschstämmigen Namibier (heute ca. 30 000) sprechen bestes Hochdeutsch. Doch der eine oder andere Begriff hat sich den übrigen Sprachen angepaßt. Hier einige Beispiele:
Oukie: Bursche, Kerl, Typ
Bakkie: Pick-up-Auto, Pkw mit Ladefläche
Biltong: Trockenfleisch
Bokkie: Ziege
Bottelschtoor: Geschäft, in dem Alkohol verkauft wird
Braai: Ritualisiertes Grillen
Donkie: Esel
Donkie-Karre: Eselsgespann
Dscherrie: Deutscher aus Deutschland
Farmlein: Telefonlinie auf dem Land
Foh-by-Foh: Geländewagen (4 by 4)
Garage: Autowerkstatt, Tankstelle
Kombi: Kleinbus, VW-Bus
Lekker: gut, amüsant, köstlich
leiken: etwas schätzen, gerne haben
Millipap: Brei aus Maismehl
Mooi: schön, hübsch
Lokasie: Schwarzensiedlung der Städte
Lorrie: Lastkraftwagen
net: nur
Pad: Straße, Weg, Autobahn
Papwiehl: Reifenpanne, platter Reifen
Permit: Erlaubnisschein, z. B. für Naturparks
Petrol: Benzin
Plaas: Farm
Pontok: Eingeborenenhütte
posten: einen Brief aufgeben
Potschie: Tante-Emma-Laden
Rivier: trockenes Flußbett, nach einem Regen oft ein Strom
Robot: Ampel
Stief: viel
Südwester: deutschsprachiger Namibier, Deutscher aus *Südwest*
Teier: Reifen
Tin: Büchse, z. B. Cola-Tin

Praktische Reisetips

Einreisebestimmungen, Flüge, Geländewagen und vieles mehr

Namibia ist zu jeder Jahreszeit eine Reise wert. Ein immer umfangreicher werdendes touristisches Angebot und eine gute Auswahl an Geländewagen, Wohnmobilen, Miet-Pkw und Unterkünften steht heute bereit. Es gibt Angebote für Motorradtouren, Wanderungen, für Fligh-in-Safaris, organisierte Bustouren und – je nach Wahl – eine luxuriöse Bootstour auf dem Zambesi oder aber die spritzige Wildwassertour.

Daß hier am südlichen Ende der Welt die Welt kopfsteht, ist natürlich nicht wahr, doch die Jahreszeiten sind denen der nördlichen Halbkugel entgegengesetzt. Das ist reizvoll für den, der den Ausweg aus dem grauen mitteleuropäischen Winter sucht.

Noch vor zehn Jahren waren es hauptsächlich südafrikanische Touristen, die »Afrikas Diamanten«, so die gern gebrauchte Bezeichnung für das an Naturschätzen reiche Land, besuchten. Heute sind es überwiegend Besucher aus dem deutschsprachigen Raum. Namibia ist politisch stabil und sicher. Die touristische Infrastruktur hat sich gebessert, und die Flüge dorthin sind nicht nur preiswerter, sondern auch häufiger geworden. Wer will, kann den An- und Abflug zum Beispiel mit einer Stippvisite im Nachbarland Südafrika verbinden.

Flüge: Schnell und preisgünstig mit **Air Namibia** zweimal wöchentlich nonstop mit Boeing 747 SP von Frankfurt nach Windhoek. Abflug donnerstags und samstags 22.15 Uhr. Ankunft Windhoek: 6.15 Uhr am nächsten Morgen (Stand: Juni 1994). Buchungen in jedem Reisebüro und bei **Air Namibia**, Im Atzelnest 3, 61352 Bad Homburg, Tel.: (0 61 72) 40 66-0, Fax: (0 61 72) 40 66-40.

Ferner: Zweimal wöchentlich mit Lufthansa ab Frankfurt über Johannesburg (Mo und Mi), einmal wöchentlich mit LTU ab Düsseldorf und München, mit SAA ab Frankfurt, Hamburg, München und zurück über Johannesburg.

Da die Überlandroute von Europa wegen politischer Instabilität in Nord- und Zentralafrika derzeit nicht befahrbar ist, wird sich die Anreise nach Namibia in der Regel auf den Flug beschränken. Windhoek International Airport ist 40 Kilometer von der Landeshauptstadt entfernt.

Die **Einreise** ist für Touristen in der Regel problemlos. Für Besucher aus der Schweiz, Österreich und Deutschland ist zur Zeit bei einem Aufenthalt von bis zu zwei Monaten ein Visum nicht erforderlich. Aktuelle Auskünfte hierzu: **Botschaft** der Republik Namibia, Mainzer Str. 47, 53179 Bonn, Tel.: (02 28) 34 60 21, Fax: (02 28) 34 60 25. Der Reisepaß muß bei der Einreise eine Gültigkeit von sechs Monaten haben. Bereits beim Anflug werden Zollerklärungen und Einreiseformulare ausgefüllt. Die **Dauer des Aufenthalts** wird vom »Immigration Officer« festgesetzt. Dazu wird in der Regel auch ein Blick in das Rückflugticket geworfen. **Impfungen** sind zur Zeit in Namibia nicht erforderlich. Nach offiziellen Informationen besteht keine Gefahr durch ansteckende Krankheiten. Wer in den Norden des Landes fährt, sollte jedoch **Malaria-Prophylaxe** betreiben. Das gilt auch für den Besuch der Etosha-Pfanne, insbesondere aber für das Caprivi-Gebiet. Für die wirkungsvollste Prophylaxe sollte dem verschreibenden Arzt das genaue Reisegebiet genannt werden. Die Tabletten rechtzeitig besorgen und bereits vor Reiseantritt nehmen. Es können Antimalariatabletten auch rezeptfrei in Namibia gekauft werden.

Die **Zollbestimmungen** gestatten, daß für Jagdaufenthalte Gewehre eingeführt werden dürfen, jedoch keine Pistolen. Vakuumverpackte Nahrungsmittel sind bis zu einem Gewicht von einem Kilo erlaubt. Die Einfuhr von Geschenken im Wert von bis zu 200 N$ ist zollfrei. Unabhängig davon, daß es schwierig sein wird, im Heimatland einen Handvorrat namibischer Währung einzutauschen, ist das auch nicht erforderlich. Im International Airport befindet sich eine Bank.

Wer nicht von Bekannten oder Verwandten abgeholt wird, kann die Distanz nach Windhoek mit dem **Airportbus** überbrücken. Im übrigen haben mehrere **Mietwagenfirmen** ihre Niederlassungen auch im Flughafengebäude. Es wird empfohlen, das Fahrzeug vorab zu reservieren. Das gilt insbesondere für die Hauptreisezeiten. Das ist zum einen während der europäischen Sommerferien, zum andern aber zwischen Mitte Dezember und Mitte Januar, wenn Namibier und Südafrikaner *holidays* haben und es durchaus Engpässe geben kann. Eine Übersicht der Autovermieter findet sich unter »Nützliche Anschriften«.

»4WD« wird in Namibia, wo es 34 000 Kilometer Schotter- und Erdstraßen, aber nur 4000 Kilometer Asphaltstraßen gibt, großgeschrieben. Der **four wheel drive**, der Geländewagen, erschließt tatsächlich jede Region. Er ist robust, hat ein besseres Fahrverhalten als herkömmliche Pkw und erhöht das Fahrvergnügen auf den zumeist recht gut ausgebauten Schotterstraßen. Gelegentlich werden von Namibiern kritische Blicke auf Ankömmlinge aus Europa geworfen, die die »Pads«, Namibias Schotterstraßen, mit deutschen Autobahnen verwechseln. Mancher hat den »Bleifuß« schon schmerzhaft und teuer mit einem Überschlag bezahlt. Dringende Bitte: Auf Pads sollte nicht mehr als 90 km/h gefahren werden. Zum einen der unberechenbaren Tiere wegen, z.B. Warzenschweine oder Antilopen, die am Straßenrand grasen, zum anderen aber insbesondere wegen tückischen *Wellblechs*, quer zur Fahrbahn verlaufenden Wellen, die sich insbesondere in Kurven aufbauen. Die Folge: Der Wagen gerät ins Schwimmen, verliert auf dem Geröll die Haftung und driftet seitwärts ab.

bzw. im Fahrerraum mehr Platz für Ausrüstung benötigen. Die Ladefläche hinten wird durch ein Canopy abgedeckt. Das gibt hervorragenden Stauraum für alles, was auf den Pads schon einmal staubig werden darf: Kühlbox, zweiter Reservekanister, Benzinkanister und Campinggeschirr. Zur Not kann man im *Canopy* auch schlafen. Kessler vermietet (gegen Entgelt) Klappstühle, Matratzen, transportable batteriebetriebene Kühlschränke, Zelte, Benzinkanister, Wasserkanister und Reservereifen. Man sollte sich bei der Wagenübernahme unbedingt davon überzeu-

Acht Tips: Fahren auf Schotterstraßen

1. Die vorgeschriebene Höchstgeschwindigkeit von 100 km/h niemals überschreiten. Empfehlung: maximal 90 km/h.
2. Achten Sie auf Verkehrsschilder, die auf scharfe oder auch nur leichte Kurven hinweisen.
   a) Bei leichten Kurven sollte die Geschwindigkeit noch vor Anfang der Kurve um ein Drittel verringert werden.
   b) Im Falle einer scharfen Kurve ist die Geschwindigkeit vor Beginn der Kurve um die Hälfte zu reduzieren.
3. Auf Staubstraßen immer Licht einschalten, damit das Fahrzeug besser gesehen werden kann.
4. Bei Gegenverkehr langsamer fahren und soweit wie möglich links halten. Sonst Steinschlaggefahr und Windschutzscheibenbruch.
5. Der Reifendruck spielt für die Straßenlage eine wichtige Rolle. Ein Blick ins Autohandbuch hilft.
6. Nach Möglichkeit nicht nachts fahren.
7. Wenn es regnet, sind Schotter- und Salzstraßen besonders rutschig. Auf Senken achten. Dort kann die Straße vom Wasser weggespült sein. Geschwindigkeit reduzieren.
8. Nach Tieren Ausschau halten.

Namibia ist ein Geländewagen-Dorado. Ein zuverlässiges Auto kann lebenswichtig sein

Eins der umfassendsten **Geländewagenangebote** hat **Kessler 4x4 Hire.** Im Angebot sind z.B. die beliebten Toyota Hilux wahlweise mit *Single Cab* (eine Sitzreihe vorn) oder als geräumiger *Double Cab*, günstig für alle, die mit der ganzen Familie fahren,

gen, daß das Bordwerkzeug funktionsfähig und vollständig ist. Besonderes Augenmerk auf die Luftpumpe legen. Sie gehört unbedingt dazu. Um die Geländegängigkeit zu erhöhen, muß im weichen Sand gelegentlich der Luftdruck drastisch reduziert werden. Auf härterem Untergrund ist die Luft hinterher wieder aufzupumpen. Auch prüfen, ob ein funktionsfähiger Wagenheber und ein großes, stabiles Brett dabei sind, ansonsten wird das Aufbocken des Wagens im Sand unmöglich sein.

Für Geländefahrten sollten mindestens 20, im entlegenen Gelände 60 Liter **Reservetreibstoff** mitgenommen werden. Entsprechende Trinkwassermengen für die Reisenden sind selbst einzuplanen, wobei eine Trinkwasserreserve von mindestens fünf Litern pro Person und Tag als Minimum betrachtet werden sollte. Eine **Selbstbeteiligung** im Schadensfall wird grundsätzlich auch bei Vollkaskoversicherung gefordert. Da Geländewagenfahrten nun einmal risikoreicher sind, wird empfohlen, die maximale Deckung einzugehen. Für Fahrten nach Botswana und Simbabwe sind vorab mit dem Vermieter die Formalitäten zu klären. Für Simbabwe wird für die Ausstellung der Grenzpapiere eine Gebühr erhoben.

Kessler 4×4 Hire, 72 Talstr. (Ecke Sam Nujoma Drive), P. O. Box 220274, Windhoek, Tel.: (0 61) 3 34 51/22 76 38, Fax: (0 61) 22 45 51.

Filiale in Swakopmund. Roon St., P. O. Box 180, Tel.: (06 41) 41 18, Fax: (06 41) 41 17. Seit kurzem hat Kessler eine Niederlassung in Botswana: Merlin Services, Maun Airport, Private Bag 13, Maun/Botswana, Tel.: (2 67) 66 03 51, Fax: (2 67) 66 05 71.

Deutsch ist eine der Umgangssprachen in Namibia. So wird selbstverständlich auch bei Kessler deutsch gesprochen und korrespondiert.

Tip: Eine **Kreditkarte** (z. B. Eurocard) sollte für Automieten als Sicherheit immer mitgeführt werden. Oft ist ohne sie ein Miet-Pkw nicht zu erhalten. Wer vorhat, sein eigenes Kfz nach Namibia zu **verschiffen** (z. B. im Container), sollte sich an die Firma Woick wenden.

Sie fahren mit dem reisefertig gepackten Auto nach Hamburg und liefern es beim dortigen Büro ab. Mit wenigen Stücken Handgepäck besteigen Sie etwa 5 Wochen später in Frankfurt das Flugzeug und fliegen nach Windhoek. Ausgeruht kommen Sie am Windhoek Airport an. Sie verlassen das Flughafengebäude und steigen ein ... in Ihr reisefertiges Fahrzeug! Die Überführung Ihres Autos vom Hafen Walvis Bay nach Windhoek, die Zollformalitäten und das Vorfahren zum 40 km entfernten Flughafen hat die Firma für Sie übernommen.

Bernd Woick GmbH, Postfach 65, 73751 Ostfildern, Tel.: (07 11) 45 50 38, Fax: (07 11) 4 56 05 26.

Alternativ: DEUGRO, Deichstr. 11, 20459 Hamburg, Tel.: (0 40) 37 60 07-0.

Obwohl man selten danach fragt, wird offiziellerseits der **internationale Führerschein** gefordert. Seine Beschaffung bei der heimischen Zulassungsstelle ist nur eine Formalität.

In Namibia herrscht **Linksverkehr**. Das merkt man zumeist schon beim ersten Besteigen des Autos – wo man sich anstatt hinter dem Lenkrad auf dem Beifahrersitz wiederfindet. Auf der 40 Kilometer langen und fast verkehrsfreien Straße vom Airport nach Windhoek wird man Gelegenheit bekommen, sich an die linke Fahrbahnseite zu gewöhnen. Hinweise am Lenkrad wie *links fahren* oder ein angeklebter nach links weisender Pfeil sind dabei hilfreich. Die Höchstgeschwindigkeit beträgt 120 km/h, in Ortschaften 60 km/h. Die Verkehrsschilder sind international. Wer einen Sicherheitsgurt im Wagen hat, muß diesen anlegen.

Wüstenfahrten: In entlegenen Gegenden sollte man nicht allein unterwegs sein. Für das Kaudom-Wildreservat ist eine Begleitung mit zweitem Fahrzeug vorgeschrieben, und für das Kaokoland sollte man sich einen Führer nehmen. Bitte **Nachtfahrten** unterlassen. Nicht selten kommt es zu Kollisionen mit Kudus, die gern am Straßenrand frische Triebe naschen. Weitere Gefahrenquellen: unbeleuchtete Eselskarren.

In entlegenen Gebieten unbedingt ausreichend Wasser und **Benzin** mitführen. Eine **Trinkwasserreserve** von fünf bis sieben Litern pro Person und Tag sollte für Notfälle vorgesehen werden. Während der Regenzeit, die manchmal jahrelang trockene Riviers unpassierbar macht, sollten vorher Streckeninformationen bei Ortskundigen eingeholt werden.

Automobile Association of Namibia ist die Bezeichnung des **Automobilklubs.** Das Büro der AAN befindet sich in Windhoek im Karl-List-Haus in unmittelbarer Nähe des Kalahari Sands Hotels.

AAN, Independence Avenue/Peter-Müller-Str., P. O. Box 61, Windhoek, Tel.: (061) 22-42 01, Fax: (0 61) 22-24 46.

Mitglieder anerkannter europäischer Automobilklubs erhalten den gleichen Service wie Mitglieder des AAN. Es gibt eine kleine Broschüre, »Guide to Namibia«, das Handbuch der Mitglieder, und eine Karte. Ein 24stündiger Straßendienst ist bis zu einem Umkreis von 30 Kilometern rund um Windhoek im Einsatz. Im Falle einer Autopanne sollte man das nächste Fahrzeug anhalten und bitten, die *Automobile Association of Namibia* anzurufen bzw. ein Abschleppunternehmen zu beauftragen. Grundregel: Insbesondere in Wüstengebieten nicht vom Fahrzeug entfernen.

Wer seine eigenen vier Wände dabeihaben will, wird ein **Wohnmobil** in Erwägung ziehen, wobei nicht einmal auf Geländegängigkeit verzichtet zu werden braucht.

Woodway Camper Hire in Windhoek bietet eine breite Palette vom herkömmlichen zweiradbetriebenen Alkovencamper bis hin zum 7,5 Meter langen Pacer 4x4, dem »Flaggschiff«. Sehr geländegängig und kompakt ist der Mazda 4x4 Etosha. Alle Fahrzeuge sind auf Erd- und Schotterstraßen zugelassen. Hartwig Grimm, der Firmeninhaber, spricht auch deutsch.

Woodway Camper Hire, Ecke Sam Nujoma Drive/ Klein Windhoek Weg, P. O. Box 11084, Windhoek, Tel.: (0 61) 22 99 18, Fax: (0 61) 22 03 35.

Wer das ganze Land kennenlernen will, wird kaum darum herum kommen, sich – und sei es zur Ergänzung einer organisierten Rundreise – ein Auto zu mieten. **Hitchhiker**, Anhalter, dürften es relativ schwer haben, denn die Konkurrenz ist groß. Insbesondere im Norden bitten zahlreiche schwarze Namibier um Mitfahrgelegenheiten. Das Angebot öffentlicher **Busse** ist sehr gering. Als Alternative wird man auf **Tourunternehmen** zurückgreifen. Zu den Branchenführern gehört **Oryx Tours**, P. O. Box 2058, Windhoek, Tel.: (0 61) 21 74 54, Fax: (0 61) 6 34 17. U. a. mehrtägige Touren Richtung Etosha-Pfanne und Fish River Canyon. Kompetente Reisebegleitung. Empfehlenswert.

Namibias Straßen in die Einsamkeit laden zum **Motorradfahren** ein, wenngleich National- und Tierparks nicht mit Motorrädern befahren werden dürfen. Informationen für Motorradreisen bei Pasjona Safari Reisen, Abtstor 19, 36037 Fulda, Fax: (06 61) 7 91 15 (siehe auch Seite 142).

Karten: 1. Kostenlose **Straßenkarte vom Namibischen Fremdenverkehrsbüro.** Die auf den ersten Blick ungewöhnliche Straßenkarte wird sich vor Ort als äußerst nützlich herausstellen.Sie ist sehr genau und zuverlässig. Unbedingt besorgen!

2. Namibia: freytag & berndt, 1:2 400 000. Gute topographische Karte mit Stadtplänen. Ausgezeichnete Gesamtübersicht mit angrenzenden Regionen.

3. »Africa Central and South, Madagaskar« von Michelin, Nr. 955. Sehr gute Gesamtübersicht, auch im Verhältnis zu den afrikanischen Nachbarn.

Reiseliteratur: Namibia Touren-Manual von Chr. Pehlemann, Verlag Christian Pehlemann, Hatzfelder Weg 32, 81476 München. Gute Routenbeschreibungen, Fahrtips, Karten und Farbfotos. Namibia-Express Reisehandbuch, Mundo Verlag, Postfach 2207, 26789 Leer. Umfassendes Nachschlagwerk.

Namibia Buchdepot Ziegler, Kronshausen 18, 26340 Zetel, Tel. und Fax: (0 44 53) 12 64. Spezialist für Namibiabücher und -karten.

Wohl nirgendwo sonst ist man der Seele Namibias so nahe wie beim **Camping**. Abends unter dem unvergleichbar klaren Nachthimmel am Vogelfederberg (Namib-Naukluft Park) oder vor dem Zelt an Brandberg oder Spitzkoppe zu sitzen, gehört zu den besonderen Namibia-Erlebnissen. Fast alle Nationalparks bieten Campingmöglichkeit auf großzügig bemessenen Anlagen. Sehr naturnahes Camping erlebt man auf den nur mit einfachen sanitären Anlagen ausgestatteten Plätzen im Naukluft-Teil des Namib-Naukluft Parks. Selten, daß man auf diesen wunderschönen Campgrounds Nachbarn hat – das Naturerlebnis ist um so intensiver. Beliebt ist der *Daan-Viljoen-Wildpark*, nur 20 Minuten Fahrzeit von Windhoek entfernt an der C28 Richtung Swakopmund. Hier, in Stadtnähe, sieht man nicht nur Kudus durchs Camp ziehen, sondern erspart sich auch den Wecker, weil Paviane morgens neugierig an Mülltonnen rütteln. Neben dem *Okaukuejo Camp* (Tierbeobachtungsmöglichkeiten an der nachts illuminierten Tränke) in Etosha ist besonders Sesriem Camp nahe der riesigen Sossusvlei-Dünen beliebt. Reizvoll ist »Bushcamping«, freies Campen, wo es die Eigentumsverhältnisse erlauben; z. B. im Kaokoland. Eine sehr komfortable Alternative zum Camping sind die zahlreichen **Bungalows und Hütten**, oft in afrikanischer Rundbauweise, in Natur- und Wildparks (siehe hierzu Informationen »Wild- und Erholungsparks«). Während der Hauptreisezeiten Juli bis August und Dezember bis Januar wird dringend geraten, sich rechtzeitig beim Reservierungsbüro des **Director of Tourism** in Windhoek anzumelden (siehe »Nützliche Anschriften«).

Immer beliebter werden **Gästefarmen**. Das Angebot hat zugenommen, seitdem sich Karakulfarmer nach neuen Einkünften umsehen mussen. Zumeist sehr reizvoll und ruhig auf dem Land gelegen, geben Gästefarmen gute Einblicke in das Land- und Farmleben. Zumeist gehobener Standard. Nette Aufnahme. Auf den meisten Gästefarmen wird deutsch gesprochen. Wer will, kann fast das gesamte Land bereisen und dabei doch immer auf Gastefarmen wohnen. Eine Auflistung aller namibischen Unterkünfte befindet sich im »Beherbergungsführer für Touristen«. Zu beziehen beim namibischen Fremdenverkehrsamt (siehe »Nützliche Anschriften«).

Die Preise in **Restaurants und Bars** sind erheblich günstiger als z. B. in Deutschland. Wer gewohnt ist, zum Essen ein Gläschen Wein oder Bier zu trinken, sollte sich die Symbole an der Rezeption seines Hotels, seiner Gästefarm oder des Restaurants anschauen: »YYY« = fully licensed, d. h., man verkauft Wein, Bier und Hochprozentiges. »YY« = der Ausschank von Wein und Bier zu den Mahlzeiten ist gestattet. **Alkohol** wird grundsätzlich nur in **»bottle stores«** verkauft, oft erkennbar an dem großen Schriftzug »Drankwinkel«. Namibias Bier wird auch von verwöhnten deutschen Zungen als gut empfunden. Es wird in Lizenz einer großen deutschen Brauerei nach dem deutschen Reinheitsgebot gebraut. Man spricht ihm im Land gut zu. **Trinkgelder** werden durchaus erwartet. Man gibt sie nach Ermessen. In Restaurants werden 10 Prozent des Rechnungsbetrages empfohlen. Ein Gepäckträger erhält z. B. 2 N$. An Tankstellen wird dem Tankwart allgemein nur dann etwas gegeben, wenn er einen besonderen Service erbringt, z. B. Fensterputzen.

Geld spielt im Urlaub eine besondere Rolle. Während noch vor kurzem der Südafrikanische Rand auch in Namibia offizielles Zahlungsmittel war, gibt es seit 1993 den Namibischen Dollar (N$). Ein Dollar hat 100 Cent. Der Rand ist jedoch weiterhin im Umlauf und behält Gültigkeit. Das Währungsverhältnis ist 1:1. Die Geldbörse ächzt gelegentlich unter dem Gewicht unterschiedlicher Münzen, denn auch Südafrika ist seit Jahren in einer Umstellungsphase und hat die verschiedensten Geldstücke zum selben Nennwert. Wer nach Namibia mit D-Mark reist, ist gut beraten. Die DM kann an jeder Bank gewechselt werden (am Windhoeker Flughafen auch sonn- und feiertags). Maximal 500 N$ dürfen eingeführt werden. Um das Risiko des Diebstahls zu minimieren, werden **Reiseschecks** (Traveler Cheques/TC) empfohlen. Für das Einlösen von TCs werden oft Gebühren erhoben. Wer beim Geldwechsel z. B. den Wert eines Abendessens »verdienen« will, sollte ruhig zwei oder drei Banken nach der Höhe der Kommission befragen. Wechselbelege aufheben. Beim eventuellen Rücktausch vor Verlassen des Landes könnte es sonst Probleme geben. Die **Kreditkarte** (Plastikwährung) ist weltweit auf dem Vormarsch und hat sich auch in Namibia durchgesetzt. Akzeptierte Karten sind: Mastercard, Diners Club, American Express, Visa, Eurocard. Die vertrauten Euroschecks hingegen werden nicht akzeptiert. Mit der Kreditkarte können bei Banken Barbeträge abgehoben werden, in größeren Hotels, besseren Restaurants und vielen Tankstellen werden sie auch als Zahlungsmittel akzeptiert. Von Gästefarmen hingegen meist nicht; hier nimmt man aber Reiseschecks an. Als Notgroschen ist die *Credit Card* beim Reisen unentbehrlich. Mietwagen sind häufig ohne sie nicht zu bekommen.

Das **Telefonieren** ist eine zeitaufwendige Sache, wenn man es an öffentlichen Münzfernsprechern versucht. Es gibt zu wenige davon im Land, und oftmals sind sie geradezu umlagert. Man übe sich also in Geduld. Gespräche ins Ausland können bei den Vorstehern der Postämter geführt werden. Keine Hemmungen, danach zu fragen! Man ist auf solche Wünsche eingestellt.

Telefax können von hier ebenfalls gesandt werden. In Windhoek befindet sich ein besonderes Büro für Überseetelefonate im Seiteneingang der Hauptpost an der Independence Avenue. Wer allerdings den privaten 24-Stunden-Service am Busdepot gegenüber dem Kalahari Sands Hotel annimmt, muß damit rechnen, etwa das Doppelte fürs Telefonat zu zahlen. Manche Ortsnetze können nur über *Operator* angewählt werden. Spannend wird es, wenn man den Teilnehmer an einer *Farm Line* sprechen will. Oft teilt sich ein halbes Dutzend Farmer einen einzigen Anschluß. Dauertelefonierer können dann schon mal den Informationsfluß zu den Nachbarn lahmlegen. Jeder Teilnehmer an einer Farmverbindung hat sein eigenes Klingelsignal, auf das nur er reagiert.

Allgemeine Geschäftszeiten: montags bis freitags 8.30 bis 18 Uhr und samstags 8.30 bis 13 Uhr. Banken sind montags bis freitags von 9 bis 15.30 und samstags von 9 bis 11 Uhr geöffnet. In größeren Orten wie auch in Windhoek haben kleinere Läden auch bis in die Nacht hinein geöffnet. Wer unterwegs **Post bekommen** will, sollte sie mit dem Zusatz »poste restante« (postlagernd) versehen lassen. Die Anschrift könnte lauten: Name (vom Vornamen nur Anfangsbuchstabe), c/o General Post Service, poste restante, Windhoek/ Namibia.

Reisezeit ist im südwestlichen Afrika eigentlich immer. Wer allerdings Schwerpunkte setzen will, z. B. bei der Tierbeobachtung oder beim Wandern, sollte folgendes bedenken: Aufgrund der immensen Nord-Süd-Ausdehnung, der Höhenlage im Landesinneren und der Einflüsse des Benguelastroms variieren die **Witterungsverhältnisse** zur selben Zeit an den unterschiedlichen Orten erheblich. Es ist durchaus nichts Ungewöhnliches, im Februar zur Regenzeit in der Namib oder im Kaokoland schönstes Wetter zu haben, während es in Windhoek oder im Caprivi-Zipfel schüttet. Wenn in Mitteleuropa der Winter am kältesten und tristesten ist, zieht es die Namibier zur Abkühlung zum eisigen Benguelastrom. **Jahreszeiten:** Sommer: Dezember bis Februar, Winter: von Juni bis August. Auch diese Zeit ist sehr reizvoll und bietet sich vor allem für **Wanderer** an. Langstreckentouren wie Fish River Canyon- und Ugab-Wanderungen werden nur in dieser Jahreszeit durchgeführt. Im Hochland sollte man im Juni/Juli allerdings wärmere Kleidung dabeihaben, denn nachts sinkt die Temperatur dort unter 0 Grad, tagsüber allerdings klettert das Quecksilber auf bis zu 25 Grad.

Kleidung: von Oktober bis April leichte Sommerbekleidung. Von Mai bis September sportliche, wärmere Kleidung wie Anorak und Jeans, allerdings auch leichte Sommersachen für die zumeist warme Mittagszeit. Wer hauptsächlich Tiere beobachten möchte, sollte das von Juli bis November machen, denn gerade in der Trockenzeit zieht es das Wild an die Tränken, wo es dann bestens beobachtet werden kann. Von Januar bis März ist mit Regen zu rechnen. Wasserführende Riviers können stunden- oder tagelang die Weiterfahrt unterbrechen.

Jagen: Jagdsafaris sind bei Jägern beliebt. Nähere Informationen erteilt die *National Hunting Association*, P. O. Box 11291, Klein Windhoek, Tel.: (061) 344 55, Fax: (061) 222561. Anfragen auch in Deutsch. Gegen Schutzgebühr von derzeit 5,00 DM ist das Heft »Jagen in Namibia« erhältlich. Es bietet Informationen zu jagdbarem Wild, Jagdfarmen und Jagdbestimmungen. Sehr informativ. Trophäenjagd ist von Februar bis Ende November gestattet. Keine Jagd von Dezember bis Januar.

Angeln: Zum Angeln an der Atlantikküste wird keine Erlaubnis benötigt. Für die wenigen Binnengewässer ist ein Erlaubnisschein der Erholungsstätte beziehungsweise des Wildparks einzuholen.

Fotografieren: Wer gerne mit der Kamera auf Pirsch geht, findet in Namibia ein Dorado. Blauer Himmel, gelegentlich ausdrucksvolle Wolken, dazu das kräftige Rotbraun des Landes. Wegen des intensiven Lichtes sollte der Film nicht zu hochempfindlich sein. 100 bzw. 50 ASA geben wegen geringerer Körnigkeit mehr Scharfe. Als Diafilm sind sicherlich Kodachrome 64 und Fujichrome Velvia unerreicht. Für Tierfotografie sollte ein Teleobjektiv nicht fehlen. Wer seine optischen Geräte nicht mit dem etwas unförmigen Tropenkoffer vor Staub schützen will, sollte die Fototasche auf Pisten in größere Müllbeutel wickeln. Sehr wirkungsvoller Schutz. Tip: ausreichend Filmmaterial mitnehmen. Große Motivfülle, und die Farben Namibias sind spektakulär. Wer allzu häufig auf den Auslöser drückt und Filme nachkaufen muß, wird auch keine Probleme haben. Agfa- und Fujichrome-Diafilme wie auch Negativfilme für Papierfotos sind erhältlich. Während der heißen Jahreszeit sollten die Filme in gut verschlossenen Kunststoffkästen in der Kühlbox transportiert werden. Eis ist in »Bottle Stores« erhältlich.

Tip: Auf dem Airport in Windhoek werden Filme im Sicherheitsbereich gnadenlos durchleuchtet. Eine Kontrolle per Hand wird kategorisch abgelehnt. Wer das Risiko einer Beschädigung durch Röntgenstrahlen reduzieren will, sollte daheim entsprechende X-ray-Beutel im Fotohandel kaufen.

Für die Fotos dieses Buches wurden **Leica R6.2-** und **Leica R7-Gehäuse** sowie die hochwertigen **Leica-Objektive** (19 mm bis 350 mm) verwandt. Auf vielen Reisen und Expeditionen des Autors haben sich Leica-Kameras und Objektive, ohne ein einziges Mal zu versagen, bewährt.

Vorsorge für den Krankheitsfall: Grundsätzlich ist man bei Ärzten und Krankenhäusern Selbstzahler. Der Abschluß einer **Auslandsreisekrankenversicherung** wird unbedingt empfohlen. Ebenfalls sehr ratsam ist vor Reisebeginn der Abschluß einer **Reisegepäckversicherung**.

Elektrizität: 220 Volt. Die Steckdosen sind dreipolig (15 A)

Sprachen: Englisch ist die offizielle Landessprache. Neben den Einheimischensprachen Oshindonga, Oshiherero, Nama-Damara und Kwangali sind auch Deutsch und Afrikaans als Mutter- wie auch Kommunikationssprachen weit verbreitet.

Öffentliche Ferien- und Feiertage:

1. Januar	Neujahrstag
21. März	Independence Day (Unabhängigkeitstag)
1. Mai	Tag der Arbeit
4. Mai	Cassingatag
25. Mai	Afrikatag
26. August	Heroes Day (Heldengedenktag)
10. Dezember	Human Rights Day (Tag der Menschenrechte)
25. Dezember	Weihnachtstag
26. Dezember	Family Day

Nützliche Anschriften

1. Namibia Verkehrsbüro, Im Atzelnest 3, 61352 Bad Homburg, Tel.: (06172) 406650, Fax: (06172) 406690
2. Embassy of the Republic of Namibia, Konstantinstr. 25a, 53179 Bonn, Tel.: (0228) 346021, Fax: (0228) 346025
3. Diplomatische Vertretung Deutschlands in Namibia, P. O. Box 231, Windhoek, Tel.: (061) 229217, Fax: (061) 222981
4. Windhoek Automobile Association, P. O. Box 61, Ecke Independence Avenue/Peter-Müller-Str., Windhoek, Tel.: (061) 224201
5. Director of Tourism, Private Bag 13346, Windhoek, Tel.: (061) 220241, Fax: (061) 221930, Reservierungen: Private Bag 13267, Windhoek, Tel.: (061) 36975

Entfernungstabelle

Entfernungen zwischen Städten (in km)

	Aranos	Aroab	Bethanien	Gobabis	Grootfontein	Karasburg	Karibib	Keetmanshoop	Lüderitzbucht	Maltahöhe	Mariental	Okahandja	Omaruru	Oshikango	Otavi	Otjiwarongo	Outjo	Rehoboth	Seeheim	Swakopmund	Tsumeb	Upington	Vioolsdrif	Walvis Bay
Aroab	533																							
Bethanien	519	320																						
Gobabis	211	865	851																					
Grootfontein	845	1124	1110	685																				
Karasburg	578	183	293	753	1169																			
Karibib	590	847	833	388	416	892																		
Keetmanshoop	366	167	153	541	957	212	680																	
Lüderitzbucht	707	508	272	795	1298	481	1021	341																
Maltahöhe	252	509	223	427	843	554	566	342	368															
Mariental	138	395	381	313	729	440	452	228	482	114														
Okahandja	454	733	719	274	391	778	114	566	907	452	338													
Omaruru	634	913	899	454	350	958	66	746	1087	632	518	180												
Oshikango	1125	1404	1390	945	368	1449	696	1237	1578	1123	1009	671	630											
Otavi	749	1028	1014	569	96	1073	320	861	1202	747	633	295	254	376										
Otjiwarongo	631	910	896	451	214	955	202	743	1084	629	515	177	136	494	118									
Outjo	701	980	966	521	284	1025	272	813	1154	699	585	247	206	564	188	70								
Rehoboth	294	573	559	292	551	618	274	406	747	292	178	160	340	831	455	337	407							
Seeheim	405	206	114	580	996	179	719	39	302	337	267	605	785	1276	900	782	852	445						
Swakopmund	746	1025	662	566	594	1070	178	858	807	439	553	292	244	874	498	380	450	452	776					
Tsumeb	814	1093	1079	634	57	1138	385	926	1267	812	698	360	319	311	65	183	253	520	965	563				
Upington	839	444	554	1171	1430	261	1153	473	742	815	701	1039	1219	1710	1334	1216	1286	879	440	1331	1399			
Vioolsdrif	670	329	385	1002	1261	146	985	304	573	646	532	870	1050	1541	1165	1047	1117	710	271	1162	1230	451		
Walvis Bay	803	1060	627	601	629	1105	213	893	772	404	518	327	279	909	533	415	485	487	741	35	598	1366	1197	
Windhoek	383	662	648	203	462	707	185	495	836	381	267	71	251	742	366	248	318	89	534	363	431	968	799	398

6. Katima Mulilo (Caprivi), Caprivi Wildlife & Tourism Association, P. O. Box 67, Katima Mulilo, Tel.: (067352) 322, Fax: (067352) 446
7. Keetmanshoop, Southern Tourist Forum, Private Bag 2125, Keetmanshoop, Tel.: (0631) 3316
8. Lüderitz, Lüderitzbucht Foundation, P. O. Box 233, Keetmanshoop, Tel.: (0631) 2532
9. Swakopmund Namib Publicity & Tourist Association, P. O. Box 275, Swakopmund, Tel. (0641) 2224
10. NAPHA Namibia Berufsjagdverband, P. O. Box 11291, Windhoek, Tel.: (061) 34455, Fax: (061) 222567

Airlines:

1. **Air Namibia**, Im Atzelnest 3, 61352 Bad Homburg, Tel.: (06172) 4066-0, Fax: (06172) 4060-40
2. SAA (South African Airways), Bleichstr. 60-62, 60313 Frankfurt, Tel.: (069)299803-0, Fax: (069) 293441, Flughafen, Tel.: (069) 6902253
3. Air Namibia Verkaufsabteilung, P. O. Box 731, Gustav Voigts Centre, 125 Independence Avenue, Windhoek, Tel.: (061) 229630/35, Fax: (061) 228763
4. Lufthansa, P. O. Box 3161, Sanlam Centre, 154 Independence Avenue, Windhoek, Tel.: (061) 226662, Fax: (061) 227923. Telex: (061) 0908-663

Campingausrüstung:

Gav's Camping Verleih, P. O. Box: 24074, Windhoek, Tel.: und Fax: (061) 38745

Reiseberatung:
Windhoek

1. Azur Reiseberatung, P. O. Box 22028, Tel.: (061) 228427, Fax: (061) 221647
2. The Namib Travel Shop, P. O. Box 6850, Tel.: (061) 226174 u. 225178, Fax: (061) 239455
3. Top Travel Information, P. O. Box 80205, Tel. u. Fax: (061) 51975

Reiseveranstalter:
Windhoek

1. Skeleton Coast Fly-in Safaris, P. O. Box, Tel.: (061) 224248, Fax: (061) 225713
2. Oryx Tours of Namibia, P. O. Box 2058, Tel.: (061) 217454 u. 217480, Fax: (061) 63417
3. African Extravaganza, P. O. Box 22028, Tel.: (061) 63086 u. 63087 u. 63088, Fax: (061) 215356
4. Olympia Reisen (Toko Safaris), P. O. Box 43, Tel.: (061) 225539, Fax: (061) 222319
5. Windhoek City Tours and Hiking, P. O. Box 80205, Tel. u. Fax: (061) 51975

Ortsregister

Ortsregister

Ortsregister

Danksagung

Mein ganz besonderer Dank gilt meiner Frau Juliana für ihre Mitarbeit beim Zustandekommen dieses Buches.

Ferner danke ich Herrn von Lieres und Frau Goebel vom Namibia Verkehrsbüro in Bad Homburg für Rat und Unterstützung bei meinen Recherchen.

REISEABENTEUER

UNTERHALTUNG MIT TIEFGANG

Christian E. Hannig – Polarlicht

Rad-Abenteuer in Skandinavien, Island und Grönland. Intensive Erlebnisse mit der rauhen Natur des Nordlands und seinen urigen Bewohnern.

Dieter Kreutzkamp – Husky-Trail

Blockhaus-Romantik am Yukon-River, atemberaubendes Schlittenhunderennen in Zentral-Alaska. Ein faszinierender Bericht über eines der letzten großen Abenteuer der Gegenwart.

Jeder Band ca. 230 Seiten, 40 Farb-, 40 s/w-Fotos, geb. mit Schutzumschlag. DM 39,80

ISBN 3-89405-312-7

ISBN 3-89405-321-6

Ungewöhnliche Erlebnisberichte für alle, die gern in der Phantasie reisen – informativ und stimmungsvoll.

FREDERKING & THALER